本书由兰州中和集团提供出版资助

中和论道　第三辑

思辨与沉潜

主　编　胡　好

副主编　王金元　胡朝都

自由意志与决定论

羞耻与怨恨

柏拉图与开放社会

魏晋玄学的历史图像

科学的人文起源

形而上学的实质

中国社会科学出版社

图书在版编目(CIP)数据

中和论道．第三辑，思辨与沉潜 / 胡好主编一北京：中国社会科学出版社，2019.12（2020.6 重印）

ISBN 978-7-5203-5683-1

Ⅰ.①中… Ⅱ.①胡… Ⅲ.①哲学一中国一文集 Ⅳ.①B2-53

中国版本图书馆 CIP 数据核字(2019)第 259163 号

出 版 人 赵剑英
责任编辑 冯春凤
责任校对 张爱华
责任印制 张雪娇

出　　版 中国社会科学出版社
社　　址 北京鼓楼西大街甲 158 号
邮　　编 100720
网　　址 http://www.csspw.cn
发 行 部 010-84083685
门 市 部 010-84029450
经　　销 新华书店及其他书店

印　　刷 北京君升印刷有限公司
装　　订 廊坊市广阳区广增装订厂
版　　次 2019 年 12 月第 1 版
印　　次 2020 年 6 月第 2 次印刷

开　　本 880×1230　1/32
印　　张 7.625
插　　页 4
字　　数 200 千字
定　　价 49.00 元

International

二 羞感的现象学分
"羞感"：是指人的指向超生物
意向在回首自己的身体时发现自己被
受时空限制的极其贫乏的动物性生存
体验和生存处境。
羞感作为一种生命本能和生命感
的身上。动物没有羞感。
羞感作为一种独特的精神意向是
维、观察、意愿、爱等精神体

教师发展中心

魏晋玄学的历史图像
主讲人：谢大宁　教授
佛光大学）
姜宗强
谢大宁

吴国盛
陈克恭

一、一些说法
二、如何看待形而上学
三、形而上学的理论和方法
四、哲学观
教师发展中心

嘉宾席

序

我的爷爷和父亲都曾在大学任教，爷爷洪毅然是美学教授，父亲洪元基是外语教授，我也算是生长在知识分子家庭。从小时候起，就常常听爷爷、父亲和一些长辈们讨论一些很深奥的问题，诸如宇宙的本源、精神和物质、善与恶、美与丑、美的本质、世界是无限的还是有限的……

时常觉得这些问题神秘而有趣，自己也试着思考一些这个方向的问题，觉得思考这类问题好像更能让人透过现象较清晰地看到事物的本质和规律，可以让人有种超越现实的精神力量。

我觉得学习和思考哲学能使人在各个领域都比较快地把握本质和规律，也就能让人心智明确，理解得当、方法正确，身心能够更和谐，生活和工作更顺利。尽管我现在的工作与哲学没有直接的联系，但作为智慧之学，我一直对哲学问题保持着浓厚的兴趣，对哲学保持着一种神秘的敬畏……

2015 年秋季，西北师范大学党委书记陈克恭同志倡议要尽可能地活跃学校的学术活动，希望哲学在提升大学学术品位中发挥引领作用；哲学系李朝东教授与我商议，在西北师范大学组织一个哲学沙龙，我们一拍即合，并商定沙龙名称叫“中和论道”。我觉得这个沙龙应该能给西北师范大学增添一张学术名片，也能丰富大学的学术交流活动，给学校营造学术氛围，给师生提供一个交流学习的平台，所以我欣然同意、积极参与其中。

中和论道从2015年秋季学期开始，每两周举办一次，每期一个主题，有发言、有互动、有问答、有辩论。在这里，我们思考，我们感悟，我们超越，时而安静聆听，时而热烈欢笑。大学之气象，欣欣然。

借此我也想说，任何哲学、科学、艺术、宗教都有三方面的价值：(1）让人们心灵更美好，更加快乐和智慧，从而使自己和他人更好地相处；（2）让人们更加理性，让社会更有秩序，从而使人和人更好地相处；（3）认识规律，感悟本质，让人理解自然规律以及未知的规律，从而人和自然能更好地相处。而我认为哲学在各领域都是有引领作用的。

就此而言，中和论道作为大学特殊的学术讲堂，是有益于自己、有益于学校师生、有益于社会的学术平台，是传播先进文化的阵地。相信各位哲人、老师在这个学术平台上能智慧闪烁，精彩纷呈。

我们希望，中和论道成为广大师生交流学问、砥砺智慧的场所，同时，将每学期学者们的精彩讲演集结为“中和论道”文集，使之成为思想宝库、学术家园。我们将竭诚合作，把中和论道办成西部地区传播知识、启迪智慧、培育人才的优秀平台，为理想枯萎的时代播种信念的希望……

洪涛

兰州中和集团董事长

2016年5月26日

目　　录

第一讲　自由意志与决定论

主持人（李朝东）： 各位老师、各位同学晚上好。中和集团和西北师范大学马克思主义学院哲学系联合举办的哲学沙龙《中和论道》第15期今天开始。去年已经定期举办了14期，还比较成功，各方面反响也比较好，今天，我们开始新学年的第一期《中和论道》。今天因为是新学年，所以我们先举办一个开坛仪式。《中和论道》作为西北师范大学一个比较有影响的学术活动，首先受到了我们西北师范大学党委书记陈克恭同志的倡议和推动，其次受到中和集团的大力支持；马克思主义学院尤其是哲学系各位同仁，还有一些研究生，都是我们积极的支持者、推动者和践行者。我们首先请中和集团董事长洪涛同志给我们讲话，大家欢迎！

洪涛： 感谢李朝东教授给西北师范大学开设这样一个哲学沙龙——《中和论道》，今天是新学期的第一天，接下来我就给大家分享几句吧。我是一个创业经商的人，为什么对这个沙龙这么感兴趣呢？我一直参与其中，基本上是每一场都不误的。因为我觉得哲学是一个智慧之学，智慧之学能够让人更加明事理，更能够辨别是非，让人判断事物的能力有所提高，提高人的智慧，这样在工作中就有更多的方法，更高的水平。这是一个原因。另外，我总觉得通过对哲学的学习，能够让我们更深刻、更清晰地认识自然的规律、社会的规律。这样就能和这个社会和谐地、自然地相处，能够使我更好地生活。还有，我觉得通过对这个智慧之学的学习，我们每个人的心灵能更加向善，更加配合他人，有时候人在工作中遇到烦恼的事时通过一些哲学的方法调理一下、思考一下，好像能够变得更加心平气和一些。哲学确实在我的日常生活和工作中都有很大的指导意义，所以当李校长倡导这个哲学沙龙的时候，我就欣然参与了。通过前面 14 期的学习，我觉得非常有收获，以后还要继续坚持，争取每一期都参与，希望在《中和论道》期间可以学到更多的知识，能够使自己变得更加欢喜、开心，能够更加明事理，与这个社会与自然相处得更好。谢谢大家。

李朝东：以前多次介绍过了，现在我们再简单介绍一下。洪涛董事长是个企业家，但是对我们西北师范大学各项事业都特别支持，这源于他跟西北师范大学的一个特别的渊源。他的爷爷是我们学校早年的一个非常著名的教授，80 年代的时候属于全国十大美学家之一的洪毅然老先生，西北师范大学最著名的文科教授之一。我想我们新来的同学都已经唱过校歌了，为我们校歌作词的就是洪涛董事长的父亲洪元继，所以从各方面说，洪董对我们学校的文化事业非常支持，我们再次感谢他！下面有请西北师范大学马克思主义学院哲学系主任王金元教授给大家讲话，大家欢迎！

王金元：尊敬的李校长、洪董事长、各位老师、各位同学，大家晚上好。虽然秋意渐浓，但是我们的学术报告厅却是春意盎然，我们满怀热情地聚在一起，就是为我们自身素质的提升，为专业能力的成长汲取丰富的养分。我们甘肃省委党校校长范鹏教授曾经说过：什么是哲学？哲学就是对道的追求；我们师大的党委书记陈克恭同志在今年西北师大的第七次党代会上也对我们说：想清楚一些问题，讲清楚一些道理，坚守住基本底线。秉持这样的理念，我们哲学系精心策划、精心准备，尽可能地给大家奉上精神大餐，希望对大家有所启迪、有所帮助，希望在此过程中大家共同进步。在我们的共同努力之下，《中和论道》茁壮成长，迅速成为我们师大的品牌，成为有影响力的、我们这些人共同的精神家园。《中和论道》快一周岁了，举办了14期，今天是第15期，回首我们走过的路，我是感慨万千，此时此刻，千言万语我只想用两个词来表达：第一个是“感恩”，首先感恩我们的李校长，感谢他的倡议和身体力行，如果没有他的倡议和亲力亲为，就没有我们今天的《中和论道》；同时也感恩我们中和集团的洪涛董事长，如果没有他的热心关注和大力支持，我们的精神家园就不会建设的如此完美。我建议大家用最热烈的掌声致以我们最崇高的敬意。当然我们也感恩各位老师的精心准备和精彩演讲，也感谢各位同学的热情参与。我想表达的第二个词是“祝愿”或者是“期待”，祝愿我们的《中和论道》在新的一年里百尺竿头更进一步，芝麻开花节节高，越办越好，祝愿我们的精神家园就像明天的中秋节“花好月圆”，最后祝愿大家中秋节快乐，谢谢大家。

李朝东：中国有句古话叫作“与其坐而论道，不如仗剑而行”，强调我们应该行动起来，坐下来论道是浪费时间。但这恰好表现出我们中国文化理论思维相对薄弱的方面。恩格斯说过：一个民族要想立于世界民族之林，就一刻也离不开理论思维或者是哲学思维。“道”在西方国家中也应该有一个对应的词来翻译，把它翻译成“逻各斯”。不管是“逻各斯”还是“理念”，我们《中和论道》就是主要探讨理念性或者观念性的东西。我一直认为到大学里边来，不要只学习一些很务实的学科，不管是哪个学科，从理论上、概念上把它武装起来，我们以后对社会才会有较深的理解，才能够影响自己的行动决策。改革开放30多年以来，中国社会一方面是经济的繁荣与富裕；另一方面是堆积如山的社会问题，为什么？其实说来也算是我们改革开放的顶层设计还是缺乏人性的理论思维。我们通过这样一个哲学活动，不仅仅是在给大家普及哲学知识，更希望能够燃起大家的哲学兴趣。通过哲学兴趣，去阅读哲学的文献和著作，用概念和理论把自己装备起来，然后我们走向社会，才能够通过一个系统的理论思维，对自己所面临的一系列问题作出决断和决策。每个人都能够在决策和行动中提升到一定的层次，我们这个国家和民族的思维和行为，才能够进一步达到自觉，才能够成长为一个真正成熟的民族、一个真正成熟的国家。

今天晚上我们邀请的是哲学系的胡好副教授。胡好老师是我们非常优秀的中青年学者，武汉大学的哲学博士。他今晚跟我们讨论的题目是“自由意志与决定论”。在这之前，关于怎么讲我们在微信上有过一些简短的讨论，但不管怎么说，文责自负嘛，他是主讲人。下面就有请胡好老师来给我们新学期的第一次论道开讲，大家欢迎！

胡好（主讲人）：尊敬的李老师、洪总以及各位老师和同学，大家晚上好！很荣幸这个学期《中和论道》的第一期由我来主讲，首先感谢李老师和中和集团给我这么一个机会，然后也感谢在座的各位同学。明天就是中秋节了，祝大家中秋节快乐。

今天我要讲的主题是自由意志与决定论。今天下午呢，我就在微信群里面做了一个简单测试，看大家看到“自由意志”这个词会有什么样的直观印象。结果很多同学说了一些我觉得很有意思的话。有人看到这个词想到的是选择恐惧症，还有些同学想到了妇女和儿童的权利，同学们想到了很多，都跟自由相关。可是自由这个话题如果展开来看，其实非常非常难讨论。今天我试图从这样一个视角来揭开，或者从这样一个视角来切入。首先我觉得自由很重要。这一点并不是自明的。对一些科学家而言，尤其是对一些神经生物学家或者一些心理学家而言，这并不是自明的，需要我们给一些证据，让大家知道为什么自由很重要。

第一个证据是，我们社会主义核心价值观里面就有自由这两个字。还有自从启蒙运动以来，有六大基本价值是我们时代的潮流，这六大价值就是：真、善、美、自由、平等和正义，如果是简化为六个词的话，自由就占其中一个，这也能看出自由的重要性所在。

在 20 世纪以前，甚至到现在，有一个基本的常识：自由是责任的前提，就是说如果一个人没有自由的话，那么我们不能追究他的道德责任和法律责任。当一个人犯了罪，他在法庭上说我是不自由的，是性格所致，是环境所致，所以杀人时不自由，所以放了我吧。那么我们想一想，像这样一些辩护的理由到底合适不合适？我们来看一个真实的案例，前几天在白银抓到了一个杀人犯，这个杀人犯的名字叫高承勇，估计很多人都听过这个人。在 14 年间，他杀害了 11 名女子，手段极其残忍，受害者最小的只有 8 岁。假设他在法庭上为自己辩护说，法官大人，我那个时候不自由，都是性格使然，所以请你放过我吧。如果你是法官，会怎么判？你会说“好了，你回去吧，以后好好做人”，会这么儿戏吗？我们一定会治他的罪，一定会追究他的责任，因为他在杀人的那一刻，尽管社会因素或者其他因素影响他，但不决定他杀人，所以杀人这个事件是取决于他自己的。既然是取决于他自己的，那就是说他完全可以不杀人。在可以不杀人的情况下杀了人，那他就必须负责。这就是我们说的，如果没有自由我们承受不起的一种代价。如果没有自由就很难追究一个人的道德责任和法律责任，但事实是我们需要追究责任，否则的话我们的道德何在？社会的正义何在？所以从这个意义上讲，没有自由我们是无法接受的。所以自由真的很重要。

自由很重要，很有分量，但这只不过是我们常人的一种看法，对于一些科学家而言，自由很可能是一种幻觉，脑子里的一种想象而已，就和你做梦一样。这些人在实验室里做着实验，用一些精密仪器分析你的脑电波，然后得出结论，告诉你自由只不过是幻觉。听到这样的结论我们当然觉得很愤慨，你可以质问他——你不想要美好的爱情生活吗？难道你想让十恶不赦的罪犯逍遥法外吗？我们当然可以这样质问，但是那些科学家可能会这样回答你：对不起，我只作事实判断，事实上没有自由，至于没有自由该怎么办，这不是我想的，你们自己去判断，反正事实上没有自由。听到这里我们会觉得更加不平，觉得这些科学家怎么能这样？不要用情绪来代替我们思考，冷静一下，好好想一想。事实上真的没有自由吗？我先亮出我的观点，我们有自由。

接下来我想证明，即便是在决定论的情况下我们依然有自由，这是我的总任务。为了完成这个总任务，有三个子问题需要解决。第一，什么是自由？第二，什么是决定论？他们之间真的有冲突吗？第三，才是我们真正的重点：在决定论的背景下我们如何捍卫自由？重点是第三个，所以前面两个讲得稍微快一点，但这不意味着这两个问题不重要。其实第一个问题非常重要，在哲学史上或者在思想史上，对于什么是自由，有很多人探讨。这本身是一个很庞大的问题，但是今天我的任务呢，只在于解决自由和决定论之间的关系问题。到底什么是自由？

我们可以看一些哲学家的回答，比方说休谟。休谟说自由就是自我决定，因为这件事情取决于我，由我来做主，这是第一个观点。第二个观点是康德的，康德的自由观太复杂了。一个研究康德的著名学者叫阿利森，他写了一本专著，这本专著的名字叫《康德的自由理论》，光谈康德的自由。另外，一个香港学者叫卢雪崑，也写了一本叫《康德的自由理论》的书。康德自己提出了一些自由概念，比如先验自由、实践自由、消极自由、积极自由、自由感等。有一些学者从康德的书中总结出一些其他自由的含义，比如说，康德研究学界非常著名的贝克，他就总结出了康德的五种自由概念；还有一个伦理学的大师级人物叫西季威克，他总结出康德的自由叫理性自由，两可的自由。这是康德的自由观，好多人讨论，但是鉴于时间关系我们就不深入了解了。第三个观点，是我们今天讨论得很热烈的柏林的观点。他讲的是消极自由和积极自由两种自由概念。所谓消极自由就是不受什么干涉的自由，所谓积极自由就是说我要做什么的自由，大致是这个意思。

接下来我不按人头来讲自由概念，根据问题来讲。有个问题是洛克提出的。他说："琼斯不知道房间被锁，他选择留在房间里"，请问，他选择留下来的行为是自由的吗？这个问题我在课堂上讨论过，我给大家汇报一下课堂讨论的结果。大概有三派观点。第一派观点：认为琼斯留在房间的行为是自由的，因为他思想上至少有两个或者多个选项，他不知道房屋被锁了，在不知道的情况下，他可以选择出去，也可以选择留下，所以在这两种情况下他任选一个都是自由的。因为他不知道，所以自由，这是第一个观点。第二个观点呢，针锋相对，认为不自由，因为事实上只有一个选项。就是说如果你真的想出去你是出不去的，与其说你选择了留下，还不如说你被迫留下。被迫留下是因为你根本没得选。这是第二个观点。第三个观点：你们说的都不对。我们讨论自由根本不需要从选项这方面来讨论，我们从自我决定来讨论。我选择留下取决于我的决定。只要一个行为是取决于我而没被别人干扰，它就是自由的。大致有三派观点。在这里呢，我并不评判这三种观点谁对谁错，这不是我们现在的任务。我们现在的任务是让大家了解，对于自由，可能有三个评判标准，第一个叫思想中的多个选项；第二个叫事实上的多个选项；第三个叫自我决定的能力。大概就这三个标准，前面两个强调的是选项，就是我们有多个选项，我任选其中一个被认为是自由的。第三个标准是自我决断的能力取决于我。

在我看来，第一个标准是不太靠谱的，就是说思想中的多个选项其实不太靠谱。为什么呢？因为它违背直觉。我们日常认为不自由的情况在思想中都有多个选项，这样就跟幻想区分不开了。好比我刚才的例子，琼斯选择了留在房间里面，他除了选择出去或者留下以外还有别的选项。他可以在脑子里想象像茅山道士一样穿墙而过，也可以想象像孙悟空那样化成一道青烟从窗户里飘出去。这些都是思想中的选项，然而我们把它们当作幻想。之所以我们认为这个标准不靠谱，是因为即便你是被绑住的，我们都觉得你不自由，但你在思想中依然可以想象自己腾云驾雾。把明明不自由的情况说成自由的显然不太合适。

我们能够接受的是第二个和第三个标准，那么我们给它们各自取个名字：行动上的多选项我们叫选择的自由；自我决定的能力叫自主的自由。请注意：这两种自由是有细微差别的。我们举个例子：假设你们今天来听讲座都是自由的，那么我们按两个标准判断一下。从第一个标准来看，这是因为你原本是可以去上自习的，但是你却选择了来听讲座，所以在这个意义上，你是自由的。就是说我有好多选项，那么我在这么多的选项里面任选一个它都自由，这是第一个判断标准。第二个标准不一样，它还是强调你听讲座是自由的，但是不在于选项的多少，而在于我摆脱了外界对我的干扰。比如你在来这里的路上，不断有同学对你说：不要去了，根本听不懂的！然而你坚定地过来听讲座了。摆脱了外界的干扰而选择听讲座，在这个意义上，我们说你听讲座是自由的。因此，这两者之间是有细微差别的。如果大家还没有体会出它们之间的差别，没关系，待会儿我们会做一个思想实验来进一步澄清。

好，自由我们就讲到这里，接下来我们来看什么是决定论。对于什么是自由，我要简单补充一点：我们现在讨论的是形而上学领域的自由，并不是我们现实生活中所讲的政治上、生活上的自由。比如说很多同学一想到自由就是为所欲为，那当然是一种自由，但是在这里我们不进行那种政治学上的或者一些具体的讨论。好，我们来看决定论。决定论有因果决定论、物理决定论、神学决定论，还有历史决定论、地理决定论、环境决定论等。我们在这里主要讨论的是前面两种，也就是因果决定论和物理决定论。什么是因果决定论？简单地讲，就是过去决定未来。什么是物理决定论？就是先前的状态和自然规律决定了未来的一种状态，最经典的就是物理学家拉普拉斯给出的一种说法：如果你给定宇宙的初始状态，并且给我一条宇宙的规律，那我能预测宇宙将要发生的一切。所以不管是哪个观点，总结起来都是：世界只有唯一的一种物理可能的未来，没有其他的。如果我们要形象地表达，大概就是：从宇宙的开端到宇宙的毁灭，整个的过程有且只有一条线。那么我们会问：不是在某些节点会有分支吗？决定论者就会说：这些节点，表面上有分支，实际它是断开的，每一个都是断开的。这意味着好像是有分支，但实际上没有。好多选项你以为有，实际上根本没有。什么是自由？一个图来表示：每一个分支都是连着的，这才是真正的自由。

我们可以想象一下，如果时间可以旅行，历史会不会改变呢？决定论告诉我们，不会。如果可以时间旅行，所有的一切都只会重来一遍，1997 年香港注定回归，你小时候所受的伤永远是伤。就像看电影一样，如果你看到最后不尽兴，你可以让它倒回去再看一遍。你拉回去就相当于时间倒流的那个过程，但是当你把电影拉回去以后它的情节会变吗？不会，最多只能重看一遍，仅此而已。决定论说世界就像电影，放过就放过了。世界只有一条路，它没有分叉，如果你再回去，你只是再走一遍而已。有人说不对，我有选择，我今天来听讲座是经过激烈的思想斗争来的，我就是有选择。决定论者会很冷静地告诉你，对，你刚才的选择看似是选择，实际上是表演选择，你是个演员。如果我们可以设想上帝存在的话，他会把在座所有人的一生都写在纸上，装到信封里面，摆在他的办公桌上，然后在信封的封面上写着某某的一生。比如胡好所发生的一切都已经写在纸上了，包括胡好现在的反思：我有没有被决定呢？我有没有被上帝决定呢？——全都写在纸上了。2016 年 9 月 14 号晚 8 点 11 分胡好会反思这一点写在纸上了，一切都已经被决定好了。你丝毫不能摆脱命运的控制，这就是决定论。

第二个问题也讲完了，接下来是我们的重点。如果刚才所说的决定论真的是这个样子，我们还有自由吗？我们如何捍卫我们的自由呢？这就涉及自由和决定论之间的关系问题，它们之间的关系有四种可能的情况。第一种，没有自由，决定论为真，我们给它取个名字，叫作强决定论；第二种，没有自由，决定论为假，它叫随机论，一切都是随机发生的；第三种，有自由，决定论为真，它叫相容论。所谓相容，就是两者可以共存；第四种，有自由，决定论为假，这个我们叫它自由意志论。这是它的四种可能的情况。

当我们没有看到决定论的时候，会觉得自己是自由的，一旦你看到了决定论以后，你就会发现，其实我们根本就没有自由，因为这两个定义是冲突的。如果决定论为真的话，我别无选择，只能做出唯一的一种行动。但是自由意味着我至少有能力在两个选项中选择一种，因此它们的定义就是冲突的。决定论告诉我们，只有一种选择，唯一的一种；自由告诉我们有两种，至少有两种。所以看上去如果决定论为真的话，那就没有自由了。很多人觉得那不对啊，我一直都可以作选择啊，然后，决定论者会继续告诉你，你那些所谓的选项，不过是你头脑中的一个小插曲，它不会真的能够左右你的决定的。就好像减肥，面前摆一盘红烧肉，你嘴里讲我不能吃，我现在减肥，绝对不能吃。但是这个选项真的能够左右你的决定吗？不能，事实往往是这样的：唉，我只吃这一次，下不为例，绝对下不为例。一般是这样的，对吧？

所以你所谓的坚决不能吃的那个选项只是头脑中的小插曲，不会左右你的行动。

那么在这种情况下，我们如何来捍卫自由？哲学家进行了艰苦的探索，给出了第一套方案，叫基于选择自由的捍卫，就是通过重新界定选择自由来捍卫。所谓选择自由就是世界在从宇宙开端到宇宙毁灭中间是有一条主干道，但是在好多节点上，我们有另外一个道路，这就是选择的自由。如果我们能够同时有好几个选择，我们任意选择一个，都是选择自由。这种自由，对决定论者来说是接受不了的。所以呢，我们如果要捍卫自由，实际上就是论证所有这些分叉是真实存在的，它们真的跟主干道是连着的，而不是断开的。这是我们现在的任务。

决定论者马上告诉你：幻觉，都是幻觉。这样的话你还怎么说？我们给出的第一个论证是反事实条件分析。什么叫反事实条件分析？我们看一个具体的例子。大家从出生开始，一直走一直走，走到了今天来听讲座，这是事实。但是，在你听讲座以前的某一时刻，在那个时刻，有可能在你的脑子里面闪出一个另外的选项：要不去上自习？如果我们能够证明，你上自习的这个分叉真的有的话，那就可以证明，你听讲座这个行为是自由的。所以我们的任务就是证明这个分叉其实有，就是说事实上我来听讲座，但如果我在前一个时刻选择去上自习的话，我真的可以做到。如果真的可以做到的话，这条路对我来说就是敞开的。

你们现在在脑子里可能有一个问题——这怎么评判呢？我怎么评判在那个时刻我如果选择它，就能够做到呢？我们不可能再回去重来一次吧。所以接下来，我们的难题就是回答我们到底怎么判断如果在前一个时刻选择上自习，就真的可以做到。很显然，我不能通过观察，也不能通过实验来判断，因为回不去了。我们需要用一点非实验的方法来进行判断，这个判断说起来非常简单，做起来非常难的。我们看这样一个例子，比方说事实上此时此刻胡好受到了地心引力，但如果胡好不借助于外在工具的话，他能选择脱离地心引力吗？能做到吗？（学生回答：能。）能？那你试试（笑声……）我们大部分人只要学过物理，都知道不能做到，因为它违背了物理规律。如果我选择另外一个选项，它违背了物理规律，我们就会发现，他根本做不到，不能选。当选择脱离地心引力的时候，我选不了，我做不到。当然前提是不借助外力工具，在不借助外力工具的情况下，我选择脱离地心引力，这是做不到的。这样一来你会发现，事实上我来听讲座，但如果我在第一时刻选择上自习，能做到吗？当然能。因为这不违背物理规律。你在第一时刻选择来听讲座还是选择去上自习，不管你怎么选，它前面的决定论会形成物理规律，它都是吻合的。

我的评判标准是什么？就是看有没有违背物理规律。如果当初做其他事情不违背物理规律，那就真的可以做到，反之，如果当初做其他事情违背物理规律，那就做不到。我们把听讲座叫作X行动，把上自习叫作Y行动，我们给个一般的解释：我做X的同时如果选择做Y就真的可以做到的话，那么我做X就是自由的。你在每一个节点T时刻事实上做一个行动X，但如果你在同一时刻选择做另外一个行动Y，如果它真的可以做到，那么做X就是自由的。这样一个观点可以很好地与决定论相容，就是说我承认决定论是对的，也不妨碍我有自由，因为我怎么选都有自由，而且我怎么选都符合物理规律。

接下来，我们来认真考虑一个问题：这个标准真的合适吗？就是我做X的同时，我选择做Y，真的可以做到的话，那么我做X就是自由的。这个对自由的评判标准到底好不好？

有人提出了一个质疑，这个人叫法兰克福。我们讲自由的话，一般都会讲到法兰克福的思想实验。法兰克福说：刚才那个标准是不对的，因为即使我做X的同时选择做Y根本就做不到，我做X仍然是自由的。前面那个标准说，如果我做X的同时，选择做 Y 就真的可以做到的话，那么就有自由，现在他举了个反例，即便我选择做 Y 却根本做不到，也可以是自由的。如果他能证明这个观点的话，就说明刚才那个观点是不太好的。多个选项不是自由的必要条件，这就涉及到法兰克福的一个著名的思想实验。

这个思想实验是这样的：有一个很厉害的科学家，他有一台仪器，这个仪器呢，只要扫描你的头部，你的所有的想法都会反应在那个仪器上，他能看出你在想什么。更厉害的是，那个仪器还可以修改你的意愿。如果你的意愿跟科学家的意愿一致，仪器不开，如果不一致，它会把你的意愿改成跟科学家的一致。假设有一个人叫琼斯，如果琼斯的决定跟科学家的一致，科学家不启动机器，如果不一致，那么科学家启动机器把琼斯的决定改成和他的决定一致。总之，琼斯不可能作出跟科学家不一致的决定。这是第一个要点。有一天发生了一件事情，琼斯准备去杀一个人，因为那个人抢了他女朋友，他决定去杀他。恰好，这个决定跟科学家的决定一样，科学家也想杀那个人，所以科学家此时没有启动机器来干扰他。然后琼斯有了杀人动机以后，就策划怎么杀人，在策划的过程中，科学家没有打搅他，然后他去买凶器，最后，琼斯真的把那个人杀掉了，自始至终科学家都没干扰他。这是思想实验的第二个要点。就是在琼斯决定杀人以及实施谋杀的所有活动中，由于他跟科学家想的都一致，所以自始至终科学家都没有干涉。现在请大家思考一个问题：琼斯的谋杀行为应该找谁负责，到底谁是凶手？琼斯，还是那个科学家？你们觉得是哪个？觉得凶手是琼斯的请举手，不要放下来。——好，请放下，有一大部分人。

对，我们认为琼斯应该负这个责任，因为他是自由的。但是请注意一个细节，如果他不想谋杀，他做得到吗？做不到，因为那个科学家也想杀那个人。结论出来了，如果他不想谋杀，却做不到，但他的谋杀行为仍然是自由的。也就是说，即使做 X 的同时你选择做 Y 却做不到，做 X 仍然是自由的。既然我们得出了这样一个结论，那就表明刚才基于选择自由的相容论的那个标准不太合适。用这种相容论的方案去捍卫自由是行不通的，反事实条件的界定不太好，因为它会出现反例。

那么我们基于自主的自由来试一试，看看效果会不会好一点。在自主的自由方面，有一个比较著名的哲学家叫休谟。休谟主张心理决定论，就是说：你的所有行动都取决于你的心理，比如信念、欲望、情绪、理智等，所以我们的所有行动都是自我决定的。那既然他承认自我决定的话，就会发现有这么一个事实：一方面，由于行动出于自我，所以它自由；另一方面，因为心理能够控制我们的行动，所以它又符合决定论，因而他的心理决定论貌似是可以解决自由和决定论的相容问题。也就是说他一方面可以承认我们有自由；另一方面也可以承认我们被决定论所决定了，两个都可以承认。他的解决方案非常的简洁明了。

但是有两个人对他进行反驳，一个是利贝特；另一个是海恩斯。他们两个做了一组实验，对休谟的心理决定论进行了反驳。我介绍一下海恩斯的实验，因为利贝特那个实验呢，由于时间太短，它本身遭到了很多心理学家的反对，所以我们看海恩斯的。海恩斯把那个实验时间拉得很长，大概 10 秒左右。这个实验大概是这样的：他要求被测试的人观看一个屏幕，在这个屏幕上连续闪动一些随机的字母，然后他告诉那些被试者说：任何时候，只要你感觉到可以，你就可以用左手或者右手的食指去按下面那个按钮，并且要求他们要记住按下按钮时的那个字母到底是什么。就这样一个简单的实验。在整个实验过程中，实验者通过功能性磁共振成像，就是 FMRI 实时地记录脑部活动。结果发现，这些被试者作出按按钮决定，不管是左手还是右手，他作出按按钮决定比他按钮的行为要提前约一秒钟，就是说他一般是决定了以后，才开始行动，中间大概差一秒，这是第一点。第二点，是作出决定之前将近10秒钟，他的额叶皮层和顶叶皮层两个区域就产生了相关的大脑活动，这说明在他的无意识活动中行为已经被激活了。请注意，这中间有四个环节：第一个，信息的输入，这信息输入你的大脑里；第二个，就是你的无意识活动，就是你的额叶皮层、顶叶皮层就开始有相关的活动了，但是，这个时候你不知道，你是属于无意识状态的；第三个环节，到了你的意识活动，你开始作决定；第四个环节，当你作完决定以后，你开始把行动做出来。这个实验告诉我们，当我们决定按键，我们作决策之前，其实已经被那个无意识活动给决定了，只是我们不知道。这就导致两个结论：第一，无意识活动是要先于我们产生决策意识活动约10秒钟左右。你在决定按键吗？其实你在决定按键这一刻的前10秒你脑子已经决定了。人家可以通过你的脑部活动扫描预测出你会按键，并且预测出你用的是右手。你以为是自己决定的，其实不是，是你的无意识活动决定的；第二，大部分的意图在无意识活动中就已经形成。这表明，我们的无意识活动决定了意识活动。

所以很多人在利贝特和海恩斯的实验的基础上反对自由意志，对于他们而言，所谓的自我决定都是假的。什么自我决定，早都被外部因素决定好了，所以休谟说得不对。有一个叫塞尔的哲学家为休谟辩护，他说："无意识活动和决策活动之间实际上是存在间隙的。"间隙这个词用英文表示是"gap"，意思是断裂，空白。他说我们产生意识行为的四个环节，我再说一遍，第一个环节是信息的输入；第二个环节是激活我们无意识的脑区；第三个环节产生决策；第四个环节由决策做出行动。在我们无意识活动和作决策之间是存在一个间隙的，存在一个空白。如果真的存在空白，那作决策还被无意识决定吗？当然不。所以呢，无意识只能影响，但它不能决定决策活动，因为间隙把它们隔开了，它没有直接的决定能力。塞尔的要点是，你说无意识活动决定了我们的决策，错了，没有决定。为什么？因为它们之间有间隙。这是他的反驳。

但是，坦率地说，虽然我支持他的立场，但这个理由呢，我觉得不太好。因为它解决一个难题的同时又带来另一个难题。如果说无意识活动和决策之间真的有间隙的话，那到底是什么决定了决策，还是说决策是随机产生的？我们显然不能接受我们的决策是随机产生的，但如果存在间隙，那又没有什么东西可以决定它。很麻烦。

中山大学的朱菁教授，他针对这个实验写了一篇论文。他非常重视利贝特和海恩斯实验，也试着回应刚才那个观点。他说决策活动确实是被无意识活动决定的，但是这不意味着我们就没有自我决定，因为无意识活动决定以前，仍然是意识活动决定的，就是说最初还是意识活动，然后才是无意识活动，再然后是意识活动。所以，你左手按钮或者右手按钮之前确实被额叶皮层和顶叶皮层的活动决定了，但是你之所以产生了这些无意识的活动，是因为刚开始你愿意参加这个测试，参加测试的意愿是意识活动，因而最终还是意识活动决定了无意识活动。这是朱菁教授的回应。他跟塞尔不一样，塞尔说两者之间没有决定关系，他说好吧，我承认有决定关系，那又怎样，我还是可以坚持意识决定。因为无意识决定活动仍然是受意识活动的支配的，无意识活动不会无缘无故产生的。无意识活动有个东西来决定它，那个东西不就是意识活动吗？放在这个例子中不就是你来参加测试的这个意愿吗？这就是朱菁教授的一个回应，非常棒。

但这个理由我仍然不能接受，为什么？之前我想了一个理由，它会陷入无限后退，因为决定论者还会讲，其实你的那个意愿最终还是被无意识活动决定的，只是我没测出来而已。你为什么会愿意来参加我这个测试，你最终还是被那个无意识活动决定了，决定以后你才有参加测试的意愿。所以，当你说无意识活动最终被意识活动决定的时候，他马上回击你说，实际上你说的这个意识活动仍然可能会被无意识活动决定。这就陷入鸡生蛋蛋生鸡的境地，谁也说不清楚。我后来放弃了这个思路，因为朱菁的反驳有一个非常好的直觉，这个直觉就是：无意识活动总不可能无缘无故地产生吧，它肯定有一个东西把它激发出来，这个东西不就是意识吗？这个直觉是非常强烈的。我们知道你的额叶皮层和顶叶皮层之所以会产生那个按键的反应，它不可能无缘无故的，肯定有一个别的东西决定了，它才被激活。为什么会激活？不就是意识活动把它激活的吗？所以，朱箐的反驳有一个很好的直觉支撑。

讲到这里，我特别感谢一下陈涛同学。因为今天和他的讨论给了我特别大的启发。非常感谢。对我而言，承认无意识活动必然会被外界的东西激活，但不一定是意识啊，也可能是外因。为什么一定是意识呢？当朱菁教授说，我们的无意识活动最终是由意识活动决定的时候，我们可以提出一个竞争性假说：那些无意识活动其实也有可能被外因决定。我不是说一定由外因决定，只是说有可能。如果真的有可能的话，那么被意识决定的观点就被削弱了。

接下来我介绍一下我的朋友张含的看法。他的博士论文做的就是自我。他在他的论文中说无意识活动也是自我的一部分。我们刚才讲的那些，都有一个前提，就是自我只包括意识活动，认为自我就是自我决定、自我决策等活动。张含给出的策略是，当我们说无意识活动决定意识活动的时候，这不过是自我的内部的一个决定机制而已。就像自我的意识产生了决策，由决策产生了行动，我们可以把自我往前延展一下，由无意识活动决定意识活动。这些都属于自我决定的一个环节。自我活动包括自我、本我、超我，甚至包括潜意识，这些不还是自我的一部分嘛，所以即便我承认无意识活动决定意识活动，这仍然是由自我决定，因为无意识活动是自我的一部分。

我们看看对休谟的第二个质疑。自我何以能够充当行为的第一因？休谟的理论说，在自我的先行原因中没有什么决定自我了。他的自我决定论，强调自我决定能力，强调自我是第一因。前面所有的原因对我来说都是要斩断的。自我受前面的因素影响但不受前面因素的决定。如果自我受先行原因决定的话，那就不是自我决定，而成了外因决定了。所以我们要坚持休谟的自我决定论，就必须要回答这个问题——自我何以能够充当行为的第一因。为什么前面的那些因果链条到我这里就断了？为什么自我那么神奇？它有什么特别的能力能够做到这一点呢？

针对这个质疑，我们需要介绍一下行动者因果关系，Agent Causation，它跟事件因果关系，Event Causation，是相对的。可能有些非哲学专业的同学有疑问，我简单介绍一下。因果关系的形式是 a 导致 b，或者 b 之所以发生，是因为 a。例如我吃拉面导致我饱了，或者说我之所以会饱，是因为吃了一碗拉面。这叫因果关系。因果关系我们用 a 导致 b 来表示，a 是 b 的原因也可以，或者 a 和 b 之间有因果关系也可以。我们把 a 和 b 称为因果项，把它们的关系称为 R。介绍完这两个术语之后，我们来看什么是行动者因果关系。所谓行动者因果关系，就是因果项可以是行动者，而事件的因果关系它强调的是因果项必须是事件。行动者和事件有什么区别？其实就是我们日常说的，行动者是作为主体的人，事件是发生的事情。当然事件的界定比较复杂，但我们没必要搞那么复杂。简单一点说，就是每发生一件事情，就叫一个事件。比方说，你看到胡好拿起了翻页笔，这就是一个事件。

我们问为什么翻页笔被拿起来呢？因为胡好，胡好拿起了翻页笔。我们在日常生活中经常这么说，此时我们把行动者当成了原因。事件因果关系的主张者认为，这是不严格的说法，严格地说是胡好举起了右手，使得翻页笔被抬起。这个说法跟前面的说法有区别对不对？区别在于原因从胡好变成了胡好的一个动作，也就是由行动者变成了一个事件，这就是它们的区别。所以事件因果关系论者会说：你说的行动者原因不过是基于常识的看法，如果我们追究得细一点，所有的行动者原因都可以被还原为事件原因。这涉及到行动者因果关系的合法性问题。这个问题我们等会再说，现在先回答另外一个问题，就是行动者何以能够成为第一因？休谟说自我是第一因，自我不就是行动者吗，那么我为什么可以成为第一因呢？

这需要借鉴一下康德的理论。康德有一个结合论，它描述了一个心理机制。他说，当外界的信息传到我的大脑后，就转化为两类动机：一类是感性动机；一类是理性动机。然后我们的自由意志将其中的一个挑选出来，纳入准则，准则意味着一个决策，然后根据决策做出行动。这就是康德的结合论。这个结合论意味着什么呢？它意味着从信息输入到决策再到行动，这之间的环节都是由自由意志决定的。当信息输入大脑后，它就会转化为两类动机：一类是感性的，欲望占很大分量；一类是理性的，我要按照规则行事。两类动机对意志施加驱动力，促使意志选择它们。它们都影响自由意志，那么意志选哪一个呢？不一定。它可能选感性动机，也可能选理性动机，都有可能。这是随机决定的。所以，在康德的理论里面，自我决定中的“自我”其实就是自由意志。当然，这中间非常复杂，他讲了好多术语，我们没必要太理会，知道他的结论就好。他的结论就是，自由意志是行动的第一因，所有别的因素都不决定，而只是影响它。

那么，回答了这个问题之后可能面临一些很重要的反驳，行动者原因真的存在吗？它为什么不可以还原为事件原因呢？所谓的行动者原因都是笼统的说法，只要仔细推敲，都会变成事件原因，那行动者原因还存在吗？对于这个反驳，我们该怎么回应呢？

我的回应是，完全可以承认行动者原因可以还原为事件原因，但行动者作为事件的承担者，仍然是原因。举个例子，我们可以问，胡好为什么要吃晚饭？因为他饿了。我们可以继续问下去，他为什么会饿呢？因为他中午吃的东西消化了，胃里空了，所以会饿。还可以继续问，为什么他胃里空了就会产生饿的感觉？你会发现可以无休止地问下去。为什么呢？因为这些都是事件。一个个事件永远可以追究它的原因。但是，事件都是发生的事情，可谁来发生呢？你说胡好吃饭，胡好饿了，胡好胃里没东西，承担者都是胡好。所以，总结一句，为什么胡好会吃晚饭，因为那是胡好的决定。这就完了。原因是什么，原因是胡好。归结起来就是，胡好吃晚饭这件事情是由胡好决定的。我们可以说细一点，他为什么吃饭，他饿了；为什么他饿了，因为胃里空了；为什么会胃里空等等，还是可以讲原因。但是事件原因总要有一个承担者，承担者就是行动者，在这个意义上，行动者仍然是一个原因。它相当于康德所说的先验自我，所有的经验自我中必须预设先验自我，否则经验自我不能成立。同理，所有事件原因需要预设一个行动者原因，否则它不能成立。在这个意义上，我觉得能够为行动者因果关系做辩护。

好，我们简单回顾下刚才讲的内容。刚开始我问在房间被锁的情况下，自愿留在房间是不是自由的。我们认为是自由的，并且给出两个方案。后来发现第一个基于选择自由的方案可能不成立，所以我们选择第二个基于自主自由的方案。到目前为止，第二个方案虽然遇到一些质疑，但仍然立得住。接下来我们看自由意志论。

我们一开始说什么是自由意志论呢？是有自由并且决定论为假。要捍卫自由，除了相容论，还有自由意志论。讲到自由意志论呢，我们看一个经典的论证——因瓦根给出的失控传递论证。

首先他给出了一条原则叫失控传递原则。我们看一下，他说 p 不可控，并且如果 p 那么 q，所以 q 不可控。这是逻辑学规则，相当于肯定前件式，给出 p，如果 p 那么 q，所以结论是 q。这叫失控传递原则，没有太大问题。往下走，他据此给出了一个不相容论的论证，非常强大。是这样的：五个前提，一个结论。第一个前提，如果决定论为真，则行动是过去和自然律的唯一后果；第二个前提，过去和自然律不可控；第三个前提，决定论这条规则不可控；第四个前提，所以，如果决定论为真，则行动不可控；第五个前提，自由意味着我们能够控制我们的行动，换言之，行动取决于我们。所以四和五加起来，就得出六，就是说如果决定论为真，则行动不自由。这个论证的重点是前面三个前提怎么得出四。我们把 p 和 q 带进去，p 是过去和自然律，q 是我们的行动，规则是决定论。如果 p 不可控，如果过去和自然律不可控，并且如果 p 那么 q 这条规则也不可控，那么 q 不可控。q 是什么？q 是我们的行动，所以我们行动不可控。没问题，很强大。我们一般讲到不相容论，都会讲因瓦根的这个失控传递论证，很经典。你们是不是期待我的反驳呢，大家有没有期待？（学生回答：有！）

那对不起，让你们失望了，我不反驳。为什么呢？因为实际上他的观点：如果决定论为真，则行动不自由。他只说了决定论和自由不相容，也就是说，自由和决定论你只能选一个，你选了自由，就不能选决定论；你选了决定论，就不能选自由。这一点我完全可以赞同，我只要说有自由决定论为假不就完了吗？接下来我们要讨论的就是如何来论证有自由，决定论为假。

为什么有自由？其实很简单，因为我们有懊悔或内疚的情绪，如果曾几何时你感到后悔、感到内疚就证明你有自由，因为内疚和后悔都意味着你有自由，所以自由都有我们的情绪作保证。

那么怎么证明没有因果决定论？这里要用到布拉德雷后退。刚才说了，因果关系是 a 导致 b，或者说 a 和 b 处在因果关系 r 中。那么现在讨论 a 为什么会导致 b 呢？这个问题就转化成了 r 的根据在哪里？a 我们能看见，b 我们能感觉到。比如说我吃拉面，然后我饱了，这些我能感觉到。但问题是我饱了真的是因为吃拉面吗？我们怎么保证这种关系，这个 r 的根据在哪里？布拉德雷后退是这样的，他说你如果要证明这个 r，就必须通过一个更大的 r’来证明，但这样一来，我们可以接着问 r’的根据在哪里，它必须放在更大的 r’’中来解释，如此以至无穷。既然无穷后退，那么 a 为什么会导致 b 根本得不到解释，既然得不到解释，就说明二者之间根本没有什么因果关系。你以为的因果关系是幻象，其实没有。所以我们已经证明有自由没有因果决定论。今天我就讲到这。谢谢大家！

李朝东： 非常感谢胡好老师今天精彩的讲演，按照惯例我们还有一个自由讨论阶段，老师同学们都可以提出一些讨论的话题。

提问一（田昶奇）： 胡好老师说无意识活动也属于自我的一部分，所以无意识活动决定的行动也是自由的，所以我想请问，精神病人在发病的时候，他的这个状态属不属于无意识状态？如果属于无意识状态，那么他在发病的时候杀个人算不算是个自由的决定？如果算自由决定，为什么还要给他减刑呢？谢谢。

胡好： 无意识活动是自我的一部分，因此它是自我决定的，而如果是自我决定，他的行动应该也是自由的，一旦自由，那么我们就应该追究疯子的完全责任，但实际上我们不会这样。很好，你的问题可以反驳张含。其实还可以从另一个角度反驳，自我决定意味着控制，但无意识活动我们是控制不了的，从这个意义上看，无意识活动应该不能归为自我的一部分。我并没有赞同张含的观点，刚才只是给大家作个介绍。

提问二：我听了胡好老师的讲座以后，有一些自己的想法，想让老师批评指正一下，可能我自己叙述的时间有 10 分钟，不知道时间够不够。（李朝东：你的问题需要 10 分钟吗？不需要，就把问题提出来。）我是自己的一些看法，然后对胡好老师的一些反驳。（胡好：你如果很多反驳的话，就提一个，好吧？）我的反驳是这样的，就是自由意志跟决定论是不重要的，最重要的是你知道的多不多。胡好老师刚举了三个例子，一个是刚才那个琼斯的例子，这个里面他自由或者不自由的区别在于他知不知道门锁了，如果他知道门锁了，那他就不是自由的，如果他不知道，那他就是自由的。西方有句话说“全知就是全能”，所以说当你全都知道的时候，你就可以为所欲为，你是绝对自由的，但这个时候并没有决定论，所以我一直很奇怪，今天胡好老师在讨论的时候，怎么涉及到了这个概念。知情权的问题，知道哪些东西。其实胡好老师今天举的这三个例子，区别在于你是知道还是不知道，比如说那个人去杀人的时候，他知不知道博士在控制他，如果他知道博士能控制他，那他就是不自由的，如果他不知道，那他就是自由的，因为他有自己的想法。那么还涉及到一个，就是潜意识的标准，无意识跟意识之间也是涉及一个知情权的问题，潜意识是我们不知道现在具体的真正的想法，因为冰山一角，意识的话就是我自己能够决定自己的活动，所以这也是个知情权的问题。后来呢，我又觉得我这个想法是很片面的，因为知情权的话，还有一个相对的知情权，我们凡人无法做到像上帝那样绝对的知情，所以这个讨论在我们实际生活中是没有指导意义的，那么在哲学讨论也是废话，没有意义，那么相对的知情权的话讨论也是没有意义，知情权要有意义，要绝对的全知，相对的话无法做到绝对全知，因为你是相对的知情权，所以这个可能导致蝴蝶效应，塞翁失马焉知非福，所以在这一层没有讨论意义。

胡好：我说一下我的看法，具体的细节方面我们私下可以再讨论，我的观点是知情权与行为的自由没有直接的关系，就是说，你知道或不知道不是你的行为自由或不自由的决定性因素。设想一下，我全身被绳子捆得像个粽子一样，但由于捆的时候我是睡着的，所以不知道自己被捆了。请问我醒来以后，大家会觉得我是自由的吗？我的确不知道自己被捆了，但我自由吗？不自由，因为我想伸手伸不了，想抬腿也抬不了。这个时候我不知情，但却不自由。所以我们说自由与否跟知情不知情没有直接的关系。真正决定自由的可能是强制。我被捆了，身体受到了外界的强制，因此即使不知情，也是不自由的。

提问三（舒跃育）：我想就第一个同学提的问题从心理学的角度回应一下。从心理学的角度来说，其实我们自我的构成，其中有一部分来自于心理原因，来自于先天的决定论。每个人的自我都需要社会规范的内化，这就是马克思主义所谓的社会意义上的人。这样看来，精神病人应该还是有自我的，可是他的自我的社会部分已经被损坏了，这就是心理学上的回答。还有一个意义上讲，就是他不具备一个法律意义上的人了，因为他的社会自我的那部分被损坏了，其实他的自我已经不是一个正常人拥有的自我。还有一个比较极端的观点就是精神病人在犯病的状态下，他可能同时存在几种自我，自我无法判定，在无意识状态之中。但那样的话，他也会改变一种人格，一会儿可能变成一个军人的行为模式；一会儿可能变成一个小商贩的行为模式。不知道有没有回答你的问题，这可以有更多探讨。

我接下来想跟胡好老师探讨一个问题。首先我自己主张的是在一种相容的视野上的自由意志。但是现在有一个问题，就是对自我本身的质疑。自由意志是有前提的，它要假定自我存在。那么另外一种观点就是完全地否定自我，举例来说，把人当作机器，就是这样。

如果说我是一台电脑，为什么会作出这个决定呢？因为我以前接收到如此多的信息，最后通过我的大脑计算得出了结论。比如说让我今天晚上来听讲座。但是前面你有些论证说在这一条主线上可能有些分支，但是今天我一旦来听了讲座，所谓的一切都只是直线。你说自我不存在，自我只是一条支流而已，而且还提出一个比较好的问题，你说我们认为在我的信息输入与我的行为输出之间存在一个我。可是从神经系统的角度看，这个“我”在哪里，在大脑的哪部分，我们找不出来。我们的大脑存在一个神经网络模式，而这个神经网络模式只是一个信息输入系统。我们打开任何一台电脑都找不出“我”的存在，但是在打开电脑的过程中，我们可以假设有个人，就比如我们在 qq 上面聊天，但其实我们可以在电脑的另一端编一个程序，这并不代表电脑的另一端就存在一个自我，它只是一个信息处理机器。这个问题看胡好老师怎么回答一下。

胡好：这些问题都比较深入，讨论自我到底存不存在。自我不存在，那自由就是一个虚假问题了。刚才我大概听到你给出的两个证据。第一个证据是说其实自我就是一种幻觉，自我并不存在。另一个证据是说如果自我存在，自我到底是什么？我们找不到，你说是大脑吧，到底是大脑的哪部分呢？找不到，所以这也是自我不存在的一个理由。我对这个问题没有很深的了解，试着回应一下啊。我觉得不需要一个理论的角度。我以为自我是一捆东西，就像休谟说的各种东西捆到一起，这个东西就是自我，不需要特别强调我是一个实体。自我不是把我们所有的属性剥离以后剩下的东西，它可能更像洋葱，剥掉就啥都没了。自我就是一捆，你的各种东西捆到一起，给个名字就是自我，这就可以了。所以我觉得在自由意志的讨论中未必需要预设一个基底，像亚里士多德说的那样，这是我的一个尝试性的回答。

李朝东：我说一下，那这几只花捆在一起，是否也是一个自我？它也捆在一起。（胡好：您是说要怎么划出边界，就是为什么要把那些捆在一起，是这个意思吗？）

不，你不是说一些东西捆在一起就是自我吗？（胡好：对。）这几束花捆在一起，那不就是自我吗？（胡好：对，它需要一些自我的相关属性。）就像最早的关于人的定义，古希腊时说，人是两条腿没有毛的动物，那么他抓一只鸡，把毛拔了，放到你这里，那这也是两条腿没有毛。所以说你不能简单地说把一些东西捆到一起就是自我。概念一定要清楚。

胡好：对，李老师指教的对。谢谢李老师！对于舒老师的第二个问题，我的回应是这样。上次我们讨论过这个问题，自我是哪一个，尤其那个裂脑人的实验出来以后到底哪个代表自我。我觉得它涉及到集合和个体之间的关系问题。有的时候你说一个班级，就比如说我们2013级哲学班，它是个集合，到底什么代表它。这个要看实际情况。如果我们说2013级哲学班的打篮球打赢了思政1班，这时候你要问哲学班在哪里，它就在所有篮球队员那里。代表哲学班的就是那几个篮球队员。而在其他情况下，比如今天听讲座，代表哲学班的就不是打篮球的那几个人，而是在坐的各位来自哲学班的同学。我的意思是，自我是集合概念，没有一个固定的东西能代表它，要分场合，有的时候左脑代表自我，有时候右脑代表自我。这是我的不成熟看法。

提问四（朱海斌）：三个小问题。第一个是关于自由的界定。搞哲学，我对这个问题最感兴趣，就是什么是自由。你提出两种自由，选择的自由和自主的自由，然后把第一种想象的自由排除掉。但是我觉得这个排除并不成功。你的理由是它是跟幻想一样，无法划定界限的主观标准，但是一个正常的理智的人是完全可以区分出什么是幻想，什么是想象的。比如说琼斯，他完全只能是想，他说我要像茅山道士那样或是说我要怎么样飞出去，只能是想着如何走出去等等，还有各种选择，但是这个选择，注意，它是一个想象的，不是幻想的，就是只要是正常理智，一般会把这些取消掉，因为它没有完全跟幻想区分开来。所以我的看法是，想象的自由和想象的选择跟行动的选择，它们是同一类的。当然我们完全可以用这个显而易见的自由变更来座谈，你比如说，如果不仅仅是琼斯在屋里，一块石头也在屋里，那石头它怎么不出去啊？它有没有自由呢？如果门是闭着的话，那区别显然在于我能不能出去，是吧？（胡好：对啊。）

所以这一点是至关重要的，这就是我的第二个问题，那就是，这两个什么关系，就是你讲的两个自由，你的两个概念，一个是选择；一个是自主，那么这两个的关系怎样。好像你后面也没有很明确地把它们两个的关系完全清理出来。比如说，在我看来，首先就有一个自主自由，有自己意愿，我能不能够成为它，然后在这个基础上才有一个选择的自由，就是关于思想上的还是一个行动上的自由。然后第三个问题就是那个心理学上的实验，塞尔那个反驳，包括朱菁的反驳，我怎么觉得他们那个反驳方式似乎不得要领啊。就是说他们没有区分两个东西，就是意愿和事实，而这两个之间是明显有区别的，如果混淆的话，就会犯一个范畴的错误，而我们基本上在混淆的前提下，不断地就是用事实性的所呈现出来的这些东西，把它认为是我要做出的、我为什么做它的意愿，然后就会导致后来的那样一个用意识、无意识，通过自我，然后不断地循环，不断地找到谁更牛，找到外因，对吧？但是我觉得应该是，他们可能犯了一个范畴的错误，然后把这两者混淆起来了，不然的话，我觉得这个东西很好反驳。或者说如果回到休谟那里的话，这个问题还是比较清楚的。好，这是我的三个问题。

第一个是关于幻想的那个；第二个是它们的关系；第三个就是关于这个反驳的。我觉得朱菁的反驳，你刚开始讲得时候，你讲到这一点了，讲得很好，可后来又陷入到意识和无意识的这种循环之中了。

胡好：好，关于自由的界定，关于想象的自由，就是你觉得想象的自由也是一种自由，对吧？（朱海斌：对。）

就是说思想中的多个选项也是自由的界定，我觉得这个界定太宽松了，把许多不自由的情况都包括进来了。日常生活中有很多不自由的情况，比如吸毒，一般认为，他毒瘾发作的时候，我们不认为他是自由的，是吧？但是呢，吸毒者毒瘾发作的时候，他脑子里能不能想象“我能克制”？他在想象中有没有这个选项？有，但他做不到。所以呢，如果你强调思想中的多个选项就是自由的话，那会和我们的很多日常经验不符合。我们不认为毒瘾发作时吸毒是自由的，即便他的思想有多个选项，还是不自由。在这个意义上，我认为这个界定不太好。当然你说的石头，石头放在房间里，它是不是自由的？当然不自由了，因为它根本没有选项。对它来说，哪有选项可言？我可以承认你的一点，我们强调自由的时候，前提是有意愿。自由嘛，叫自由意志，是不是？你得先强调它有意志，才能谈自由。但只要是意志，就一定自由呢？不是，还要看意志在现实生活中有没有被强制，不是说在想象中，而是在现实生活中。这是对第一个问题的回应。

李朝东：这样吧，我们商量一下啊，本来今天大家都要回家过节，朱老师你的三个问题，胡好老师就先回答一个，好吧？（朱海斌、胡好：可以。）

首先我非常感谢胡好博士今天晚上的精心准备和精彩讲演，给我们关于“自由和决定论”这个话题提供了一个非常好的报告，确实也颠覆了我对这个问题的理解，这个颠覆可以看作是我和胡好博士之间的一些不同的看法。其实我们一直想让我们的“哲学沙龙——中和论道”成为真正的哲学沙龙，沙龙嘛，就是吵架的地方，你是这样说，我认为你那样说不对。如果说你的说法大家都说“哦！就是那样的”，那就不是沙龙了。沙龙在西方上流社会出现的时候就是大家各抒己见，互相吵架的地方，每个人都是一个独立的个体，每个人都有自己的思想和观点。既然每个人的知识阅历不同，思想观念不同，那么肯定就会形成观点之间的分歧与对立，那我和胡好博士的分歧就在于：首先我觉得，关于这个题目，“意志自由”或者是“自由意志”不管怎么排列“意志”是核心词，但是胡老师今晚基本是在讲“自由与决定论”，很少涉及到、谈到“意志”问题。

在古希腊时期，大家都知道有一个德谟克利特时期，希腊的民主社会蓬勃向上，在整个周边的国家中，它的力量最强大，希腊人对自己非常自信，所以在这样的一个时期德谟克利特从原子论上表达了希腊的这种精神。原子论就是说原子只有重量，所以它只能做垂直下降运动，上面有一个 A 原子，有一个空间或者叫虚空，因为它只有重量，所以只能做垂直下降运动，和下面一个 B 原子结合，形成 X 事物，这就是必然性原子运动，它只能做垂直向下运动。后来到了希腊晚期的时候，随着其他国家的入侵，希腊这个时候国运已经衰败了，希腊人过着一种朝不保夕的生活，今天晚上还活着，明天早上起来就不知道哪一个民族的铁骑踏破了他们的美梦，能不能活到明天早上都难说，希腊人对自己的命运不可捉摸，把握不住，那么在这个时候从哲学上表达人的生存命运的是伊壁鸠鲁。伊鸠鲁就给原子加了属性，它不仅有重量而且还有质量，既然原子有重量又有质量，所以原子在做垂直下降运动的时候，另一个地方还有 C 原子，本来在德谟克利特这里原子只能做垂直下降运动，所以 A 原子和 B 原子结合形成 X 型事物是必然的，但它在这垂直向下运动的时候旁边的 C 原子有质量，吸引了它，所以原子也会发生偏斜，至于向哪个方向偏斜？周边有很多原子在吸引着它，所以 A 原子究竟和哪个原子能够结合在一起形成一个其他的事物，就捉摸不定了，把握不住了，那么伊壁鸠鲁的原子论的思想，马克思后来称之为：

“偶然性”。我们现在哲学上就有一对范畴：必然性和偶然性，这就是事物。后来到了中世纪的时候，就出现了这样一个问题，主要是讲，上帝是一个决定的力量，每一个人都是上帝的信徒。我是一个上帝的信徒，做了一个行为，这个行为导致了后果，比如说我杀了人，上帝如果是决定了我的一切，我做好事是上帝决定的，我做坏事也是上帝决定的，人是一个被决定的存在，那么这个时候我们大概能确定我做好事是皈依于上帝的荣耀，那我做坏事呢？难道上帝还决定我做坏事吗？这个时候就引入了“意志自由”的问题。

每个个体的意志是自由的，那么你必须要为自己做的坏事承担责任，所以“意志自由”这个命题真正地提出来是在中世纪，是在讲个人和上帝之间的关系。是上帝决定人，但是上帝决定人的哪些，不能决定哪些？也就是说上帝在决定人的一切的同时也给人以一定的意志自由，你有大脑你能思考，你能够作出决定，你能够在自己的决定下做出自己的行为，那么这个行为你就必须要为它承担责任。在这个时候上帝的决定论还是主要的。文艺复兴的目标之一就是要把人从上帝的决定中挣脱出来，我能不能够不靠上帝的决定完全变成一个自由决定的意志个体。

所以我说，今晚听胡好老师的报告，我特别希望他能够给出一个关于意志的定义。什么是意志？意志就是人的意识对人的肉体的调节和控制能力，这就是意志。比如一个男同学、一个女同学两个人去爬山去，爬到一半爬不动了。女同学说：“啊，我实在累得走不动了。”“我累了”这是一个生理状况，男同学鼓励她说：“你咬咬牙，咱们爬到山顶以后再休息。”结果这个女孩子一咬牙，真的爬到了山顶上。这个“一咬牙”就是我们说的意识活动对身体的一种调节和控制力，这个就叫意志。也就是说意志主要是指意识对人的肉体活动的调节和控制能力。我们的所有行为都是受我们的意识活动支配的。这就是说，不管是好的行为还是坏的行为，只要出自我个人的决策，就都是我的意志。我的意志是自由的，是我意志自由作出的决定。因此这个命题它的核心词是“意志”。关键要考察的是我们的意志是否自由，是被决定的还是没有被决定的。应该是从这个角度去考虑，它只是个形而上的问题。

在这个过程中上帝就被排除了，上帝被排除的结果大家都知道，就是文艺复兴。排除了三百年以后，尼采就可以喊出“上帝死了”。没有上帝以后也没有了上帝对人的决定，我们的道德还起不起作用等等的这些问题都成为人的问题。后来经过近代以后，学科分化以后，从休谟开始意志自由的问题就变成了一个心理学研究的问题。一直到现在，包括胡好老师举到的几个例子，塞尔及其心灵哲学，其实它已经变成一个心理学的问题。所以当我们把意志自由与决定论还原成意志和自由并且在心理学层面上去讨论的时候，它就已经不是形而上的问题了。既然不是形而上的问题，我们就可以在多学科中讨论自由和决定论。在法学领域里边讨论自由和决定论就有了那个同学提问讲到的知情权问题；我们也可以在医学里边讨论自由和决定论，就有了那个同学提到的精神病人的问题。

所以说当你把一个形而上的问题还原成一个形而下的心理学问题的时候，可以从不同的学科中提出反驳，而且你无法给出一个明确的解释。好了，这是我的第一个评论。

第二个呢，真正地把意志自由与决定论还原成一个形而上学的问题，我觉得还离不开黑格尔。黑格尔曾经给我们讲过，我的意志是自由的，我对我的行为作出决策并且导致了这个行为。如果我们放在形而下的角度去解释的话它就变成因果关系。但是黑格尔说，我们人在这个世界上就是要对世界作出解释，但解释无非两种，一种是原因解释，一种是理由解释。所谓原因解释就是因果解释，因果解释就是把这个世界看作是一个由无限的事件构成的一个因果链条，在这个因果链条里边，就好像我们把 26 个英文字母里边的最后一个看作结果，追到前面的一个字母是它的原因。倒数第二个字母遇上倒数第三个又是它的原因，一直追到 A，那么追到 A 以后，那么这个 A 的原因是什么，黑格尔说这就是亚里士多德发现的在因果性里边，你只能是一直往前走，找到一个不再能够被别的东西解释的第一原因，可是这第一原因是一个最终未被解释的原因，黑格尔说用一个未被解释的第一原因去解释后边的一系列结果等于没有解释，因为你的原因没有被解释。那么黑格尔就得出一个结论，一切科学的，包括意志和决定论、自由和决定论的解释都是科学解释，科学解释只是在狭窄的范围内提出一个相对的真理，也就是说我们把 ABCDE 这个因果序列里面提出一个 C 和 D 专门来考察的时候，我们只能说 C 引起了 D，D 是被 C 引起的，在这个狭窄的范围内，我们可以这样说。至于 C 是谁引起的，我们有可能追到 A，也有可能追溯到 B，但是就 C 和 D 的因果解释来说，我们可以这样。所谓科学解释就是从一个现象出发找到引起它的原因，我们就等于把这个现象解释了，解释了就是给出了一个真理性的认识，但是这个真理性的认识只是相对真理。所谓相对真理就是指它此时此地做出，却永远有被证伪和推翻的可能性。比如说打铃引起了铃响，在打铃这个 A 和引起铃响这个结果 B 之间是有因果联系，但是我们必须还要找到一个空气，如果没有空气，在真空中打铃就不可能引起铃响，所以在 A 和 B 之间还有一个中间的原因，这是找到的一个原因，还有一些可能的原因还没有找到，可以无限地追踪下去。黑格尔说一切的科学因果解释是在一定的时空条件下给出的一个事物的相对解释，这个认识就是相对真理。相对真理就在于它随时可能被推翻。推而广之，用一个自身未被解释的第一原因去解释之后的一切现象等于没有解释，哲学就是个战场，埋葬前人的人正在沾沾自喜的时候，黑格尔说了一句话，看吧！抬着你出去的人的脚已经迈进了门槛。这个意思就是说你也将被别人埋葬。一切科学理论大概都是这样的，如果不推翻前面的科学结论，科学就不能进步。

那么形而上或者说哲学的解释是什么呢？哲学的解释就是黑格尔所说的找到一个理由解释，所谓理由就是一个终极的原因，理由是找到一个终极的原则而不是原因，给后面的一切给出一个解释。关于原因解释和理由解释，这是一个很复杂的黑格尔方法，我在这里不花时间讨论了。也就是说把哲学的解释、科学的解释，包括心理学的解释区别开来，黑格尔给我们提供的一个标准是原因解释和理由解释，一切科学都是原因解释，就是从某一个现象出发去寻找它的原因，哲学解释不是，哲学是设定一个第一原则，从这个第一原则推出后续的一切东西。如果我们在这个概念的推导中，它是合理的，得出了结论，那么我们就等于给这个事件找到了一个理由，而不是找到了一个原因。那么胡塞尔后来，大家仔细看一下，他的一切解释对象都是心理学研究的对象，可是在这个地方，胡塞尔就把心理学和现象学区分开来。现象学是哲学的，心理学是科学。在他的《现象学的观念》这本现象学小册子里面就有相当大的篇幅来区分科学研究和哲学研究、科学思维和哲学思维。所以我们在这个地方要说把哲学和科学区分开来并不是要用哲学来取代科学，也不否认科学在自己范围内研究的合理性和必要性，但是如果把哲学和科学混同起来，科学总有这样一种愿望和志向，总是认为自己的就是唯一科学和合理的，从而否定哲学的合理性。

最后呢，我在想，包括对胡好老师在内的青年教师的建议和希望，我们要尽可能地把哲学研究和科学研究区分开来，这并不妨碍你引用科学，引用科学的资料和研究成果，但是你必须要把它提高到哲学思考的层面上，包括后面的比如吃牛肉面等例子，所有的哲学概念一旦被事实解释的时候，它就已经降低到形而下的层面了。这就是为什么黑格尔逻辑学只是从概念推导到概念，而反对用任何一个事实去解释一个哲学概念，所谓真正的哲学训练还是在概念哲学的王国里进行思辨推导。这也是我今天晚上的一些看法，和大家一同分享。

（主讲人：胡好）

第二讲　怨恨与羞感

主持人（朱海斌）：今天是《中和论道》第29期，主讲人是李朝东教授，主讲题目是《怨恨与羞感》。在《中和论道》的平台上，李朝东老师一直从事主持工作，每次在他主持以及评论的过程中，我们都能领略到他的思想的敏锐性，以及学术视野的开阔。

李老师的研究范围很广，包括外国哲学、马克思主义理论、伦理学、教育哲学、社会学、神学等，不一而足，其中尤以现象学研究见长。他今天为我们带来的演讲题目也是和现象学的巨头马克思·舍勒有关。我们知道作为经典现象学三巨头之一的马克思·舍勒，他可能在名气上没有像另外两位，埃德蒙德·胡塞尔和马丁·海德格尔那样大，但在思想深度上一点都不亚于他们两位。海德格尔自己就明确说："我们这一代所有人，包括我自己在内，都受惠于马克思·舍勒"。在马克思·舍勒去世那天，海德格尔正在上课，当他听闻这个消息之后，他对学生说："哲学之路再一次陷入到了晦暗之中。"我想这大概是对马克思·舍勒思想重要性的最好评价。到底马克思·舍勒的思想魅力何在，他究竟运用什么样的现象学的方法去分析羞感与怨恨这样的情感体验，李老师又会为我们带来怎样的思考，这些问题我们都很期待。现在大家可能迫不及待要聆听这场演讲。下面让我们以热烈的掌声邀请李老师为我们演讲，有请李朝东教授。

李朝东（主讲人）：

各位老师，各位同学，大家晚上好！

怨恨与羞感是多年以前的一个研究，这将近十年的时间主要还是集中在胡塞尔的现象学。我们通常把胡塞尔看成是现象学的开创者。刚才海斌讲到现象学的三巨头，胡塞尔、海德格尔和舍勒，后面两个称之为胡塞尔的左臂右膀。胡塞尔的现象学可以称之为意识现象学，主要是研究意识；海德格尔主要是研究人的存在的境遇理论，叫此在现象学；舍勒可以看作是伦理现象学或者情感现象学，主要是分析人的道德情感。今天晚上的这个讨论题目，主要是和舍勒有关。

我讨论三个问题，一是现代学的三个命题及现代伦理危机的根源，现代学的三个命题是我思考的，现代伦理危机的根源衔接的是舍勒，舍勒的整个思考就是从后面的命题开始的。第二个和第三个就是我们今天晚上的主题——怨恨和羞感。

第一个是现代学的三个命题及现代伦理危机。我们首先来看一个单词，在德语里面有一个单词，它是个阴性名词，我们可以把它翻译成近代（NeuZeit）。它是由形容词新的（Neu）和阴性名词时间（Zeit）构成的一个合成词。但有意思的是，在《德汉辞典》中我们查不到这样一个词。它是德国人编的德语辞典，我们中国人把它翻译过来。《德汉辞典》里没有这个词，只有这样的一些短语，比如说“一个新时期，一个新时代或者说新进的、新来的等”。但是在我们中国人编的《新汉德辞典》，有“近代”这个汉语词，然后给出一个德语词的解释，所给的德语就是 NeuZeit。我从这里想说，“近代”不是一个西方人的概念，是我们中国人的概念。最主要的是为什么中国人有“近代”的概念，因为德语的构词能力非常强，两个词，形容词、名词等等组合在一起以后，就可以构成一个新词。

“近代”这个词我的理解是，它在西方思想史中是一个思想史的概念，不是一个历史概念，也不是时间概念。在我们中国人编的哲学史教科书、西方文学史教科书、世界历史教科书里面可能都会有一个近代的分期，比如说一般都会认为是从文艺复兴以后就是西方的近代。这个我认为多少有点望文生义。其实在西方社会里面，我们今天知道马克思主义的理论里面，社会发展有五大形态，五种形态就是我们所说的原始社会、奴隶社会、封建社会、资本主义社会、共产主义社会。但这是马克思主义在西方各种各样的理论中的一家之言，大多数西方学者对欧洲历史的看法只有两个时期：一个是古代，一个是现代，即古代社会与现代社会。古代社会也称之为传统社会，然后就是现代社会。“近代”不是传统社会和现代社会之间的一个历史时期。它的意思是这样的，在古代社会里面，所有的知识都是包含在“哲学”这个名称下，一切学问都可以称为爱智慧的学问，称之为哲学。我们今天所说的政治、经济、法律、数学、物理、化学这些，自然科学、社会科学的分类，它是从文艺复兴时候开始的。在文艺复兴各门学科经过漫长的历史奠基以后，它的材料丰富了，需要从哲学中分化出来的时候，就像我们以前四代同堂，孙子长大了以后说爷爷我再不想和大家庭过了，我想分出去，另立门户，西方它也经历过各门学科从哲学中分化出来。西方人把各门学科从哲学中分化出来这么一个时期就命名为“Neuzeit”，我们中国人把它译为“近代”，其实它的准确含义是学科分化期，不是一个历史时期，而是一个学科分化时期。所以 Neuzeit 这个词至少在德语里面，我们应该把它理解为学科分化期。

由于这一分化，西方人就从传统社会进入到了现代社会。为什么会有这样的分化呢？我们首先来看一下，传统社会和现代社会的区别在哪呢？最主要的就是人们劳作方式不同，生产产品的方式不同，也就是说在传统社会、古代社会里面，人们生产产品主要是靠手工生产。我以前在给学生讲哲学史的时候，古希腊用的一个词叫“技艺”，比如说毕达哥拉斯和他的国王雷文在谈话的时候，雷文就问他说：“毕达哥拉斯先生，请问您谈话的技艺叫什么?”我们种花的叫技艺，做这个研究那个研究的每一门学科都可以叫作一种技艺。雷文问谈话的技艺叫什么，古代世界是没有“技术”这个词。“技术”这个词是现代社会的概念。技艺这个词，一方面，我们知道制作；另一方面，我们在制作对象的时候更主要的是把对象制作成一个艺术品，所以技艺和我们制作对象那个结果的艺术性质相联系。

前面我们讲近代文艺复兴以后学科分化，学科一分化以后，就产生了各个学科知识的井喷式的发展。恩格斯曾经在《自然辩证法》这本书里面讲到，这是一个需要巨人和产生巨人的时代。我去过意大利的佛罗伦萨。佛罗伦萨的市政厅旁边有一条小街，街的两边是露天的，但两边是文艺复兴时期那些名人的雕塑。到了夜晚的时候打开灯光，从那个地方看过去以后，确实心里有一种极度的震撼。以前我们在教科书里面才能读到的一些人，但丁、伽利略啊，也就是文艺复兴时期意大利的、法国的、欧洲的思想家都在那里。以前在教科书里才能读到的那些人，在那个地方你可以直接看到他们，底下也有一些介绍。那么这个学科发展起来以后，尤其是数学、科学和技术三者携手把西方从一个用手工生产产品的社会带到了一个由机器和生产线来生产产品的时代，这就是我们“现代”这个词的词根 Modern。模型、现代、时尚、时髦、风气，你看这个词还有这么多的含义，一会儿我们再分析。模型、类型、典范，只要稍微一变化，都会有一些词语。形容词的现代的、时髦的、新式的、现代化，这是阴性名词，还有动词的腐烂、腐朽、发霉。一会儿我们还会涉及到名词的“现代化”和动词的“现代化”，“现代主义”，这是名词，还有一个动词是“使现代化”。我从辞典里边把这些词挑出来，是想待会儿我给大家讲，这些我们都会用到，还有一个就是

“现代性”，阴性名词。

西方人把用机器和生产线生产产品的这么一个时代取代了手工生产产品的那么一个时代，进入到这么一个新时代，叫作Modern。这个词还有一层含义我没写，“使带进”就是把谁带进到什么程度。就是说 Modern 是把从手工生产产品的社会时代带进到用机器和模型生产线来生产产品的这么一个时代。这个时代我们也可以把它翻译为现代社会。手工社会、传统社会是手工生产产品的时代，现代社会是一个用模型来生产产品的社会，因此就有了现代这个词。现代也是一个模型，是一个典范，是一个“模特儿”，也就是说，这个社会一旦进入、一旦完成，它自己是一个主动的过程，而且它可能还会产生一种典范作用。模特儿本身就是一种示范作用。大家知道衣服做出来让模特儿先穿，展示给大家以后，它产生了一种榜样的作用。女孩子说这衣服好看我也去买。西方国家一旦转型到现代社会，它作为模特儿就有一种示范作用，会使别的国家也跟着走向现代化，进入现代社会，也就是现代性。

但是我们来看一下现代这个词还有一个方面：腐烂、腐朽、发霉。我不是模特儿，也不了解他们的真实生活，但是好像觉得，一方面他们给我们展示光鲜的一面，但是可能这些人的私生活，比如说吸毒、性关系混乱。这也同时展示出，当我们从传统社会进入到现代社会的时候，它不仅仅是一个手工机器生产线生产产品的时代，不仅是一个作为典范和模型牵引着别的国家向它靠拢，同时它也给我们展示，当我们进入到这样的一个社会的时候，这个社会和传统社会相比较，一些腐朽的，比如说吸毒、卖淫等等的，在古代社会里面较为少见的现象在现代社会也就慢慢地流行起来。在霓虹灯下或者在霓虹灯的后面，可能就有一些很腐朽很发霉的社会现象的出现和存在。

现代化、现代主义和现代性，这是我刚才说的现代学的三个题意，第一个就是现代化。现代化我前面讲最基本的意思是从传统社会向现代社会的转型，主要指生产产品的方式。是谁把社会从传统社会带进现代社会？是西方。为什么？它和文艺复兴有关，和那个 NeuZeit 有关。当文艺复兴开始以后，当各门学科都如雨后春笋般地成长起来，并从哲学中分化出来以后，西方的科学就有了很大的发展。随着科学的发展，出现了很多的科学家，这些科学家中的一部分再把它转化成技术，科学和技术携手制造了大量的生产产品的模型、生产线和机器。今天中国人都知道工业社会就发源于以英国为主的欧洲，工业革命以蒸汽机为标志。

在这以前，中国社会、印度社会和欧洲社会，其实都是靠人的肉体感官生产的一些工具来和自然发生关系，也就是在这之前，我们知道的任何工具，要么是人力工具，要么是畜力工具，要么就是利用一些简单的自然力，比如说风车之类。但是到了近代，到了 NeuZeit 以后，西方给我们展示了一个非常新的东西，就是机器动力，通过机器传送动力。当西方从传统社会进入现代社会以后，随着生产方式的转变，经济、政治和法律制度就开始转型。比如从经济上来说，西方以前，农奴制也好，佃农制也好，它都是一种自然经济。到了资本主义社会以后，就开始进入到了商品经济，后来是市场经济。在这之前，古希腊也好，古罗马的时候也好，不是寡头政治就是君主专制制度，政治制度到了近代以后就转化为三权分立为主的民主制度，这是政治制度。法律就更不用说了。当然西方的法律制度转型还有一些我们需要进一步思考的问题，比如说它和我们可能不太一样。在古希腊、古罗马的时候，尤其是古罗马对西方社会最大的贡献就是法制精神。在古罗马就有元老院，元老院主要负责立法。当然元老院随着近代的转型以后，立法权从元老院转向了现代议会，议会主要负责立法。它的内涵不一样了。在元老院那个地方立法，虽然是由元老院立法，但它主要是贵族或者是君主的意识表达。我们经常在中国的教科书里面都会读到，什么是法，法就是统治阶级意志的表达。但是我们再看一下，从孟德斯鸠写《论法的精神》以后，西方人的法制，再加上卢梭、孟德斯鸠，还有霍布斯这些人，这些近代的思想家出现以后，西方人法的概念就变了。法不再是统治阶级或者是君主意志的表达，法是一种公共意志的契约。英国是最典型的，英国到了近代的时候，分为两大党派，一个辉格党，一个托利党，一个代表地主阶级，一个代表新的资产阶级，两大党派在议会斗争，最后达成妥协，妥协是以契约的方式把它确定下来的，这就是英国的法。法国人孟德斯鸠、卢梭，卢梭的《社会契约论》也就是在讨论我们以一种什么样的契约方式形成法律条文，来治理我们这个社会。所以近代的法变成了一种公共意志的契约，古代的法是君主意志的表达。在公共意志的契约里面也包含你和我的意志，在古代社会里面就没有你和我的意志，不是咱们和君主商量以后共同达成一个意志，然后把它作为法律决定下来，它只是君主意志，或者贵族的意志。近代法就带有契约的性质，所以就有了契约社会。从契约社会发展出所谓的市民社会、公民社会，这是另外一个政治哲学的主题，我们在这先不讨论。

我们通常讲的现代化，在我思考的范围内，主要是指经济、政治、法律制度转型。动词的“使现代化”有两个含义，一个是西方国家的主动现代化，它由于科学技术的牵引把它从传统社会带进现代社会的时候，它自己完成了现代化过程。而这个现代化一旦完成，它变成一种“模特儿”，有一种示范和榜样作用，牵引着非欧洲国家和民族，包括我们中国，开始离开自己的传统走向现代化，所以我们不管承认还是不承认，我们中国的现代化多多少少有点西方化的味道，就是按照西方建立起来的那些标准，政治、法律、经济来重塑我们的社会结构的。所以当我们塑造到一定阶段的时候，才有了所谓的本土化和中国化的问题。如果这样一直下去，我们就失去了自我，失去了我们的民族性，所以我们今天在各个领域里边都比较喜欢提本土化、中国化。

现代学的第二个命题是现代主义。我有时候把制度比作计算机的硬件，计算机硬件要转型了，它的运行软件也必须要变，这就是文化理念形态的转型。比如说在欧洲，罗马帝国接纳基督教以后，传统社会的政治经济法律制度那个运行制度文化是基督教的文化，当转型到现代资本主义制度以后，它的文化就形成了一套现代资本主义文化。这个现代资本主义文化大家要了解的话就比较多了，西方学者在这方面讨论得很多。其中像马克斯·韦伯的《新教伦理与资本主义精神》，还有哈贝马斯等，所有这些人都在讨论现代资本主义文化。制度转型了，运行制度的文化也转型了，这个时候随之而来的第三个转型肯定就发生了，这就是人的心理体验结构。

比如说在传统社会里面，在基督教文化的理念下，人们形成的心理体验结构是爱。基督教最核心的，最基本的心理情感就是爱。比如说基督教告诉人们，你要爱上帝，爱你的邻人，爱你的朋友，而且还应该爱你的敌人。基督教唯独不教人爱父母。我们在新约《圣经》里面读到一点，人子耶稣说上帝派我来不是叫我来爱你们的父母，而是要用剑斩断你们和父母的关系。大家觉得很奇怪，基督教怎么叫人爱朋友、爱邻居、爱上帝、爱一切人，怎么唯独不让爱父母，这个正好是中国文化和西方文化的一个巨大差异。中国人讲一定要爱父母，因为我爱了父母，我的父母再爱他的父母，这么一直爱上去以后，我们才能找到自己的血统，才构筑了中华民族的祖先崇拜。我们是一个祖先血缘崇拜的国家。有些人把我们传统社会也称之为宗法社会，宗法社会特别强调孝顺，爱父母。基督教文化为什么不让爱父母呢？你如果爱父母的话，你这个爱就是自私的，你就不可能把自己的灵魂连同身体一块奉献给上帝，所以它是上帝崇拜。上帝崇拜首先要掐掉的就是亲情关系、血缘关系。所以你看我们对上帝就不能直呼其名，人们说主啊，请你饶恕我，但是欧洲人就可以直呼父母的名字。我们中国人没有上帝，我们就只能说天啊，但父母我们是绝对不能直呼其名的。我记得小的时候，不知道各位有没有这种经历，上小学的时候，尤其是男同学，两个人一起玩，玩到脸红了，一个不高兴了，说你再欺负我的话，我叫你爸名字。我叫你爸的名字，这就是最大的忌讳。在《圣经》里面，教徒不能叫上帝的名字，上帝的名字《旧约》里面我们最多只叫耶和华。上帝是有名字的，但是我们不能叫他的名字，只能用一个代号来指代他，叫耶和华，所以耶和华不是上帝的名字。在《旧约》里面耶和华不是上帝的名字，而是上帝的代号。就像我们的父亲有名字，但是我们不能叫父亲的名字，可能用一个代号来叫他，叫爸爸。这就是《圣经》里面为什么说谁都可以爱，但是不能爱父母。它决定了中西文化的巨大差异，传统的西方文化是上帝崇拜，中国的传统文化是祖先崇拜。我们是宗法社会，他们是神性社会。

基督教作为传统文化，塑造人的基本心理体验结构就是爱人，当然我们说它不仅仅是爱，爱还有基础。基督教里面至少有三种品质：信仰、希望、热爱。信仰、希望、热爱三者之间有什么关系，今天我们就不讨论了。转型到现代社会以后，这个心理体验结构也发生变化了，它不再是爱。现代社会里面人的心理体验结构从爱转化为怨恨，所以今天晚上我要讨论的题目就是传统社会的心理体验结构是爱，现代社会的心理体验结构是怨恨。舍勒试图给我们的思考，他说这是一个价值颠覆。舍勒告诉我们怎么能够在现代社会里面重建爱的秩序，就是要通过羞感来克服怨恨来重建爱的秩序。马克思·舍勒是一个天主教哲学家，我们后面再讲。舍勒有一本书的名字也叫《爱的秩序》。

舍勒认为当进入现代社会以后，我们把现代社会叫现代社会也行，叫 Modern 社会也行，叫工业社会也行，叫资本主义社会也行，都行。进入到这样的社会以后，导致了一个价值相对主义和价值虚无主义时代，这就是现代性的危机或者现代社会的危机。什么是价值相对主义？价值相对主义，它的反义词就是价值绝对主义。价值绝对主义，我们通常称之为现代性，就是基础主义、绝对主义、主体性，这都是现代性。现代的西方人的一些基本原则，我们随便举一个例子，比如说不许偷盗，不许奸淫，这都是《圣经》里面的摩西十诫里面的几诫，这些东西如果作为一个价值原则我们接受下来以后，谁都不允许对它产生怀疑，你在生活中任何时候都要接受它和坚持它。不许偷盗，不许抢劫，这些都是绝对的价值标准。价值相对主义就是说我可以不偷盗、不抢劫，但是如果迫不得已的时候我也可以这样做。绝对不许的事情找一个理由我就可以突破它的界限，这就是价值相对主义。一旦价值相对主义取代价值绝对主义，它慢慢地就会走向虚无主义。虚无主义就是说我怎么都行，抢也行，不抢也行，偷也行，不偷也行，这就是虚无主义价值，就是说我干脆不要价值，叫价值虚无主义。

一般认为，西方哲学史、思想史上为什么对尼采评价这么高，主要就是认为尼采预言了一个价值相对主义和价值虚无主义时代的到来。我们读尼采的时候都会读到一个著名的口号，叫作“上帝死了”。上帝死了意味着什么？上帝在这个地方代表了西方的一切价值标准，是个绝对标准。只要我信奉有上帝，上帝说的那些话就是我心目中的一切价值标准，绝对不变。现在上帝死了，这就说明它的整个价值标准坍塌了。尼采反复说，当西方从传统社会进入现代社会的时候，上帝就已经扭身而去。当上帝扭身而去的时候，我们再没有一个绝对的价值标准在这个地球上安顿我们的生命和灵魂，所以我们要注意，尼采不是一个上帝的谋杀者，而是当别人谋杀了上帝，或者上帝已经死了以后，尼采是第一个敏锐的发现者。有一个叫作《铁面人》的，兄弟俩，哥哥被人囚禁在一个岛上，弟弟当了国王，后来一次偶然的机会，支持哥哥这一派的党人从那个岛上把哥哥救出来，在一次仪式中把弟弟给换掉，把弟弟套上装置戴着铁链到囚禁岛上去了，然后哥哥扮演着弟弟的角色做了国王。一场宫廷政变悄悄地发生了，但是谁都不知道。尼采认为文艺复兴以后，随着科学理性的到来，科学谋杀了上帝，它已经把上帝取而代之，但是人们谁都没有发现。尼采说我要把这种谋杀事件告诉世人，上帝死了，真正来替上帝给我们提供价值标准的不再是上帝，而是取代了上帝，却以上帝名义出现的理性。

所以我们读《查拉图斯特拉如是说》这本书的时候，会发现一个东方圣人在山上修道了十几年，有一天恍然大悟，悟出一个最深刻的道理就是上帝死了，然后他下山告诉别人，上帝死了。在信仰上帝的时代，尼采却告诉人们上帝死了，别人把他当成疯子。第一个发现真理的人，人们总是把他当成疯子，结果没人理睬他。他就往前走，走的时候发现络绎而来的各种人，医生、作家、律师、宫廷要员、普通百姓，一个一个地络绎而来，而且在路上跪拜他们的神灵，他往前一看，看看这些人跪拜的啥。表面上看跪拜的是上帝，其实他们跪拜着笨骡，我们把它翻译成蠢驴，就是说人们把蠢驴当作上帝一样在信仰。我们说尼采是一个西方巨大的精神转折过程中的揭露者，这才是尼采真正的价值和意义。但是尼采只是说上帝死了，我们现在信仰的不是上帝，而是理性。比尼采更早发现上帝已经扭身而去的不是哲学家，而是一个著名的文学家，西班牙的塞万提斯，他写了《堂吉诃德》。

我们今天的文学作品里面《堂吉诃德》总是骑着一匹马，然后领一个仆人，做行侠仗义的骑士那些事情，路上和大风车作战。我们中学甚至大学阶段的文学作品，告诉我们那是在抵制资本主义新兴、行将到来的资本主义精神，所以是阻挡历史进步的。其实塞万提斯的思想不是这样的。塞万提斯说上帝扭身而去，因为这是文艺复兴时期做的事。文艺复兴是西方第一次征讨上帝的运动的时期。塞万提斯说没有宗教和神来安顿我们的生活，对于欧洲人来说，生活会变得特别的混乱无序，行为会变得特别荒谬。所以我的解读或者我的理解，塞万提斯的《堂吉诃德》是第一个发现了神扭身而去以后，人的精神和行为的这种荒谬性和无序性的人。后来米兰·昆德拉专门为此写了一本书叫《小说的艺术》，当我们不再听上帝的话，不再信仰神，何以生活在这个世界上？我们就只能读小说。原来我们的苦悲由上帝来替我们分担，荣耀让上帝来替我们分享，现在上帝扭身而去的时候，我们人要独自地、苦悲地生活在这个世界上的时候，怎么样能够活下去，只能靠小说的陪伴。所以米兰·昆德拉给小说下了一个定义。什么是小说，小说就是在神扭身而去的无助时代，人的一种呢喃的陪伴。我们读小说并不是要读出它里边的什么东西，而是就像母亲呵护她的女儿一样陪伴着她，这就相当于小女孩晚上要睡觉了，母亲在旁边给她说说话，读读童话，陪伴着她入睡。德昆拉关于小说的定义我觉得也挺有意思。关于价值绝对主义和价值相对主义、虚无主义我们就简单做这么一个讨论。

随着这个时代的到来，欧洲思想界不断传来这样的声音，欧洲民族病了，尼采找出来的病的原因是病的语言，说欧洲人的民族的病，是整个欧洲文化生病了，是病于它的语言，这就是为什么后来海德格尔对尼采情有独钟。海德格尔的思想我不做专门讨论。我认为海德格尔的思想，拯救人最主要的就是拯救语言。为什么他要区分本真语言和非本真语言，把语言看作人的生存家园。海德格尔说人借语言见证其本质，你是一个什么样的人就看你说什么样的话，模棱两可、好奇，说着违心的话，奉承、讨好的话，这些都是非本真语言。这种非本真语言只能见证非本真的人的本质，所以海德格尔才会说人要诗意地栖居在这个世界上。我的理解，诗意栖居在这个世界上不是说我们每天音乐、绘画等等这样的诗意的方式，最核心还是我们使用什么样的语言。

如果说胡塞尔要给欧洲人看病，主要看他的意识病，海德格尔认为欧洲病的根源在它的语言，所以要看的是语言病。要把它的语言诊断好。海德格尔的思想来源之一就是尼采，因为尼采明确地说，欧洲民族病了，病于它的语言。这是我刚才说到现象学的三巨头。胡塞尔认为是意识，海德格尔认为是语言。马克思·舍勒认为我们的心理体验结构发生了价值的颠覆，所以他的现象学的运思方向就走向了伦理学。

舍勒认为人性秩序和世界的价值秩序有一种相关性。舍勒有一句名言，抱歉我在这里没有列出来。他有一句名言叫作“社会失序根源于人的心灵失序”。什么意思呢？如果我们每个人从各自的专业角度或者日常感受中都能感受到这个社会没有秩序，教书的一天不好好教书，做工的一天不好好做工，经商的一天净想着怎么坑害别人，制造假冒伪劣，卖水果的怎么想着用农药等各种各样的方式让它长得更快更好看一些，却不考虑食品的安全问题，我们就会说这个社会怎么变成这样，我们把它统统归结为社会的无序。但是舍勒认为社会失序根源于我们每个人的心灵失去了秩序。所以舍勒有一个志向，他要重建我们的心灵秩序。我想从这个意义上来说，人类从有道德开始，道德的核心目的就是建构人的心灵秩序。不管是基督教的《圣经》，还是伊斯兰教的《古兰经》，还是佛教的佛经典。你看那些和尚每天吃斋念佛，念佛经干啥，就是为了能够克制自己欲望，使自己的心灵在佛的教导的秩序中运行。

我们的儒家几千年来就是要建造我们中国人的心灵秩序，至少在传统的中国社会里边，儒家还处于主导地位的时候。中国人知道仁义礼智信，礼义廉耻，还知道非礼勿视，非礼勿言，非礼勿听。但是你看从1919年的五四运动，从鲁迅先生开始批评中国的儒家文化到1966年开始的“文化大革命”，我们两次文化革命以后，儒家道德基本上就像文艺复兴时期的欧洲的上帝扭身而去以后，塞万提斯在《堂吉诃德》里面揭示出欧洲人的生存无家园感一样。如果说西方人按照上帝生活，那么中国安身立命的就是儒家学说。当上帝扭身而去，对西方人来说，是一个无家园感；对我们中国人来说，当儒家遭到这种毁灭性的批评和打击以后，可能中国人的无家园感没有欧洲人那么强烈，但是我们今天都知道，其实我们每个人心灵逐渐失去秩序。我在有一次上课的时候，在课堂上说我们每个人都要从自己做起，不能这样，不能那样，大家要好好学习，考试的时候不能作弊，结果有一个学生站起来跟我说，别人作弊考的成绩比我好，结果奖学金也能评上，而且还能保送读研究生。我如果靠自己的这么使劲学习的话，达不到那样的成绩，我就既拿不了奖学金，评不了先进，也拿不了优秀证书，还保不了研，别人能作弊我为啥不能作弊。这个时候我们看一下，别人能作弊我也要做作弊，其实别人和我，心灵都已经失去了秩序。这种心灵失序现在对我们是一种普遍现象。所以当我们看这个社会的时候，其实最主要的是要看人心，心灵的秩序。这社会有没有秩序，主要是看我们的每个人的心灵秩序。我们每个人都在想别人那样我为什么不能，别人能考试作弊我为什么不能考试作弊，别人能那样达到目的，我为什么不能那样达到目的，结果当我们每个人都这样想的时候，我们的心灵都失去秩序。当我们每个人心灵在不同程度失去秩序的时候，这个社会就失去了秩序，陷入一片腐败。有些人说中国现在就是一个互害的模式，互相伤害对方。只要有机会我就伤害别人，其实就是我们后来要分析的怨恨。

那么我们在这揭示了人性秩序和世界社会秩序的价值相关

性，舍勒解释说，现代性的个体、群体成员心理结构和情感价值批判标准，就是从传统的社会的爱转为现代社会的怨恨，因而出现了价值颠覆。羞感和怨恨是两种不同的精神品质，羞感是一种肯定性的价值感，怨恨是一种否定性的价值感，二者在价值感上的消涨正好反映现代伦理意识出现价值颠覆的品质问题。传统社会从爱向现代社会的怨恨，这个转化就是价值颠覆。我前面讲现代化的时候有两个，一个是西方自己完成的现代化，还有一个是使现代化，就是非欧国家和民族也在西方进入现代社会以后表现出的强大生产力和知识生产能力的牵引下，非欧国家也开始走向现代化。在走现代化的时候，它同时也经历了文化理念的转型和体验结构的转型。

我们今天的中国社会也面临文化转型，大多数学者现在还停留在对现代化的讨论上，其实现代化是一个制度转型，我们基本上已经完成了。现在关键是现代化转型完成以后，我们今天面临的一切问题是文化理念的问题，是体验结构的问题。文化理念这块有人在研究，比如说在某种程度上，马克思主义中国化、大众化、民族化，其实都是文化理念上形成的认识。因为随着中国从传统社会制度转型，我们也从儒家文化转向了现代的马克思主义文化，伴随着文化转型的心理体验结构也在发生转型。

只有弄清了爱向怨恨的转化出现的这种价值颠覆的原因，我们才能完成人心秩序和社会秩序正当性基础的重新论证，就是重建心灵的秩序。我们哲学一级学科下面还有一个学科是伦理学，其实我觉得伦理学担负的非常重要的使命就是塑造或者重塑人的心灵秩序。不仅仅给大家讲一些道德规范，最终的目的是干什么？构建每一个人的心灵秩序。

接下来是羞感现象分析。首先我们给羞感下一个定义。什么是羞感？舍勒给出的羞感定义比较长，是指人的指向超生物学目的的精神意向在回首自己的身体时，发现自己被束缚在一种深受时空限制及其贫乏的动物性生存状态的心理情感体验和生存处境。我经常告诉大家说，记概念从两头往中间记。就是说，羞感是一种心理情感体验或者是一种生存处境，或者我们简单说羞感是一种情感体验。是一种什么样的情感体验呢？是指自己发现自己处在一种贫乏的动物性生存状态的情感体验。这种动物性生存状态是怎么发现的呢，是自己超生物性的精神意向在回首自己的身体时发现的。这里面首先要有精神的目光来观看，观看的是谁呢？观看的是自己的身体，观看自己的身体发现自己的身体处在一种动物性生存状态的时候，自己产生的一种心理情感体验叫羞感。

举个例子，假设下面在座的诸位都是画家，一个女孩是一个裸体模特，我们所有的人作为画家去画这个裸体的模特儿的时候，这个女孩这时候是没有羞感的。为什么没有羞感？因为她是连同周围的环境一块给你的，你只不过把她作为环境的一个构成要素，你在画这个环境的一个部分而已，这个时候她是没有羞感的。当绘画结束的时候，有些人走了，但还有一个男同学他不画了，但是他不走，他开始一直盯着这个女孩看。他盯着这个女孩看的时候，这时候她的超生物性的目光，精神目光才回首自己的身体的时候发现自己处在一种赤身裸体的动物性的生存状态，这个时候她才产生羞感。也就是说，这个时候当一个人的目光不是把她作为环境或者是连同周围环境的一个部分去画她的时候，而是不画了，专门用目光注视她的时候，她才产生羞感。一个女病人在病床上不管是男大夫还是女大夫看病的时候，她也没有羞感，如果病看完了，男大夫还注视着女病人的身体的时候，这个时候她的目光就会转回自己，把自己从客体中剥离出来，这时候才会产生羞感。所以羞感是一种回转的目光，必须要有一种回转。它作为一种生命本能和生命感觉只存在于人的身上，也就是说，羞感只有人有，动物没有羞感。动物可能有虚荣心。比如说孔雀可能会比谁的羽毛更漂亮，它可能会有虚荣心，可能会有嫉妒。所以动物和人的差别之一就是，只有人有羞感，动物没有羞感。为什么呢？因为羞感作为一种独特的精神意向是和人的超动物性的思维、观察、意愿、爱等精神体验联系在一起的，动物没有这些。

神和动物不会害羞。这样一来我们划分一个等级，最上面是神，中间是人，最下面是动物，假如有这么三个等级。最上面和最下面，神和动物都不会害羞，只有人才会害羞，也就是说，只有人才有羞感，动物和神都没有羞感。为什么？因为羞感必须具备两个要素，身体和精神。神不会害羞是因为神没有身体，动物不会害羞是因为动物没有精神。只有人才是身体和精神的结合体，因此只有人才会害羞。羞感最通俗的说法就是害羞，那么害羞总是在某人面前，在某某面前害羞，或者是在他人面前，或者是在自己面前。《圣经》中亚当和夏娃偷吃禁果以神话的形式表达了害羞的实质，我们来看一下《旧约·创世记》的一段话。受蛇的引诱亚当和夏娃偷食了禁果，眼睛就明亮了，才知道自己是赤身裸体，便拿无花果树的叶子为自己编做裙子。神怕他们又摘生命树上的果子吃，就永远活着，便打发他们出了伊甸园，耕种他所自出之土，于是把他们赶出去了。

我在2002年还是2003年写过一篇文章，叫作《偷食禁果的秘密》，发表在中国社科院的刊物《世界宗教文化》上。我后面讲的是我发表的一篇论文里边的观点。我们来看一下，知识树和生命树是在《圣经》里面，分别是什么的宗教隐喻？我们从宗教伦理学的角度，我为啥特别找这么个角度？它不是神学角度，如果我是一个信徒的话，我说这些话，上帝肯定会惩罚我的，正好我不信上帝，所以就胡说一下，上帝拿我也没办法。我不信他，他就不会惩罚我。《圣经》中的知识树和生命树分别回答两个问题，吃知识树的果子为了解决人成为人的问题，吃生命树的果子是为了解决生死的问题。这个隐喻是为了解决人的来源问题，而那个隐喻是为了解决人的生死问题，也就是回答生命的有限性。这两个知识树和生命树的果子，一个吃上了，一个没有吃上，这两个果子结合在一起标示出神和人之间的异同问题。

吃知识树果子的隐喻是什么？下面的这个观点是来自于我们宗强老师香港中文大学的导师李炽昌先生。在古希伯来文中亚当和泥土是同音字，意思是人，蛇和知识是一个意思，都有性爱的意思，所以在早期希伯莱文化中最深刻的知识是性爱的知识。比如说亚当认识夏娃，这是我们用英语把它表达出来的翻译，但如果用当时的希伯来文来表达和翻译的话，它的含义就是亚当和夏娃同房，也就是说亚当和夏娃发生两性关系。在《圣经》形成的时期，对一个人最深入的认识就是性关系。

我们现在在使用英语的国家的文字里边，知识都是属于科学知识，但是希伯来不是科学的国度，它是一个宗教国度，在希伯来文中知识的意思就是两性关系。知识是两性关系的意思，我们用现代语言翻译的时候，就把它翻译成知识果。吃上了知识果，亚当和夏娃因为他们的性爱才使他们知道自己是一个真正的人，亚当和夏娃吃知识果也就通过苏醒的性意识和性爱行为意识到自己是一个真正的人。我们说十八九岁，二十岁的时候，我们看那个娃娃做事莽撞，还是个毛头青年，为什么毛头青年一旦结婚了，就变得成熟了？所以说希伯来人认识到人的自己对自己，自己对他人最深刻的知识是在两性关系中获得的。

说到这的时候我就想做点引申，其实挺有意思。《圣经》里面的原话是这么说的，上帝创建了伊甸园以后，然后创造了亚当和夏娃。我在读《圣经》的时候对这点很感兴趣，上帝是怎么创造亚当的？第一天创造了日月星辰；第二天创造了天与地；第三天创造了花木；第四天创造果实；第五天创造飞禽走兽；第六天创造了伊甸园；第七天上帝说休息一下；干了六天的活挺累的，第七天休息，所以西方人从此以后第七天不干活的。中国人没有上帝，所以我们没有礼拜天这个概念。我们中国古代只有一年多少天，一个月多少天，我们没有一周的概念，周这个概念也是从西方来。西方为什么会有，就是因为上帝干了六天的活第七天休息。别人也不用干活，这一天要干啥去，你要到教堂里面去听牧师的布道，也就是文化设计里面把这一天看作是思想政治教育的那一天。你要修炼自己的灵魂。

但是上帝怎么创造亚当的？上帝创造伊甸园还缺啥，就在这个园子里面走着，他创造了山川河流，有河流就有沙滩，在沙滩在河流边随便拿了一撮泥土，边走边捏，看园子里面还缺什么，结果无意中发现还缺个这东西，搓着吹了一口气这人活了，创造了人类第一个氏族亚当，男性。我们在读《圣经》的时候可能会问，为什么第一次创作出来的是男性的亚当？从《圣经》阅读里面我们看，上帝创造亚当的时候是在偶然中创造出来的，他不是一开始就有目的，不是说这个里面还缺这么一个人我要创造他。他只是说还缺啥，无意中用泥土创造了一个泥人形象，吹一口气人活了。

法国帕斯卡尔说这个世界上人脆弱如蝼蚁，宇宙中任何一颗沙粒都可以致他于死地，可是人高于宇宙万物的地方在于，宇宙万物中的任何一颗沙粒都能致他于死地的这一点他知道，可是宇宙万物却不知道。就是我能知道你能致我于死地，但是你却不知道你能致我于死地，这就使得我高贵于你。因为你很容易致我于死地，所以我脆弱如蝼蚁，这就是我们通常引用的帕斯卡尔的一句名言：人是一棵脆弱的芦苇。但帕斯卡尔在这里面实际上最想表达的是，人在这个世界上生活的偶然性。必然性和偶然性的问题在这里也不讨论，西方大多数有创造力的思想家都会认为偶然性高于必然性。

亚当创造出来了，上帝对亚当说园子里的啥东西都能吃，唯独不能吃知识果和生命果，亚当就在这个园子里面闲逛，逛了几天以后，闷闷不乐。上帝是全知全能的，他就知道亚当为啥不高兴，缺一个女朋友。所以这次他又从地上捧了一抔泥土捏了一个人型，从亚当身上抽出了一根肋骨塞进去，吹一口气人活了，创造了人类第二个氏族夏娃。所以我们从《圣经》中看一下，夏娃的创造是有目的的，而创造亚当是无目的的。就是说一个创造是在偶然性中完成，一个是在必然性中完成的。然后对他们说，什么都可以吃，唯独不能吃知识果，也不能吃生命果，然后上帝就走了。走了以后，这时候蛇飞来了，蛇据说被创造出来的时候是飞禽，长着美丽的翅膀在空中飞行，飞行的时候到了夏娃面前。它说那东西肯定好吃，不然上帝咋不让你们吃。夏娃就跟亚当说，亚当我想吃。亚当说那你等着，就给她摘了一个果子。夏娃一吃以后，嗯，真是好吃，亚当你也吃。通常的解释是蛇为什么引诱夏娃不引诱亚当，因为女人天生嘴馋。然后夏娃说亚当你也吃，亚当就吃了，一般的解释说男人都听女人的话。其实这是最浅显意义上大家的一种揣测，一种经验意义上的解释，还有更深刻的。

亚当和夏娃两个人吃了以后，这是吃知识果，然后有了知识，它不仅仅是性爱，也有知识的含义，两个都有。突然互相一看，羞耻之心油然而生，这个时候上帝来了，亚当夏娃俩人赶紧躲到树后面，摘了一个无花果树的叶子遮蔽了自己的隐私部位，然后说没穿衣服不好意思出来见你。上帝就知道他们偷吃了不该吃的知识果，有了智慧，心明眼亮，有了羞耻之心。上帝就问亚当你干的什么好事？亚当说主啊，是你创造出来和我同居的那个女人让我吃的，亚当把责任推给了夏娃。上帝转身问夏娃你干了什么好事，夏娃说主啊，是蛇让我吃的。责任搞清楚了。然后上帝开始惩罚，对蛇的惩罚最严厉，把它美丽的翅膀拿去了，让它变成可恶可憎的样子，永远在地上爬行。为什么说对蛇的惩罚最严，因为改变了它的存在形态，它原来是飞禽，现在变成走兽了，爬行的。然后对夏娃的惩罚，蛇是第一教唆犯，夏娃是第二教唆犯，你吃了就行了你还让亚当也吃，所以对她的惩罚是你以后要怀孕，增加生孩子时的痛苦。对亚当的惩罚是基本上没惩罚，就是赶出伊甸园和夏娃到地上生孩子去。

我们再回到这来看，这就是为什么吃了知识果以后要解决人之为人的问题。如果不吃知识果，是不是男女就不能结合一起，就没有权把他们赶出来，他们就没有生育能力，不会生育子孙后代，所以就不会有人的来源。因此在《圣经》里边知识果必须吃，不吃就没有人类的起源。但是你看神说不能再让他们留在伊甸园了，神怕他们又摘生命树的果子吃，就永远活着，便把他们打发出伊甸园了。也就是说，赶出伊甸园的时候，他们吃上生命树的果子没有？没有吃上。没有吃上生命树的果子，就终有一死。

海德格尔哲学 Dasein 这个词，哲学上翻译成“此在”，宗教里面把这个词翻译成终有一死者。人必须承担起终有一死的使命，只有神是无限永恒的，人必须要承担起自己终有一死的使命，所以《圣经》里边人是绝对不能吃上生命树的果子的。当然这里面有些问题，讨论就到这。我们现在看一下，关键是上帝是什么，他是全能的，无所不在，它就跟我们的佛一样。不能吃这个，不能吃那个，这不是两个禁止，我把它归结为禁止构成引诱。这一排房子五个门，中间的门上挂的是禁止进入，谢绝参观。旁边的四个门上面挂的欢迎参观，你最想参观哪一个？谢绝参观那个，所以禁止构成引诱。不让吃知识果和生命果，这两个果子才对人构成引诱。然后蛇飞来以后为什么引诱夏娃，夏娃引诱亚当？弗洛伊德认为蛇是什么，前面我们说的，有些人认为蛇有性爱的意思。弗洛伊德认为蛇就是苏醒的性意识，这样一来我们就会发现，在亚当和夏娃的两性关系中，谁的性意识先苏醒的，也就涉及到谁勾引谁的问题。女人勾引男人。从这个地方我们可以看出，《圣经》的成书时代已经进入了男权中心主义时代，也就是《圣经》的作者肯定都是男人，男性已经掌握了话语权。当然在男女两性关系中究竟是谁勾引谁，这是很复杂的问题，需要社会学家去讨论。

现在我们回来，关键是上帝的追问方式也很有意思，你既然是无所不在，全知全能的，蛇引诱夏娃，夏娃勾引亚当的时候，教唆亚当的时候，这时候他知不知道？按道理应该知道，不知道就不是上帝。可是他回来以后，他的追问方式恰好相反。亚当你干的什么事，好像假装他不知道。亚当说，主啊，是你创造出来和我同居的女人让我吃的。我们看这个亚当也不够男人。他如果一拍胸脯说哥们儿就爱吃，你看着办吧，那你上帝是不是就追问不下去了，你追问不下去那你就只能惩罚亚当。

而《圣经》里面的亚当就没拍这次胸脯，而是把责任推给了夏娃，夏娃说你推给我，我就推给蛇。结果使得上帝对蛇的惩罚最严重，这就是我说的宗教。中国是人义论道德，也就是说中国的道德是由人的言说构成的，主要是以孔子的言说。西方是神义论道德，人的道德规范都是由上帝来规定的。因此，在神义论道德和人义论道德里边，所有的道德首先防的都是男女之大防，人类的道德最初都是为了规范男女两性关系，而这大概是在远古的时候。因为我们经过了杂婚时代，我们就经过了一个只知其母不知其父的时代，通婚之间是没有辈分差别的，后来这种杂婚导致的是我们知道近亲结婚就会导致各种各样的先天性疾病，为了防止这一点，在漫长的进化过程中，我们才构造了很多的伦理和道德，就是让男女之间的两性关系确立在一定的秩序中，这就有了我们中国文化中的辈分这个概念。不同辈分的人是不能通婚的，然后是越远越好，这个村的人和那个村的人，这个县的人和那个县的人，这个省的人和那个省的人，这个国家和那个国家的人，血缘关系差异越来越大，结合以后生育的后代可能就会越聪明，所以我们会发现混血儿、不同血统和种族的人生的孩子可能生命力更优质一些。

某种意义上，我们从宗教社会学的角度也可以解释，为什么《圣经》也变得和我们儒家道德一样，因为它也是防范男女两性关系的。后来我们说西方学者为什么对文艺复兴以后的西方会采取那种做法，在近代的时候，在现在的犹太教国家、基督教国家，尤其是东正教国家里面，他们的婚姻和家庭生活是非常规范有秩序的，只要是他的宗教生活很严谨，他的家庭就会很秩序。当我们在电影上看到说西方国家是这么混乱，两性关系这么混乱的时候，大多数都是由于他们的宗教慢慢在生活中退出的原因。就如同儒家退出以后，我们也有一段时期，社会生活尤其两性关系混乱。最后我们来看他没有吃上生命果，因而他就不能像神一样的永恒存在，因而在人和神之间就有无法逾越的鸿沟，人永远不能成为神。二战期间，希特勒去问德国大主教卡尔·巴特，说大主教先生请你赋予我以上帝的名义动员德国人参加“二战”，卡尔·巴特说，不，神就是神，人就是人，人永远不能以神的名义发号施令，标识出人和神之间的绝对界限。所以二战期间我们知道战争是一个政治行为，但是好在作为德国的宗教界领袖卡尔·巴特拒绝了希特勒以神的名义发号施令，如果当时给的话，可能所有的德国人都会动员进去，因为神的号召！神的话都要听。

神是永恒的，而人必须担负起自己终有一死的命运。我们再来看一下，当上帝喊他们的时候，他们拿无花果的叶子编成裙子遮蔽自己隐私的部位，这标志着人类性意识的觉醒，也使得羞感成为人的标志。也就是说，人成为人的标志是在性爱关系中通过对性器官的自觉和性意识的觉醒而产生的羞耻感。揭开神话对羞感神秘而形象的表达可以看出，羞感总是不愿意，对某种理想应在之物与现实处境的矛盾经历，就是我应该是怎样，可是我现在不是那样。上帝喊亚当夏娃，亚当和夏娃应该是穿衣服的，可是他们没穿衣服，结果产生了一种处境上的矛盾，这种矛盾才使得他们有羞感。人在神面前的害羞只不过是身体与精神之间矛盾激化的一种隐喻表达。所以在X面前害羞，这一羞感的形式结构实际上意味着人的身体在精神面前害羞。用弗洛伊德的观点来表达，就是受性欲望支配的自我在超我面前害羞，他在他心中的上帝面前害羞。也就是说，羞感有一个公式，就是在X面前害羞。如果我们在谁面前都不害羞，要么我不在上帝面前害羞，我不在你面前害羞，我也不在我内心的那个上帝面前害羞，那么我就没有羞感。如果说无羞感作为一个时代人的一种精神特征，那么我们这个社会就会非常可怕。

我们再来看一下，柏拉图在《会饮》里面讲到，他说一切性爱均可追溯到一种重建、一个整体的本能。这句话的意思是什么呢？我们前面说动物为什么没有羞感，因为动物它没有两性关系？动物也要两性结合，然后繁殖后代，但动物的两性关系只隶属于它的某一个身体器官或者是中枢神经系统。而人的羞感，人的两性关系是为了重建一个整体的我。也就是说，动物的两性关系仅仅是为了一种动物性器官的愉快，或者是一种神经系统的快乐，当然也有繁殖后代的本能。可是人就不一样。真正的爱情是灵魂和精神融合在一起以后重建的一种生命本能，它具有完整性。正是因为这种完整性，人在两性关系中才能体验到羞感，而动物就没有。所以你看，动物不管在谁面前，随时随地都可以发生两性关系，但是人就不一样，这就是为什么说动物没有羞感，人有羞感。上帝没有羞感，是因为上帝没有身体；动物没有羞感是因为动物没有精神。人之所以有羞感是因为人是既有身体又是精神，因此人的性爱它的目的是为了重建一个身体和精神相结合的完整的生命整体，所以有羞感的人倾向于使性隶属于生命整体。

我们说羞感是一种回转自我的感觉，前面我在定义里揭示了，当模特儿作为一个环境给画家画的时候，她是没有羞感的。当绘画结束以后，别人都走了，还有一个男孩子在看着她，这时候她的目光自己也回转，回转过来盯着自己看的时候，就把自己和环境分离开来，这时候她才产生羞感，所以羞感应该是一种回转自我的感觉。如果指向外部的强烈兴趣排除了对自己的自我意识和感觉，那还不一定产生羞感。就是说我把自己的作为一个模特儿给画家去绘画的时候，我没有。我是一个病人，我即使是裸体躺在病床上，大夫看我的时候，他的目光即使审视我，我也是没有羞感的。可是如果不是代表大夫的职业来检查，他检查完了以后，他还在盯着我看，这时候病人也会产生羞感，这时候他的目光就转回自身了。只有当注意力转回自身的时候，羞感才会随之产生。知道被人注视不一定产生羞感，模特儿、病人，画家、医生对他的重视都不会的。因为模特儿觉得她不是作为个体被给出，而是作为审美对象的场景和具有意识价值的景物被给出，病人和模特的情况也是一样。他们都认为自己是当作一般物或者是普遍物被给出，只有当他意识到画家、医生的精神意向、精神目光的个体注视的时候，他才转回自身并产生羞感，所以回转自我是引起羞感的原动力。

我们现在知道有没有羞感就是我们每一个人的精神目光有没有转回来，关注自己。当我们说某某人不知道害羞，不知羞耻的时候，我们就说这个人脸皮厚到从来不审视自己。羞感中既表现出对更高价值的向往，也表现出对承认更低价值的恐惧，这两种情况，像对更高价值的向往，和承受更低价值的恐惧这两种情况都会产生羞感。因而羞感是一种个体的自我保护感，这种感觉可以是我们为自己害羞，也可能替别人害羞。

在这个层面上我们知道羞感的两个特征，首先，羞感是一种精神目光的自我回转，自己注意自己。其次，羞感是一种自我保护。一个女性有羞感才是知道自我保护的人，就好像男女两性关系中，一个知道害羞的人可能更能引起她的丈夫、情人对她的爱护，如果一个没有羞感的人，她的处境可能更加艰难，因为没有自我保护感。

羞感区分为身体羞感和精神羞感。我们前面说羞感产生于较高的意识等级和较低的本能知觉之间的碰撞。从这个地方我们分出两种，一种是身体的生理羞感，一种是灵魂和精神羞感。先看身体羞感。身体羞感是一种指向愉悦时候的感官感觉的本能冲动，是人在面对生命感官的本能感觉中产生的，因而性爱是这种生命之爱和身体羞感的基本表现，也就是说，身体羞感主要是表现在性爱关系里。

精神羞感是在精神和灵魂之爱的价值选择中与生命本能之间的冲突，它是人面对精神人格、思想和神性时产生的，其目的是为了提高生命力。这两种形式的羞感在本质上都是对于个体生命的普遍呵护，一种自我保护。十多年前，那时候我年轻，为了补贴家用去代代课，自考班的一个班主任是我们学校的女老师，有一次我们两个吃饭，她说："李老师你不知道，现在这些女娃娃们说话一点不脸红，说谎就跟说真话一样。"什么是脸红，在《灵之舞》这本书里面，关于脸红有一段精彩的解释，说脸红是因为我们的脸部，一个是表演的我；一个是内心的本真的我。脸红是指表演的我做了一个行为，结果遭到了内在的我的拒绝认同产生了的冲突和差异，那它就会表现出来。比如说你问我在干啥，我说我在干啥干啥，但实际上我没在干这个，我是在干那个，如果说我前面说我在干啥的就是表演的我，那这个时候就有个内在的声音：你看看你这人真不知羞耻，你还说谎，它拒绝认同我的时候我就会脸红。第一次脸红，第二次我再说谎的时候，这个内在的我又出来了，你又说谎，我还会脸红，但是没有上次红得那么厉害，第三次的时候我又说谎了，那个内在的声音说你又说谎，你再说谎以后就不管你了，结果以后它真的不管了，不管以后，内在的我和表演的我就完全融合一起了，当它融合一起的时候我就再也没有脸红，没有一个内在的我的拒绝或者是认同，这个时候邓老师说，当我们不脸红了也就意味着没有羞感了。

没有读过的同学们或者老师们，我倒是推荐大家读一读，邓晓芒的《灵之舞》，非常有意思的一本小书，可以当作小说来读，但是哲理性很强。《灵之舞》也就是灵魂之舞。我当年在武汉的时候邓老师送过我他的两本书，一本是《灵之舞》，一本是《人之镜》，非常有意思的两本小书。《人之镜》就是拿人作为镜子来照。我们看身体羞感和精神羞感，简单地说，身体羞感就是身体害羞，精神羞感就是精神或者灵魂害羞。二者之间的关系是，我们今天还有没有身体羞感取决于我们还有没有一种灵魂羞感。身体羞感以感官和生命的本能感觉为前提，灵魂羞感则以精神性的个人存在为前提。并非每个个体和民族都在它发展的任何阶段存在着精神羞感，比如说“具有无神论倾向的个人和民族就没有面对神性时那种精神羞感和灵魂羞感”，这句话是舍勒的原话，但是我觉得这句话更值得我们中国人思考。

一般我们都是以无神论而自豪，首先，我们把宗教规定为那是毒害人的精神鸦片，然后谁信仰宗教就不是好人，不信仰宗教的无神论才是好人。人是否应该有宗教信仰我们在这不讨论，那是宗教学讨论的问题。但是舍勒的这个观点值得我们注意，不信仰神或者有无神论倾向的民族和个人，就没有精神和灵魂羞感，没有精神和灵魂羞感我们基本上就无法保证自己能够有持续的身体羞感。你看看，《圣经》里边刚开始讲的，亚当和夏娃两个人吃了知识果以后一看自己没穿衣服就躲在树后面了，他们第一个行为，自己对自己的行为是，摘了无花果树的叶子，遮着自己的隐私部位，这是身体羞感。上帝说亚当夏娃你们在哪儿呢，我来了，你们快来见见我，亚当和夏娃说没穿衣服不好意思出来见你，这是作为个体的灵魂和肉体统一的个人在面对更高存在的时候的那种精神羞感。

在今天的中国社会境况中，身体羞感是羞耻之羞的生命感觉基础，那么精神羞感则是一切道德律令有效的灵魂保障，如果身体没有羞感，我们就不会遵守道德命令，道德律令不遵守我们就会失去心灵秩序。心灵秩序失序了，这个社会就会陷入无序，就是我们前面说的社会的无序根源于心灵的失序。那么精神羞感，由于追求身体感官欲望的满足，错失了一些精神性的焦虑，内在良心缺失了神性，超越了神性的看护，精神性价值不再对个体生命具有形而上的牵引力，生命的沉沦与道德的无序变成了现今社会的一种普遍现象。我是做哲学的，我们一般的哲学都自以为自己是做形而上学。其实形而上学不仅仅是一种理论，它更重要的是关怀人的生命的向上牵引，就是生命品质的问题。

下面我们做几个范畴的区分，第一个是羞感和谦卑感。他们之间有联系，谦卑也是一种感觉，一个没有谦卑感的人是不会有羞感的，尤其是精神上的羞感。在基督教中，人面对上帝所具有的谦卑感是灵魂的一种自觉状态，也因此具有了与上帝目光注视下的一种精神上的羞感。一般而论，人没有了在某种神圣的面前的谦卑，就不会有深刻的精神羞感。也就是说，有没有羞感还看我们有没有谦卑感，而有没有谦卑感都是和羞感一样，我们有没有一个更高的价值尺度来比较我们。

在现代中国，一切神圣的如最高价值、生命意义都失去了它的光辉，人同时也就失去了敬畏和谦卑。既被征服和创造的欲望所趋势，又被自大和自傲的假象所蒙蔽，而作为伦理道德、心理精神的羞感也一同远离我们而去，所以我们现在说马克思主义理论教育在我们今天的中国非常重要。我说它重要是因为我们这个国家，作为一个国家，一个民族，是需要一种精神的关照性、一种价值尺度的。在西方国家里边更高层次，形而上更高层次那一套价值尺度是《圣经》，在伊斯兰世界是《古兰经》，在佛教世界里面是佛经，但是在我们经过了五四运动、“文革”这样一段价值相对主义阶段，并走向虚无主义的时候，我们在今天不能选择一种宗教，而是必须选择一种公共的价值尺度。在没有其他更好的来取代之前，我们觉得马克思目前在我们中国去承担这样的职责，有了这一套公共价值尺度，我们才能够在他面前产生谦卑和敬畏，然后才会产生身体羞感和灵魂羞感。但是有了它，还是取决于我们的内心深处信不信它，信它我们才会有敬畏和谦卑，才会有羞感，不信它那我们就把它当作一种写在入党申请书上，写在申请表格里面的一些套话而已。我可以说我信它，但实际骨子里信不信它是另外一回事，如果不信也不会重建我们时代的羞感与谦卑。

当然羞感和谦卑也有区别，前面是相同点。它们的区别是在羞感中表现出个体对自我的一种保护和呵护，它也许会成为个体对它们无声的请求和乞求，而谦卑则可能是怀着爱而划入更高的价值并失去自己。也就是说在羞感中，并不失去自己，但是谦卑可能是我们划入更高的价值而失去自己。我一看到他这个人的价值尺度比我高，我在他面前永远表现出一种谦卑，这种谦卑最后失去自我，这种谦卑有时候也会把人向更低的价值层次沦落。我们经常说某些人哈巴狗啊，或是奴性意识强等等，说的就是过分谦卑导致的一种生命姿态。需要注意的是，某人在面对权势和地位时所表现出来的趋炎附势，不是谦卑而是谄媚，这种谄媚可能在外在形式上表现出类似于谦卑的姿态，但是二者的精神向度上有着严格的区别。最高价值在中国的失落，没有对神圣者的精神趋向，谄媚和倨傲便成为我们时代在道德上的一种基本的姿态。

第二个是羞感和尊严感也有深刻的联系，这个联系就是尊严感可能来自于对尊重、爱和生命的追求，因而这种感觉和人的功名利禄、虚荣心有联系，但如果把人对尊重、爱和生命的追求当作自己全部生命的外在手段而不是当作内在目的，或者把手段当作目的来追求，那么对尊重、爱、声誉的追求就不是为了实现人格的尊严而只能导致尊严的丧失。人可能会把对尊重爱和声誉当成外在的物质财富一样去追求而寡廉鲜耻。

所以我建议大家，尤其我们以后在给别人写个人简介的时候，还是少写一点自己的头衔。别人问我的时候我就说写西北师范大学李朝东老师或者教授就行了，我们介绍别人的时候也就介绍他的一个基本的身份就行了，不要太过于把尊重和声誉当作外在财富一样去追求，而导致寡廉鲜耻。一个失去了精神羞感的人，一个不再保护和呵护自我生命尊严的人，也会失去身体羞感尤其是性羞感。由于在日常生活中蔑视神圣的东西，我们不信仰神，当我们陷入这样的一种道德相对主义和价值虚无主义的时代的时候，那么失去身体羞感和精神羞感的现代人在性爱中总是把性器官从整体人格中肢解出来，而加以孤立的关注，因而尽管人们到处滥用爱情字眼，不管是仗于权势、协于金钱、势于名声，还是宣泄压抑，都公开蔑视爱情的神圣性，直接把自己和他人当作性欲的对象和工具相互招惹，因此，性羞感和身体的精神的羞感以及尊严感之间密切关系的恢复是赋予男女之间爱情关系实质性的前提。或者说人的尊严感实际上最根本的体现在对待家庭和男女爱情关系的态度上，而不是孤立表现在人的社会地位和名声的拥有上。

第三个区别是羞感和拘谨，拘谨是羞感的一种人为的表达形式。一个人在求职或者面对他人时会感到拘谨，在日常生活中，拘泥而刻板，这常常被看作是害羞。实际上拘谨带有害羞的意味，但拘谨这种表达形式已经丧失了羞感，并且不再符合实际的羞感的表达倾向，因此与其说拘谨是羞感的表达，不如说拘谨是一种有意的自我欺骗。拘谨混淆了羞感和羞感的表达形式，把羞感的表达形式当做羞感本身来看待。如果说羞感体现为一种肯定性的价值感，那么拘谨则表现为一种否定性的价值感。羞感是对个体生命的呵护，而拘谨则是在他人的评价性目光中对自我的个体的厌恶和负气以及不承认。所以羞感和拘谨是有区别的。拘谨是羞感的一种表达形式，但拘谨在本质上不同于羞感。羞感是生命肯定价值，对生命的呵护，拘谨则是对个体生命的一种否定，它是在别人评价性目光中自我自信的一种否定。

身体羞感感知的是身体上的优点和美，因而羞涩的发现也是美的发现，这使得羞感具有了审美上的价值深度，所以羞感肯定的是我作为生命个体独一无二或自我高贵生命在意识层次上的自觉。对生命的高贵意识越自觉，羞感就越强烈。就是说一个人把自己的生命看得越高贵，他的羞感意识也就越强烈。反过来说一个人的羞感意识越强烈，他就把自己的生命看得越高贵。他在用羞涩或者羞感来呵护保护着自己的生命感觉。

羞感肯定的是我作为生命个体独一无二的或者自我高贵生命在意识层次上的自觉，而拘谨则是对我身上可能具有的缺点和担忧，是对我为什么不像或者不如他人的那种心理反应和对自我证实的一种掩饰，因而拘谨之人表现出来的不是美和高贵生命意识的自觉，而是缺乏自信时的扭捏作态，因此对羞感的肯定本身包含着对拘谨的克服和扬弃。

第四个是羞感和献媚，也有区别，羞涩是美的，通过对美的东西的掩饰，无意识地指出美的品质是隐秘存在。柏拉图在《会饮篇》里面就这样说的，就指出过美的隐秘性质。美不是一种公开的张扬，所以在很多时候美是需要发现的。我们可能往往过于关注一个人外在的美，但却没有一种精神和灵魂的目光去发现一个人内心的那个不为他人所发现的美。能不能发现美就取决于我们有没有发现隐秘的美的那种眼睛或者眼光，这是柏拉图在《会饮篇》里面讲的。美丽的隐秘性使人怀抱敬畏之心，所以羞感不仅发现美，也表现人对一切美的品质的敬畏之心，反之没有敬畏之心的必定永远只满足于世界价值的表层维度。因为羞涩本身就是高贵生命的特殊表达，他也只能诱使高贵生命趋于爱。在《会饮篇》里面讨论的主题就是 eros，eros 我们说它也可以是性爱，可以是爱情，也可以是爱神，三个层次同时聚在这个词中，它把我们的生命引向一种高贵，高贵的生命。

其实我觉得我们中国人有时候没有羞感，所以我们也不再用羞感把一个人的生命牵引到一种高贵的维度。如果让我来说的话，我觉得我们中国古代的像屈原这种人物，为什么称为民族英雄，因为他的生命是高贵的，但是相比较而言，像李白这种人虽然诗写得很好，但是我觉得他的个体就没有屈原那么高贵。我觉得我们今天作为一个读书人的生活，我们追求的应该是一种生活的高度，爱最终的目的是使我们的生命趋于高贵。所以男人对女性的追求程度等同于他爱的程度，只要他在爱，他就绝不能违逆女人的羞涩，他是爱的表达而不是本能的表露，他能通过女性逐渐增强的回应之爱以正当的方式消除羞态。好色之徒感受不到羞涩之美，而只觉得羞态抑制了他的情欲。如果一个女人向他表现出真正强烈的羞态，他就会立刻放弃对她的追求。

根本而言，这是由于男人对女人的欲求意向指向本能的满足，而缺乏对女性羞涩所表现出来的美的深刻敬畏，所以在个体的羞感中不仅可以通过女性表现出美的隐秘品质，而且显现了男女的审美态度。相反，献媚完全在本能范围内，就人而言，献媚缺少任何灵魂的尤其是道德的含义，它只是极其本能而不能呵护个体。谄媚便为一种在表达对害羞的模仿，女性的献媚是对男性的性兴奋的刺激扩散和满足而实现的一种自然强化行为，但献媚也可以伪装成羞感，如果羞感过程中做出并不存在羞涩的模样，献媚就变成诱惑性的。有时使献媚的女性和羞涩的女性难以区分，但实际上她们之间的区分是明显的，献媚没有羞感那种回转到自身的自我呵护，献媚的女人的精神意志力、注意力也始终明确而清醒的指向对方。献媚的诱惑并非单纯是为了让对方性兴奋，而是在虚假的爱和价值的伪装下的别有图谋，其外在的表现不同于粗俗但近于轻浮。所以我们在有些时候在电影上看到有些酒吧女人，她也会模仿羞感表现出一种献媚，但是她献媚是另有企图的，她是对羞感的一种模仿，但她的真实目的是为了能够从男人身上得到更多的金钱。羞感不是道德习俗的后果，而是道德习俗的基础。羞感是良知起源的一个重要的源泉。我们关于羞感最后就停留在这个结论上。

我们做道德问题的研究我前面说了，最终的目的是为了构造人的心灵秩序，这是第一。第二，在一个国家一个民族一个时代，要真正建构起心灵的秩序最主要的任务是如何恢复羞感。如何恢复羞感就是我们的身体要在一种更高的价值尺度面前害羞。西方国家这个问题不严重，因为他们最高的价值尺度就是《圣经》，上帝言说。中国能不能有身体羞感取决于我们能不能有灵魂羞感，我们能不能有灵魂羞感取决于我们能不能在更高的价值共同体面前害羞，而这个最高的共同价值体究竟是什么，如何重建，这是我们这个时代一切学人面临的问题，面临的任务。我们的时代把尊重、爱和声誉当成外在手段，而不当成内在的目的来追求，这不是为了实现人格的尊严，而只能导致尊严的丧失。因为人在把尊严、爱和声誉当成外在财富而追逐时，正在变得寡廉鲜耻，而敬畏之心的丧失使我们只满足于实际价值和表层维度，难以发现世界真正的价值深度，从而使爱转化为怨恨。

从传统社会转入现代社会以后，也就是从传统社会的爱这种心理体验转变为现代社会怨恨这种心理品质。什么是怨恨呢？舍勒给怨恨也下了一个定义，他说怨恨是一种没有明确的前因后果的心灵自我毒害，这种自我毒害有一种持久的心态，它是某种强烈情感波动和情绪激动，使其不得发展而产生的侵害，这种自我毒害产生某种持久的形态，形成确定样式的价值错觉和对此错觉的价值判断，所以我们说怨恨就是一种自我毒害的心灵情态、心灵情绪。关键是怨恨就是一种自我毒害。

怨恨的出发点是这么几个，出发点是从报复、冲动经过恼恨、恶意、羡慕、嫉妒发展到恶，最后，引起反应的诱因即使消失，这种感觉冲突依然存在，它将成为体验过程中的固定形式，形成特殊的生活经验。比如对面坐的是咱们文学院的党委书记阎岩老师，阎岩上来以后我们两个人说话，说着说着就辩论起来了，他和我吵起来了，吵起来以后他打我一拳。打我一拳以后我这个时候对他是不是有恨了，你还打我，我马上扇他一耳光，他又打我一拳，我再打他一拳，你来我往这不是怨恨。什么才是怨恨呢？阎岩老是说我怎么样怎么样，可我一觉得他是党委书记，我是普通老师，我不能和他对着他干，所以他第一次说我，下次改正完了以后心里还觉得在说我。第二次他又说我，表面上应承，但是我心里面的那种怨恨的情绪是不是积累起来了，所以这种想报复而无能的报复心理一直在积累，一而再，再而三地压抑下去，这种情绪我们就称为怨恨。所以怨恨不是把报复马上实施出来，如果把报复马上实施出来这就不是怨恨。怨恨是一种报复行为的无限期拖后。它遵循的原则是“君子报仇十年不晚”。

怨恨的出发点是报复冲动的一种反应，它有两个本质特征，一是隐忍，也就是说它对直接萌发的对抗冲动要抑制住，将反抗反应推迟到下次或者更适合的场所。为什么要隐忍呢，是出于远虑。因为他觉得我直接做出反应的话，就会导致失败，我对这个失败的结果要掂量掂量。我是一个小姑娘，我到你家去做保姆，这个女主人今天把我说一顿，明天把我指责一顿，我心里面有没有怨气，这种怨气不但没有压下去，人家说我一句，我就顶她一句，我顶撞你这个后果是什么，她就把我赶出去，我要掂量这个后果。我如果找不到活我就要回农村，或者说父母亲有病，我就没钱给他治病，我掂量这个后果，所以你就说我吧，即使我做得对，你说错我了，但是我也得隐忍下去。

出于远虑，因而报复心是一种弱者所处情状的无能的体验，大家注意，报复的第一个特征是隐忍，他是一种弱者的无能体验。因为怨恨心理的出发点是报复心理，所以报复是怨恨的一个环节，我们可以再往下推一步，就是说怨恨是弱者的一种无能体验。在一个家庭主妇和保姆之间，谁是弱者？保姆是弱者。在一个老师和领导之间，在一个工人和厂长之间，在一个下级士兵和上级军官之间，怨恨总是存在，怨恨总是下级对上级的怨恨。一般说来上级对下级有没有？没有。上级如果不满的话，有权力的话，能收拾你就收拾你，或者开除你或者整治你，所以在老师和学生面前，谁是怨恨者？肯定是学生。他总是处于下级或者弱者。

第二个就是以牙还牙，也就是说报复意识不仅仅伴随着一种激动的对抗性，它总要找到一个适当的机会要做出应答性的反应，本身具有奴性或者自认奴才的人在受到主人伤害的时候，也不会产生报复感，所以那些有奴性意识的人忍耐力特别好。一般的领导这样说了，马上就跳起来或者是有一个应答性的反应，这种人一般不会有怨恨，你放心和这些人交往。因为他受不住的时候我就不忍了，我就跟你直接说了，哪怕你就是把我换一个地方，我离开你也行，离你远一点也行，但是这种人一般的不阴恶。而极度的高傲和外在社会地位的不相称，则特别容易引起报复感，所以报复的第一个特征是隐忍；第二个特征是以牙还牙。

以牙还牙里面关键是像这样的人一般都会有一种内心的高傲，但是却和自己的外在地位不相称。从报复出发，怨恨表现为嫉妒、醋意和争风，所有的这些在本质上都是一种无能的表现，或者是无能获得感情，或者是无力获得财富。不管是无力获得什么，他对别人占有的比自己多，总是会产生一种怨恨。比如说我对洪总就有一种怨恨，他怎么就比我有钱，我就用一般的车，他怎么用那么好的车，所以在财富的占有上有怨恨。当然洪总对我有没有怨恨我就说不上来，想想也应该有，李老师他怎么读的书就比我多一些。

前面讨论的时候说，怨恨总是一种自下而上的情感状态，在嫉妒等情形中，怨恨的根源都与一种特殊的把自身与别人进行价值攀比的方式有关。也就是怨恨都产生于价值攀比，不攀比就不会有怨恨，就不会有嫉妒。一切嫉妒，一切沽名钓誉都浸透着这种攀比，如果这种类型的价值成为一种社会的主导话语，那么竞争制度就成了这一社会的灵魂，马克思·舍勒就不太满意文艺复兴以后进入到的现代资本主义社会。他认为现代资本主义社会就是竞争的制度，只要有竞争制度，怨恨就是这个社会的基本精神特征。既然竞争制度是一个社会的灵魂，那么这些人每一个位置都成了普遍角逐的一个暂时的起点。

经济动机和财务的多少变成了现象上的体现单位，而实际的财务只起转化目标的作用，并把个人的野心和动机有效地无界限化。每获得的一个占有物都只不过是获取新的目标的一个形式起点。嫉妒心在所对的嫉妒对象处得到了一种附加值的满足和快感，所以有嫉妒心的人他也有快感，我特别嫉妒你，我也能够满足一种心理快感，并形成一种固定的体验形式。它是千差万别的嫉妒体验质料，在其中找到自己的位置，在阴恶中、诋毁中变得更加十恶不赦，随时准备以一种无序而可笑的方式表现出来，从单纯的幸灾乐祸发展成恶意，并力求创造一种新的幸灾乐祸的机会。怨恨受一种强烈的无能意识的支配，这当中的情绪在内心猛烈翻腾，但由于体内虚弱或者精神懦弱或者是由于畏惧自己的情绪所针对的对象而感到无法发泄出来，只好咬牙强行一个人扛时，上述的因素：就是这些报复感、嫉妒、阴恶、幸灾乐祸才转换为怨恨。举例说，一个小女孩到一家去做保姆，女主人老是对这个小女孩挑三拣四，这个小女孩她只能隐忍下去，这时慢慢积累下来的就成了怨恨，你今天早上把我又说了一顿，女主人刚走，这个小保姆就开始打家里面的小孩，看你再骂我。我第一次去美国的时候，导游告诉我们说明天早上起来的时候要给床上放一美元到两美元钱，美国服务业和其他行业收入相比较比较低，为了平衡这种社会人员的收入需要通过小费来平衡。比如说这个酒店的服务员，酒店给我的收入不太多，但我怎么拿到比如说和一个大学教授的收入差不多呢？他们要通过小费。在美国给小费很正常，你如果不给小费的话，服务员有时候也干坏事。早上起来以后，他一看床上你给他没有放小费，他整理完以后，他把你的牙刷拿出来在便池里面搅一顿，然后再给你冲洗干净再放到那里，你不知不觉的，晚上或者第二天早上你拿着人家在便池里面搅过的牙刷，我想小保姆在家里面没准也干过这种事。其实这个都是内心怨恨情绪积累到一定程度以后的一种总爆发。

现代道德的几个原则，以怨恨作为现代性精神体验结构的现代的道德，它有这么几个原则。第一个原则是人对人的不信任感。由于怨恨把人和人之间的距离拉开了，我们之间很难建立起信任，所以不管是现在的同事之间、朋友之间、夫妻期间，或者是师生之间建立一种信任感是多么的珍贵难得。这种不信任感把休戚与共的共同原则给否定了。

一切在道德上都是平等的，这是现代道德的第二个原则，也就是说，舍勒认为资本主义社会有几个原则，一个是在上帝面前人人平等，在法律面前人人平等，在道德面前人人平等。民主社会都是在追求平等的。舍勒认为这个不是。因为怨恨是品质低下的人对品质较高的人一种心态，也就是下对上的怨恨，而不是上对下，所以怨恨有一个基本的心理目标或者心理愿望，就是拉平。既然我把自己提升不上去，那我就要把你拉下去，尽可能拉到和我平等的位置上。所谓现代民主社会追求的平等，是一场拉平运动，它最主要的是把道德和品质高贵的灵魂拉平到一个和大家差不多的层次上来，因此我们这个社会现在就没有了崇高优越的一种贵族气质，我们越来越庸俗化、平庸化、平均化。所以平等总是一场拉下来的投机，在世人都一样的情况下，唯一可能平等的标志就是价值的最低标志，就是最后把所有人都拉平到我们共同能接受的一个最低价值标准中。

第三个是普遍人性；第四个是实用价值，人的价值领域在生命价值之上。所以在现代资本主义怨恨作用的心理品质下，我们把实用价值凌驾于一切生命价值之上，我们做一切都是为了外在的名和利，为了外在的目的，而不再为了自己的生命。我曾经区分过生活、生命、生存。

生存是为了解决衣食住行这个物质问题，满足个人的物质生活；生活是追求个人的生命意义和价值；生命是思考整个人类的利益和价值，也就是马克思·舍勒这些人思考的。一个人失去了精神家园就会成为随波逐流的流浪者，人的无家可归之感是一定要在强有力的支配整个地球的幻想之中，人类觉得每次重大进步都必然承担某种损失，一种原有的安定感的牺牲和新的接纳感的产生与加剧。如何在现代性的话语背景中重建失去的信心关系，防止人的片面化、抽象化，促进人的全面健康的发展是一个值得现代思想家共同给予关注，并给予理论启示的问题。我的讨论就到这里，有不对的地方请大家多多指教。

朱海斌： 今天李老师做了一个非常精彩的关于羞感的展示。

下面说一点我自己的感受。我听起来思路是非常清晰，他讲了这两个方面。第一个方面讲现代性；第二个方面分别讲羞感和怨恨。而且不一定是大的方面，每一个小问题对我而言很清楚，没有哪个地方说得模糊不清。不仅仅是思路上，概念上也是这样，对于羞感、对于怨恨的分析和其他相关概念和献媚、谦卑等等，这个我觉得是展现了一个哲学工作者应该有的一种基本的品质，这就是我们做哲学的一个本分。

当然，我觉得李老师的讲法也是激发了我的很多的思考，并不是他讲的我就完全同意，有些东西我觉得还可以继续讨论，比如说他讲羞感，李老师讲了一个很重要的特点就是回到自身。当然我觉得回到自身的羞感还不完全，这个条件显然还不充分。比如说我个人认为一个羞感之所以产生，我们一定要承认某种共同体的普遍意识，如果我们不承认这个共同体的普遍意识，羞感也出不来。比如说当有个人在埃及神庙上刻上中国 XX 到此一游，老外不会感到羞感，但中国人都会，因为我们都属于中国人这样一个共同体。非常重要的是回到自身，我觉得还不够充分。再比如说，有很多我觉得都是可以展开讨论，他讲的怨恨，李老师刚开始讲到互相伤害，讲到羡慕嫉妒恨一切痛苦都是人自身对自己无能的愤怒，讲得太有道理了，这让我想起《东邪西毒》里面欧阳锋讲的：任何人都可以变得很无知，让他尝到了什么叫嫉妒。他其实想表达的是怨恨，只不过他不知道，原来这就是怨恨。我们通过李老师的讲述了解到，原来它根本上是人的一种基本的心灵失序，这是第一点。

第二点我是觉得今天他这个报告可能就我而言，当然你也可以说我的格局太小，仅仅是关注一些细节性、技术性的工作。我开始的预想他可能会给我们很好地展示如何进行一些现象学的对比，对怨恨与羞感两种形态进行分析，实际上不是。你发现他一开始讲的是现代性，现代学下面三个问题里面的其中一个，然后讲到我们的人心秩序，这个问题和我们讲的羞感和怨恨是挂钩的，我们没有羞感，失去了回到自身的能力，然后在这种欲望，在这种拉平下我们要追求平等，然后就是积怨，一种怨恨的产生，所以他讲的三个东西能够从最基本的情感体验的结构分析出发，然后和现代性关联起来，所以他讲的是活的东西，各种鲜活的实际生活经验。讲亚当夏娃的时候那种欢声笑语，他讲的不是抽象的概念，不是简单的技术分析。它是一个更根本的问题，是我们如何存活的问题，我们何去何从的问题，是我们人本身是什么，应该怎样的问题，所以这才是真正的哲学应该有的。我就谈两点感受，按照惯例下面我们应该是进入到沟通时间，我相信在座的应该有无数问题想和李老师进行交流。下面看看哪位？

提问一（胡好）：李老师好！今天听李老师讲座收获很多，也深受启发。有几个概念我好像没有听到多大区别。第一个很重要的概念是羞感；第二个概念是爱。您的讲座思路是通过羞感来克服怨恨最后回到爱的秩序？可羞感如何回到爱的秩序？您前面讲羞感，后面讲怨恨，好像差了一点点，没回到爱的秩序那里去。那么羞感和爱是什么关系？这是第一个问题。

李朝东：你有几个问题？

胡好：两个。

李朝东：我怕记不住，第二个等会儿再问，一个一个问题来。其实第一个问题我可能没讲清楚，整个思路是这样：传统社会的精神品质或者心理体验结构是爱，经过科学技术把西方社会从传统社会带到一个 Modern，现代社会以后，它的精神品质或者心灵体验结构是怨恨。舍勒认为，怨恨是我们现在面临的一种价值相对主义和虚无主义，羞感是克服怨恨的一个理论起点。通过羞感我们克服怨恨，但是这里面有一句话说，怨恨是重建现代道德的起点。你有没有羞感才能够决定我们能不能够接受这一系列的道德规范，有了这一系列道德规范以后，我们就能够重新塑造一种心灵的秩序。重塑了这种心灵的秩序以后，那么这种心灵秩序会使我们远离怨恨而心中充满着爱。我前面只是提了一句，没有展开讲。马克思·舍勒是一个天主教神学家。天主教神学家和基督教神学家不一样。我们知道犹太教经过一段时间的发展内部也出现了问题，好多信徒已经不信仰它了，这时候出现了一个犹太教的拯救者或者犹太教的改革家，就是耶稣。耶稣发展出了这套教义，有一些追随者成为了他的信徒，最后变成了一种普遍化的宗教运动，后来我们统称为广义的基督教，被罗马帝国接受。罗马帝国最后分为东罗马和西罗马的时候，随着帝国的分裂，基督教也分裂为天主教和东正教。天主教在慢慢的发展过程中，到文艺复兴之后，经过马丁·路德的宗教改革，就演化为现在我们说的基督新教。基督新教就是我们通常讲的基督教，狭义的基督教。

马克思·舍勒说的基督教和现代资本主义的精神气质是一致，这就是我为什么强调它是天主教。他认为要回到中世纪基督天主教的那一套宗教教义所构筑的人的心灵秩序中去，所以近代思想家会发现它有一个回归点。胡塞尔是一个例外，叔本华的眼光是指向远古的东方、印度，所以他的哲学理论最终的旨归概念是涅槃。尼采的目光也是回归，他的精神目光是回归到远古的希腊，他的核心概念是酒神精神所表现出来的强烈意志。我前面说海德格尔哲学最核心的是拯救语言，他认为什么时候的语言最具有人的生命的表达力和表现力？他认为是前赫拉克利特。而马克思·舍勒认为我们今天要重建道德秩序，就是要通过爱，通过羞感作为我们道德建设的起点，最后回归到天主教这一套道德概念中，来重新塑造一个心灵秩序，这时候我们才能重新恢复我们的爱。他的羞感不是一种精神品质，仅仅是克服怨恨这种心理品质，这样才回归到由天主教的道德概念重塑人的心灵秩序，从而重建天主教时代那样的爱的心灵秩序或者情感价值体验方式。这是羞感在爱和怨恨这两种概念之间的一种关系。第二个问题。

胡好：第二个问题涉及羞感和同情。您好像没有讲同情，接下来我做这样的理解不知道对不对。羞感可能是消极的，它是道德律的一个起点。比方说当要我们说不做坏事的时候，这个时候羞感就出现了，如果你做了坏事可能就会害羞，在这个时候它抵挡你去做坏事。而同情在道德律令中起着积极的力量，比如它要求你帮助他人，做好事。所以我在想，在舍勒那里可不可以作这样的区分，羞感从消极方面对道德律令有一种驱动力量，而同情从积极方面对道德律令有驱动力量，它们都对道德律令有影响。可不可以这样理解？

李朝东：胡好博士的这个问题非常好，但是我们要知道舍勒这个人在现象学的三巨头里边是去世最早的一个人。舍勒是一个天才作家，创作欲望非常强，他一生有庞大的计划，要写这个，写那个，但是我们读他的书会发现他大多数的作品都是未完成的。现在国内目前我们看《舍勒选集》两卷本，当然这个倪梁康他们在译的时候也是有一致的安排，不管你有多少著作，选修集我都是只选两卷本，所以胡塞尔、海德格尔还有舍勒都是两卷本，都要深入学习。你看一下其他的人，基本上他的工作都是完成的，但是舍勒的作品，包括今天讲的主要讨论羞感和怨恨的价值颠覆也是一个未完成的作品。他写了一段时间以后，突然觉得新的问题出现了，所以我们在介绍舍勒的时候会发现他是各个学科领域的开创者，社会学、伦理学、价值学，各个学科里边都有建树，可是每个学科里面他都没有一个完整的系统。

关于羞感和同情的关系，胡好博士更关注同情是不是一种价值，我们可以把它叫作价值修复，是吧？你说羞感是价值修复的一种消极原则，同情是价值修改或者价值重建的一种积极原则，你可以这样理解。当然如果有兴趣的话，你也可以从这个方面去努力。当然在舍勒这里，他还没有真正地系统论证过同情和羞感之间的关系，或者它们的价值重建作用。

但是另外一个人，哈特曼，他的《道德意识现象学》这本书里面，对于这些问题都有补充。当然这是属于现象学三巨头之外的人物。他的情感现象学对情感有个认识，而且对情感有专门的论述。舍勒在这一方面应该说是一个天才，具有强烈创作欲望的作家，他把什么问题都想到了，就是没有考虑到同情和羞感之间的关系。

提问二：我想问在您这些年的实践操作层面，您是如何克服怨恨和降低怨恨的？

李朝东：坦率地说，我还真没有太强烈的怨恨心，因为我前面讲了怨恨心理是弱者对强者的一种心理，我自认为在自己的精神世界里还属于强者的心理。我 1984 年毕业，1985 年的时候就已经开始在《西北师大学报》发表文章，而且第一篇文章就给人大资料复印转载，从那之后虽然我每年发表的论文不多，但都是用自己的生命写出来的，所以在我的精神世界里我非常强大。

再说一句，既然问这个问题，至少有一点我觉得还可以。比如说至少在我们小圈子里面，我现在在《哲学研究》发表了 6 篇文章。从 50 年代以来一直到现在，将近 70 年的时间，我们甘肃省在《哲学研究》发表的论文篇数总共是 9 篇，我一个人发了 6 篇。估计在我这个时代的……包括海斌、胡好，你们都好好努力，你们到我这个年龄的时候能发 5 篇就已经很不错了。《哲学研究》是我们做哲学的，应该是顶尖的刊物了。如果说比我精神世界更强大的，比如说我的老师邓晓芒，我觉得我对他没有怨恨只有崇敬，我每次都是以一种非常敬仰的口吻，对我的学生、同事、朋友谈起邓晓芒。所以我们说怨恨的起点是报复，我对那些在思想上精神上比我强大的人，总是把他们自己的目标去追求，而不是对他们因报复而产生怨恨。

提问三（洪涛）：李老师，非常高兴听你讲了这么深刻的道理。我有一个问题，随着社会的发展，进入现代社会以后，人们的心理应该由爱变成更爱，为什么进入现代社会以后，人们的心理感受从爱变成了怨恨，这是怎么转变的？由爱是怎么变成怨恨的？

李朝东： 对于这个问题，学者有不同的探讨，仁者见仁，智者见智。按照舍勒的看法，现代社会是一个商业社会，在这个商业里面每个人都精于计算，通过追求利益的最大化，通过竞争机制，就有利益的多与少的分配，因为我们知道资源总是有限的，谁能想把它占有达到最大化，结果有一部分人占有的多，有一部分人占有的少，占有少的人就会对占有多的人产生一种不平衡心理。这种不平衡心理慢慢发展下去以后，人和人之间的距离拉开，对你多我少的差异感产生了一种拉平运动，在这种拉平运动的过程中如果我做不到，那么就产生了怨恨。这个问题今天我们在这不讨论，希望以后再一次机会专门讨论一下舍勒和马克斯·韦伯这两个哲学家。

马克斯·韦伯的《新教伦理与资本主义精神》恰好是对现代主义文化进行辩护，他认为资本主义就是新教主义。而马克思·舍勒恰好是一个马克斯·韦伯的反对者，所以我们要想为什么会产生马克思·舍勒要批评这一现象，我们首先就要去了解马克斯·韦伯是怎么讨论现代资本主义精神。马克斯·韦伯他的代表作是《经济与社会》，最能够代表他的思想的叫作《新教伦理与资本主义精神》。首先在马克斯·韦伯里边我们也了解，比如说这里边有一个最基本的传统基督教文化置身在传统社会里面。基督教讲的是爱我的朋友，爱我的邻居，甚至爱我的敌人。我有一个馒头，你没有吃的，我要分一半给你，我有两个馒头，你没有吃的我又要拿一个给你，这就是爱的表现。但是进入现代资本主义新教中，马丁·路德宗教改革以后的新教，它提供的伦理精神是我有一个馒头，你有一个馒头，我要想办法把你那个馒头也夺过来，我有十块钱你也有十块钱，我要想办法把你的十块钱也抢过来，抢过来以后我就实现了资本的集中和兼并，通过实现资本的集中和兼并以后，我有了更多的钱，我把十个人的一百块钱都抢过来，我就有一千块钱，把一千个人的一百块钱抢过来我就有一万块钱，有了一万块钱我就可以开工厂，当我剥夺以后你就变成一无所有的人，韦伯所说的资本的集中和兼并以后造成了阶级的两极分化。原来基督教讲不是有我一个馒头我要分一半给你吗？——天主教，新教中也说了，我要把你的夺过来以后，把你变成一无所有者，然后我开工厂你到我这来做工，做工以后我按月给你发工资，我通过给你发工资来保证你的收入，它只是改变了一种给予的方式，但是在给予之前我首先要剥夺，对于这种剥夺关系，慢慢的在一系列的资本主义的运行机制中开始发生，这是马克斯·韦伯在《新教伦理与资本主义精神》这本书里边讨论的。

马克思·舍勒对于现代的新教伦理与资本主义精神，确立资本主义原则是持批判态度的，他认为这种新教伦理所塑造的资本主义基本精神品质是怨恨，所以马克思·舍勒就要把社会引导到前资本主义时代，也就是天主教时代的那种爱的秩序，恰好这种怨恨破坏了人们的心灵秩序使我们不再有爱，这是另外一个问题了，但这个问题还需要一个庞大的理论来分析。

提问四：李老师，您好！我是研一的学生，因为读的书也不多，比较紧张。我想问两个问题。我听了李老师讲的这个关于马克思·舍勒的人类由爱到怨恨，然后，人从羞涩中再回到爱，我觉得是不是说羞涩只是爱的一种体现，就是说它是一种善的体现，是善的一面，因为善所以才会羞涩。如果没有善恶之分，那么人何来羞涩。我们从羞感这个方面来重新回到善的层面，这是不是被动的。因为它是由善引发出的羞感，然后羞感是第二个层面的，我们是不是可以通过对善和恶的认知直接回到爱的本质，这是第一个问题。

李朝东：舍勒的意思是这样，首先爱和怨恨是传统社会和现代社会相互区别的两种精神品质或者是心理体验结构，羞感不是一种价值形式。那么羞感是什么呢？羞感是我们重建爱的心灵秩序的一个基础，就好像我们看到西方的好多教堂建筑都是哥特式建筑，做这个建筑之前首先要打地基。舍勒认为我们要通过伦理道德重建一个心灵的秩序，首先要有一个基础，这个基础就是要重建我们人的羞感意识，有了这个羞感意识我们才能接受这些道德品质。

比如说非礼勿视，中国传统文化里面讲的一个道德命令，非礼勿视、非礼勿言，不符合礼的就不要看，不符合礼的就不要说，伦理道德要求我的，我就这样去做。如果你没有这样的羞感意识，不符合礼的我就说，说了以后也不害羞，但是有羞感的人说非礼勿言，我不能说的不说，不能看的就不看，看了以后首先自己害羞。所以羞感不是精神品质，它属于重建爱的这种精神品质的一种基础，就像我前面说的像西方的哥特式建筑。你说的道德品质，道德的最高概念是善，心灵秩序的最高概念也是善，但是如何达到善，我们要从最基础做起，这个最基础的东西就是重建身体的羞感。

我们每个人在身体上都不害羞了，一个女孩子说谎也好，或者是一个男孩子干坏事不害羞了，你还怎么做一个有道德的人，重建心灵的秩序，然后在整体上继续善的理念呢？所以说舍勒的羞感不属于一种精神品质，它是重建心灵秩序的一个出发点，一个最初的基础。

提问五：我们如果换一个角度来思考的话，怨恨也可以说是在人类的社会经历当中，它有积极的一面。就像之前的社会是爱，到了现代社会变成怨恨，怨恨实际上可能对之前的爱有一种否定的倾向。我以前就是太单纯了，没有追求更多自己的利益，现在我可能为了追求更多物质，更好的生活，会产生一种怨恨的心态。但是，当人们认识到怨恨的局限性之后，可能又会对怨恨本身生出否定的倾向来，这就要我们现在所讨论的用羞感去克服怨恨。这其实就像黑格尔说的在一种自我否定当中一环扣一环，可能最后正反合中达到了一个比爱和怨恨更加好的道德境界。从这个意义上来看，怨恨是不是具有一定的积极意义呢？

李朝东：最近网上有一个笑话，说是美国总统提醒目前大家一定要防止骗子。怎么防止骗子呢，美国电视台就搞了个辩论赛，先让骗子和科学家、各种学者进行辩论，最后都是骗子赢，科学家学者们输。后来骗子和政治家同台的时候，骗子就说我骗不过他，我自动认输。这时候一个老人跑到骗子跟前说了一番话，这骗子就上去了，然后把政治家给战胜了。人们问他，老人给你说的啥？他就说那个老人是个哲学家，告诉我用辩证法把他打败了。

你说的这个确实是辩证法，爱是肯定，怨恨是否定，能不能把爱和怨恨结合在一起达到否定之否定？黑格尔的辩证法是我们很熟悉的，但是我在这里讲的是现象学。现象学的方法已经是在本质上和辩证法不同的一种学术方法。现象学方法强调的是面向事物本身，而不是通过正反合说的，既克服又保留。你说的这个观点，我们能不能够说把怨恨看作是一种积极的因素，我用恩格斯的一句话回答你。恩格斯说："恶也是推动历史进步的动力"，这是恩格斯的原话。但是我对恩格斯这句话的补充回答：是，恶是推动历史进步的动力，但是以战争的恶的形式表现出来的却是一茬接一茬个体生命的死亡，你愿意用个体生命的死亡这种恶的方式来推动历史的进步吗？虽然我们不可避免会有战争，但是我们人类的目标应该是克服战争。虽然我们无法最终意义上克服怨恨，因为它在任何时候都会存在，但是我们整个思考的问题是，当怨恨成为一个时代最主要的精神品质的时候，我们就要克服它。而不是像你的辩证法，把怨恨和爱结合在一起，成为我们共同的精神品质。

朱海斌：今天是我们的《中和论道》本学期的最后一期。在这样忙碌的时候，特别是同学们要考试的时候，我们举办这一期，我觉得难能可贵。感谢李老师，感谢各位！我们《中和论道》一期一会，下期再会！

（主讲人：李朝东）

第三讲　柏拉图与开放社会

李朝东： 各位老师、各位同学，大家晚上好！由中和集团支持和资助、西北师范大学马克思主义学院哲学系、社科处、西北师范大学教师发展中心联合主办的哲学沙龙——《中和论道》第 30 期，今天晚上正式开始了。

我们邀请到甘肃省委党校岳海湧教授来给我们分享他关于柏拉图思想的研究成果。

岳教授今天晚上演讲的题目是《柏拉图与开放社会》，他原来的题目比较长，是《柏拉图是开放社会的朋友，而不是敌人》。一方面，我们在写论文、出书或者是演讲等方面都希望题目在包含主要信息的前提下尽量精炼、简短一些。另一方面，开放社会本来就是一个近现代哲学的概念，柏拉图的时代并没有开放不开放的社会问题，只是后来人们研究柏拉图的政治哲学理论以后，才开始探讨柏拉图这一系列思想究竟是支持开放社会还是反对开放社会，也就是说，柏拉图思想对现在的开放社会是一种什么态度。此外，把柏拉图看作是开放社会的敌人，也主要是近代的，或者说，在我看来是三流学者波普尔提出的观点。基于以上理由，我把这个题目在没有征求岳教授意见的情况下，擅自简化为《柏拉图与开放社会》。柏拉图我们都有所了解，在我的认知范围内，不论是欧洲的大学还是美国的大学，包括我们中国最有名的清华大学、北京大学等，在给大学生推荐的必读书目里边，排在第一位的几乎都是柏拉图的《理想国》，这足以见得柏拉图对东西方社会巨大的影响力。我们知道西方有一个非常古老的传统叫形而上学传统，无论是支持形而上学的人，还是一些反对形而上学的人如尼采、海德格尔等，几乎都把西方的形而上学等同于柏拉图主义。在这个意义上，柏拉图几乎是西方哲学的代名词。柏拉图究竟提出和创造了什么样的思想，他为西方社会带来了怎样巨大的变化和影响，这都需要我们进一步学习和探索。

在我的观念中，大学就是一个纯粹的学术机构，到这里来我们就是来读书做学问的，推动和促进我们学术事业的发展，因此，我们应该有一颗赤诚的心。最近我主持和制定我们学校的研究生推免政策，收到了很多同学的来信，他们提出很多反对意见。有些同学给我写信，我回复他们有时间到我办公室来当面来交流。例如，获得某个奖项，原来是一等奖记多少，二等奖记多少，三等奖记多少，而在我们新的政策里面我只分等级，比如国家级、省级和校级。至于国家级、省级的我就不再区分一二三等了，我希望通过这个政策的导向让学生尽可能地减少这种精致的功利主义的计算行为。学生会的学生干部加分方面，不论是班级的小组长或班委会的成员还是学生会主席，加分都是统一的标准，干一年加一分，干两年加两分，干三年加三分。或许对此有些老师和学生有疑问：学生会主席的官更大，比班里的学习委员组织的人更多，付出的精力、发挥的作用也更大。但在我看来，它是一个服务平台，同时也是一个锻炼自我能力、自我提升的平台，不要在这个时候计算谁的贡献更大，所以我做了很大的简化。我这两天花了很多的时间和精力给同学们做解释工作，我们的政策就是要让大家导向这样一种服务之心，就是想尽量让我们的心灵单纯一些，不要在从事学术事业的道路上充满算计和功利之心。在这一点上，我想，从某种意义上来说，就是柏拉图对西方世界的贡献。

首先，我们在这里特别感谢中和论道的赞助者、中和集团的董事长洪涛先生，至于我们学校的其他一些同志、朋友和老师就不一一介绍了，欢迎你们的到来。特别感谢各位同学一如既往地参与我们的哲学事业，你们的参与、你们的互动是我们营造一个良好的大学学术氛围、促进和推动哲学事业发展的最有力的支持和最可靠的保障。下面我们有请甘肃省委党校岳海湧教授给我们作精彩的报告，大家掌声欢迎。

岳海湧： 尊敬的各位领导、各位老师、各位同学，大家好！我非常荣幸今天能来人才荟萃的百年师大。

我讲的内容主要有三个部分，在第一部分，讨论开放社会和封闭社会的概念以及它的性质；在第二部分我主要谈一谈我们怎么看待柏拉图，对其作出一个客观的评价；最后，探讨柏拉图与开放社会到底有什么关系。李校长讲得很到位，开放社会是近现代的一个概念，所以我们利用现代的概念谈一谈。那么我们先进入第一个方面，谈一下相关的概念。

学术上一般是从概念入手，比如柏拉图在对话中总是要提问，而回答者总是给出风马牛不相及的回答。例如他问“人是什么?”回答者总是回答男人是什么，女人是什么。柏拉图问“美是什么”，回答者总是回答一个具体的物。在这种情况下，回答者总是不保持一个概念的同一性，就导致没法沟通。所以我们先讨论一下概念。据我所知，根据某种理论、某种方法对社会进行划分最早是从实证主义哲学家孔德开始的，他一般将神学、形而上学、实证主义的阶段对应于军事的、过渡的以及工业社会。马克思也提出了根据生产力发展水平、经济基础决定上层建筑，从原始社会一直到共产主义社会（这是大家都比较了解的）。明确地将这两个概念一并谈到的是法国著名哲学家柏格森，柏格森在他的《关于道德宗教的基础来源》中明确提出“开放社会”以及“封闭社会”。当然，我们国内学术界比较关注的是卡尔·波普尔，大家有兴趣的话可以看一下他的《开放社会及其敌人》。在这本书中，波普尔对西方思想史上最伟大的三位思想家进行了猛烈的抨击。第一位就是柏拉图，他在第一卷中对柏拉图进行了全面的、系统的攻击；第二卷主要是对黑格尔的批评；第三卷是对马克思的批评。如果像李校长说的，波普尔是个三流学者，那就要区分在哪个方面。波普尔在科学方面是非常著名的，但是他不恰当地将科学的一些观念推到社会科学中来，尤其是对这三位伟大思想家的过度攻击，我觉得不太中和。在我看来，他对马克思的攻击不值一辩，对黑格尔的攻击，还有点可取之处，对柏拉图的攻击，可以说 90% 以上是无的放矢。所以，开放社会、封闭社会在他看来有什么性质，为什么他要攻击柏拉图、黑格尔、马克思，这些问题依然是有现实意义的。

那么我们如何理解开放社会呢？莫里斯等美国著名哲学家都对其进行了分析，总而言之，开放社会就是一种民主的、自由的、个人可以决定的、反形而上的社会观点。具体来说，他们认为在开放社会个人可以决定，人员可以往来，各阶层可以自由流动。而相应地，封闭社会就是部落主义、集体主义的。按照老子的说法即是老死不相往来的，他们整天封闭于自己的社会中，随时准备战斗，个人没任何意见、思想。甚至这些邦民每天的具体作息时间都要规定下来，没任何自由，可以说是工具式的、动物式的。他们的起床时间、读书时间、吃饭时间、工作时间都完全要规定下来。实际上这种说法是无的放矢的，波普尔的好多说法都是无的放矢的，他首先树立很多假想的敌人，然后没有目标地乱放矢。像波普尔这样伟大的一位思想家，爱因斯坦非常欣赏他，他的证伪理论、试错理论等都是非常著名的，我为了写这篇文章，对他的所有著作也都做了认真的研究，我非常欣赏他，他在科学哲学方面有极大的成就。

但他对柏拉图的分析让人觉得不可思议，甚至很不严肃，违背了他的这种科学精神（比如在著名的《猜想与反驳》中倡导的），他将一个假想敌随便拿出来就用，而实际上柏拉图在《法律篇》里讲的是在军营的操练。柏拉图有一个前提，即在军中受训者应该如此。实际上，在军中受训者应该做到这样，哪一个军队允许受训者自由散漫呢。但波普尔不分前提，不分柏拉图的语境以及上下文的关系，所以我认为在这一点上他确实有失大家风度。再比如他指责柏拉图的社会有机体中，大脑和屁股从来不会置换，事实上根本不是这样，如果大家读过《理想国》，我把它译为《共和邦》，就可以知道其中明确说了它是自由流动的，它是个比喻。后面我们要详细探讨如何认识柏拉图，所以他对柏拉图的这种批评确实是错误的。波普尔所讲的整体论实际上相当于涂尔干（法国社会学的奠基人）所讲的，涂尔干提出有机团结和机械团结。机械国度，用现在的术语来讲，也就相当于同质，可以互相替代。有机团结就是现代工业社会或者现代的信息社会，由于分工导致人员不可替代，一个开拖拉机的人无法替代一个开航天飞机的人，但是社会更加紧密，所以我们提出来利益共同体以及全球化，也就是说，有机团结的社会就是开放社会。

如何认识封闭社会和开放社会，我们要作出自己的判断。比如说，我们可以用算术的办法理解它，开放和封闭可以看作 1 和 0，也可以用概率来理解，在 0—1 之间，如果用韦伯的理想类型的概念来理解开放的标准，那么 1 就表示完全开放，即方方面面开放。比如，我们的选举向全世界的公民开放，这可能吗？事实上这是不可能的。如果那样的话就没有国家了，所以我们可以打分，整体而言，打 5 分以上就可以算作开放的社会，如果是 0，则是完全封闭的社会。像过去有些社会，我们国家历史上也有过很多，我们自己可以打个分，比如清政府后期，闭关锁国，可以把它判断为封闭社会，没有任何政治的、经济的、文化的，方方面面的往来，可以判断它是个封闭社会。但是我们从 0、1、2 —

直往上，我们基本上可以说5以上是开放社会，5以下是封闭的社会，但是如果是在5分以上，还要看在哪个方面要开放，比如一个国家，某些阶层、某些职业能否向公民开放。比如我们现在讲的市场准入它是否向所有公民开放，这就可以打分，这是一个很简单的算术。所以像波普尔说的，柏拉图所有的方面都是封闭的，他是开放社会的敌人，这一点的确让人不能接受。如果柏拉图真的是这样，那他确实是不可理喻的。对开放社会和封闭社会，我简单地提示一下，当然这个概念本身没有统一，大家可以作出自己的判断。但是我提的这个思路就是可以打分、量化，它是相对而言的，而且它有不同层次不同方面的开放或是封闭，这都是正常的，开放里有不开放，封闭里有开放，相对而言。

下面我们重点谈一下柏拉图，探讨一下我们应该如何客观、公正地认识和评价柏拉图。

我认为他的哲学产生于震惊、愤怒、热爱和向往，可以说他的对话在结构上是一部交响曲，如果大家知道交响曲就不难理解了。柏拉图著作的编纂者如拜占庭的阿里斯多芬、亚里山大里亚的 Thrasyllus，到现在我们看到的所有的柏拉图的原文都是在这个时候奠定的，再没有增加。当然我这几年研究的是伪作，伪作一定要和真作配合研究。比如拜占庭的阿里斯多芬（不是喜剧家阿里斯多芬，而是拜占庭文法学家）曾经用三连句的方式排列了柏拉图所有的作品，Thrasyllus 用四连句的方式排列了其作品，而我认为应该用交响曲的方式（交响曲也是四部曲）。我之所以这样说是因为他那样的排列是比较机械的，而我的排列方式是统一的，比如交响曲在希腊语里是 Symphonia（它不是希腊词，我把它拉丁化了），就是一起响，就是和谐。柏拉图的作品虽然争议很大——到底是早期、中期、还是晚期，到底如何理解，这些到现在还没有定论，但我自己对此有定论，是不是能中节、恰到好处地说到点子上我并没有把握，但是它毕竟是我自己的判断。

Armonia，即呈示部，它以苏格拉底的《申辩篇》开始，呈示塑造了一个所谓的希腊“四主德”。在我看来应该是“五主德”，我加了虔诚、虔敬。《申辩篇》就是他的呈示部，他提出了问题，说明了为什么要写以后的对话，即为苏格拉底伸张正义。展开部就是他早期的对话。然后是再现部，还有回旋以及最后的总结。这样的比喻说明了这是个有机的整体，并不是相互分离的。现在很多西方学者从其文法上、词源上分析，这些在我看来都是支离破碎的。他的特点是一篇一篇的，每一个篇都有一个主题，作为一位哲学家，他是出名的，同时他也是位综合性的大思想家，他是政治学家、农民学家、教育学家、法学家和社会学家。大家稍微留意一下，就可以发现西方的语词有个后缀，凡是什么学，都是从哲学里的 logic 而来，即 logy，如经济学 economics，是从希腊语 - ikos（一种记忆，一种方法）而来的。逻各斯（logos）表明了一门学科要上升到哲学的层次才能成为一个学。所以说柏拉图恰恰就是所有学科的奠基者。如果我们仅仅把柏拉图看作一位哲学家，那么我们从他的几十篇对话中发现，真正是哲学的只有一篇。典型的就是《巴门尼德篇》，论存在，论形而上，用康德的术语讲就是八组“二律背反”。但是我们汉语的翻译没法体现这一点，比如“是”“存在”这种概念没法表达，就像陈康先生研究了大量的注释，实际上《巴门尼德篇》只有几十页，在柏拉图的整个作品中分量非常轻，柏拉图主要讲的是其他学科，按亚里士多德的分类即是“理论哲学”和“实践哲学”，柏拉图讲了很多“实践哲学”。据此我判断柏拉图有非常强烈的社会担当意识，在我看来，他是欧洲历史上第一个不但要解释世界的哲学家，而且是要改造希腊社会的伟大哲学家，我们要知人论世，比如他的“第七封信”很好地展示了这一点。此外，他不顾年老，不顾旅途的危险以及航程的艰辛，六十多岁到七十多岁还去到西西里的叙拉古来改造当时的僭主制，要实现他的政治理想，从这点来讲，他肯定不是一位象牙塔内的哲学家，他要学以致用，这是我坚信不疑的。

波普尔主要攻击的是他的政治哲学、社会哲学。客观地说，波普尔对柏拉图是非常尊敬的，我不能为了驳斥波普尔而去说他，我们要看他的原著，实际上波普尔对柏拉图的评价非常高，我个人认为目前为止他是对柏拉图攻击最全面系统的。他公开承认，柏拉图三个世界的划分是他理论的直接来源。比如说他的著作《猜想与反驳》中的“科学哲学的方法”就是他用了柏拉图的不断寻求定义的方法，不断地试错，最后给出了一个开放的结尾，并未给出独断论的定论。

如何看待柏拉图，我认为可以用几个字概括：博大精深。这是我看书后深深体会到的，我始终喜欢柏拉图，觉得他的思想很符合我的口味。所谓“博大”，如我前面所讲的，现在我们追溯任何一个学科的历史时，必须回溯到柏拉图。柏拉图具有承上启下的地位。对于“精深”，他具体精到什么程度，我想以后如果有机会可以跟非常专业的学者或同学再探讨，今天就不再详尽论述了。人认识你自己，所以苏格拉底说“未经审查的人生是没有意义的”。从何而来、向何而去就是柏拉图的精深所在，比如柏拉图的回忆说、模仿论、通种说、分离说，这些迄今为止依然是伟大的学说。之后洛克的白板说，我认为都是源于此的，所以我认为他是博大精深的。此外，我们虽然知道一些柏拉图之前的伟大的思想家，但是他们并没有留下完整的著作，都是些残篇。苏格拉底虽然非常伟大，是三杰之首、柏拉图的老师，但他没有留下只言片语，其思想都是以柏拉图为首的他的学生传下来的。色诺芬也谈论了他的思想，但他并不是从哲学的角度，他（苏格拉底）的价值主要还在于柏拉图的著作里面。柏拉图将他之前的所有希腊历史上的思想家——除了德谟克利特他没有提——

都呈现在其作品里了，甚至剧作家、诗人、当时的智者、修辞家（如伊索克拉底）、所有的剧作家全都出现在他的著作里边，特别是爱利亚学派的巴门尼德、克拉底鲁等，这些我们现在能看到的。从希腊哲学史的角度讲，我们只能间接地通过柏拉图才能知道他们，所以他也是一个资料库。另外，我们要逻辑地确定一个它的源头，承上启下，证明他是一个节点，那么我认为在逻辑上必须有个起点，可以把泰勒斯看作是这个起点，泰勒斯被称为希腊哲学史上第一位哲学家，这只是一个所谓而已。在我看来，在逻辑上必须有一个起点，这个起点要满足以下几个条件：第一个条件是，起码要有一个自己审订的比较完整的著作存在，这一点非常重要，在他之前的所有人都不具备这一点，柏拉图是第一个具备这一点的人，这就是最重要的一个起点，这就是从柏拉图“承上”，把所有的精华都汇聚在一起，特别是像毕达哥拉斯、苏格拉底从所谓自然哲学第二次航行到了伦理，即实践学科，也就是从本体论转入到认识论和伦理学，这都是从柏拉图开始的。所以我觉得柏拉图就是一个源，像法国的福柯讲过的“西欧哲学思想要不断回到希腊哲学的源头，所有的新的哲学都是对希腊哲学的一种阐释，它才能发展”。这也就是我们说的柏拉图的价值，即承上。

至于启下，我大概列举了一些。比如他直接促成了他的学派，比如他互动交流过的很著名的学生，最为典型的即亚里士多德，他是希腊三杰之一，作为柏拉图的学生，他是著名的哲学家，他非常伟大，影响了整个欧洲的哲学史。他对他的老师的盛赞是众所周知的，当然他对他老师的批评也是非常严厉的。此外，他的另一个非常著名的学生笛翁，是一名政治家，是叙拉古的摄政，他推翻了僭主制。僭主是柏拉图最憎恨的一种统治。据我粗略地统计，柏拉图的七八个学生回到自己的城邦之后，要么推翻他们城邦的僭主要么刺杀僭主。柏拉图培养的学生里面最著名的一个代表是泰奥弗拉斯托斯（Theophrastus），他曾经是柏拉图的学生，柏拉图去世后他成了亚里士多德的学生，亚里士多德去世以后将他所有的著作委托给了他，他是逍遥派的第二代主持，我目前在研究这个人。他中和了亚里士多德和柏拉图，因为他受过这两个人的教导，是这两个人的学生，但他只留下了30篇的论性格的文章，这是柏拉图的直接的学生。

间接的更是源远流长了，比如到了亚历山大时代、希腊化时代直接促成了其他学派的产生，其他的学派以柏拉图学园为主要载体，有早期学园、中期学园、晚期学园。此外，中期学园阿那克萨（Anaxarchus），开设的怀疑派，到了新柏拉图主义，被称为希腊晚期的最著名的学派，比如我们知道的普罗提诺、克罗、还有犹太哲学家费罗，还有最伟大的教父哲学的代表奥古斯丁，这些学派都是在柏拉图学派的刺激下纷纷出现。当然，随着公元529年查士丁尼的罢黜百家，将所有的异教学院关闭，只有柏拉图的学派隐匿着一直存在到东罗马拜占庭帝国的灭亡。这时候随着476年西罗马的覆灭，因为战乱、宗教等方面的原因柏拉图的著作仅仅只有《论灵魂》、《斐德罗篇》，因为它适合基督教。此外，《蒂迈欧篇》被西方拉丁语学者还稍微知道一点，其他的都无所知，他们没有读过、不知道柏拉图的其他著作。东罗马拜占庭帝国1453年在长期的封闭以后还有几百年一直香火不断。罗马帝国最伟大的作家西塞罗，专程跑到柏拉图学园里留过学，他盛赞柏拉图。所以我们说，整个希腊晚期对罗马对基督教整个产生了非常大的影响，那么到了（罗马）覆灭以后，特别是伊斯兰的阿拉伯帝国的崛起，对法拉比产生了巨大的影响。他自称为亚里士多德第二，写了著名的《柏拉图的哲学》，我们国内有这个评注，还有就是写了《医典》的阿维森纳也作了评注。以后的拉丁语世界借助了阿拉伯帝国的翻译，阿拉伯帝国官方组织了很大的力量翻译柏拉图和亚里士多德的著作。以后的西欧从阿拉伯语又翻译为他们的拉丁语，所以阿拉伯对柏拉图希腊哲学的贡献是很大的，同时，柏拉图对阿拉伯帝国的影响也是很大的，比如伊斯兰神学。

到了文艺复兴时期，那么为什么要文艺复兴呢？我去年看了一本非常著名的《柏拉图在意大利佛罗伦萨》，写得非常详细，比如一个叫普莱托的人，他本名不是普莱托，他热爱柏拉图就把自己名字改成普莱托（Plethon），实际上就是柏拉图，他自称为柏拉图第二。他非常有口才，在拜占庭帝国即将覆灭之前到佛罗伦萨说服了美第奇，是美第奇家族直接赞助了文艺复兴在佛罗伦萨兴起的，就像我们中和论道的赞助人洪先生。最重要的是普莱托说服了佛罗伦萨国父美第奇，建立起了柏拉图学园。他本来是信仰亚里士多德的，经过普莱托、麦迪奇、菲奇诺，特别是佛罗伦萨柏拉图复兴学园的领导者菲奇诺。大家可以去了解一下这本书，是英文版，大概900多页，是美国一位学者写的，写得非常详细。文艺复兴还复兴其他的作者，当然柏拉图是非常重要的一个人，就是美第奇家族信奉并直接资助以大量的金钱购买柏拉图的所有的著作，最后才导致了菲奇诺翻译了世界上第一个拉丁文版本，那么我们现在看到的拉丁文版本就是菲奇诺的，贡献非常大。之后，马努修斯（A. Manutius）又整理了希腊文版，我们现在所能看到的柏拉图全集就是后来又由斯特方（H. Stephanus）编纂的那个版本，最早的拉丁文版柏拉图著作于1483—1484年由菲奇诺（Marsilio Ficino，1433—1499）编纂，出版于佛罗伦萨，1491年在威尼斯重印。最早的希腊文版是由马努修斯（A. Manutius）1513年在威尼斯出版的。1578年由斯特方（H. Stephanus）在巴黎出版了希腊文版，并附有萨尔拉努（J. Serranus）的拉丁文译文的三卷本。这就是我们说的文艺复兴时期。

此后，整个西方知道了柏拉图的著作，纷纷开始了民族语言的翻译，比如意大利文莱布尼兹、库萨的尼古拉这些早期的西方学者，纷纷进行了研究，然后传到了整个欧洲。到了英国革命时期，有个剑桥的柏拉图学派很著名，当然佛罗伦萨（在意大利推行文艺复兴的学者们）在中世纪跟基督教要辩论它是利用了柏拉图。当然，这是一种新柏拉图，是对柏拉图的一种新的解释。毕竟莱布尼茨要求从源头研究，开始了对柏拉图的大规模的翻译和阅读。这样奠定了整个西方对希腊哲学的基础，比如维科盛赞柏拉图是最伟大的，逻辑分析学派的罗素也非常欣赏柏拉图。实在论的怀特海对柏拉图的盛赞是我最认可的一种。对欧洲哲学一般定性的评价就是欧洲哲学不过是对柏拉图哲学的一个注释，这个评价与我读的结果是一样的，我认可这种说法，确实是注释。现在我们纵观整个西方哲学史好像也不过如此，柏拉图提出的这些思想不断地由他们反思，海德格尔也有微词；黑格尔一说起希腊就有回到家乡、家园之感，他说哲学之所以为哲学，就是从柏拉图开始的，当然他个人比较注重新柏拉图的普罗提诺，对此我就不多作评价了。

当然对柏拉图的指责和批评的声音也是不绝于耳，从他最伟大的学生亚里士多德开始。我对亚里士多德评价不高，我认真地看过他的全集，当然这只是我的看法。我觉得亚里士多德对柏拉图所有的批评都是无的放矢。我还拿着阅读亚里士多德全集的整个笔记，他指责柏拉图的好多东西我们在柏拉图的作品中并不能找到。所谓的米兰学派（他们研究未成立学说，无论是内传的还是秘传的）的图宾根，他所批评或者指责柏拉图的很多东西，我们现在看不到，或许柏拉图的有些著作不被我们所知。所以我们觉得这个批评是不可信的，起码没有根据，我们看不到，没法判断，但是他对柏拉图的许多指责，我觉得我是不能接受的。

但是我觉得还有一些原因，比如亚里士多德生前只修订了一部著作，即《尼各马可伦理学》，其他所有的著作他并没有修订。不同于柏拉图，我们能看到的基本都是他自己修订的，除了晚期未写完的《法律篇》等几部，其他都是自己修订，是可信的。而亚里士多德的我觉得不可信。因为亚历山大死了之后，他逃出雅典，匆忙之间把他的全集给了他的继承人泰奥弗拉斯托斯。但是因为当时雅典反马其顿，他的继承人也很快逃出雅典，所以把他的所有书籍在地窖里面埋了一百多年，被发现后，基本已经腐烂，无法辨认。所以我们现在看到的亚里士多德的全集都是逍遥学派的学生自己编著，故是否被篡改不能确定。我不相信亚里士多德作为一位跟随了柏拉图 20 多年的学生，会这样去评价自己的老师。我很重视对柏拉图的各种批评，反复对比去发现是否有道理，我不迷信柏拉图，我只想作一个对话者，去看待这些问题。我为了断疑深信，去看各种批评，但是反复探究之后，觉得批评不对，当然以后各种批评还会不绝于耳。比如尼采，我也关注他的说法，但是尼采也是只言片语，比如说虚无主义根源等这些说法，都无法判断，尼采多是诗意，并不是系统地论证，而且尼采一生只出了一本书，即《悲剧的诞生》，其他著作都是以后产生的，特别是《权力意志》，我也反复地看了尼采的著作，我认为所谓的对柏拉图的指责也是不可信的。

批评是正常的，比如德语里面讲“Kritik”，这个词本身是从希腊语里面音译来的，本身有判断之意，并不像我们现在的批判。我们中国现在长期对柏拉图的评价比较低，主要也是受苏联官方的影响。他们基本将柏拉图定性，柏拉图是大贵族的代表，是反动的思想家，基本否定柏拉图。我们翻开各学科的史，比如政治思想史，社会思想史，法律思想史，像北京大学法律系编著的那些书等，基本上都沿用了这种对柏拉图的批评，所以在中国对柏拉图的研究并不兴盛，不像亚里士多德，最早出现了第一个全集本。现在回到中国，吴献书第一个翻译的《理想国》，标志着柏拉图为我们所知，但是吴献书 1929 年出版的译本，是从英语本翻译来的，译本是文言文，也是意译。之后是陈康，他曾经说过，我们中国人应该研究西方的学术，让外国人向我们学习，这才是我们应该达到的高度，不要我们一味地总是向西方学习，而外国人并不赞同我们的研究水平。目前只有陈康的《巴门尼德篇》的注释，得到了西方研究柏拉图的学者的普遍认可。在新中国建立前，对柏拉图著作的译本较少，还有一些只是摘录，像武汉大学郭秉和。1949 年后，严群先生也翻译了不少部分。之后，郭秉和有新译《理想国》，是目前的权威版，但是也不全面，加之郭秉和是研究历史的，所以我个人认为他对有些内容翻译不准确。中国对柏拉图的研究具有划时代意义的应该是王晓朝的译本，他的翻译比较全面。之后是刘小枫的所谓全译本，把所有的柏拉图名下著作全部翻译，但目前大概有 10 本左右，有些是英译过来的。可喜的是四川大学前几年创办了柏拉图学园，可以说是世界第三个，这是划时代的，取名望江柏拉图学园，聘请了世界一流柏拉图专家，比如库伯。当然，中国现在也有一批年轻的博士生在研究柏拉图，比如中国人民大学古典中心，用希腊文研究古典文献，还有北京大学、中国社会科学院等等。柏拉图太伟大了，没有一个思想家可以绕过柏拉图。

西方作为两希文明，一个是希伯来文明，但是我认为希伯来发展的基督教，柏拉图对其影响是非常大的。早期基督教思想家直接受柏拉图学派影响，如费罗对基督教教义的阐述，还有奠定了整个基督教教会基础的代表人物奥古斯丁。虽然是两个文明，但是我认为主流还是希腊文明，希腊文明又是承前启后的，它实际上是以柏拉图为主线的一个思想史。

谈到开放社会，我选这个题目就是认为，任何书和作品只要写成文字，苏格拉底是言说，柏拉图继承及发展为语言，这是两种完全不同的叙述方式，柏拉图为什么也用对话的方式呢，就是继承苏格拉底并加以发展，而他又不同于亚里士多德的独断、独白式的表达，所以我们说柏拉图是最伟大的对话体作家，他的作品像一部部话剧，引人入神，让人浮想联翩。我觉得柏拉图作为一个有担当的人，为生民立命。一个作品只要公开就是社会事实、是客观存在，按照社会学概念讲，社会事实是客观的，它具有独立主观意志之外的存在，只要我们读了它、看了它，无形中都会对我们产生影响，从而具有社会性，并不是一种独白和自娱自乐。现在面临的社会、整个开放时代，邓小平早在 1983 年就说过，教育要面向三个方面，其中两个方面跟开放社会有关，面向世界，必须开放，教育需要交流、面向未来，这也是开放社会的未来。如果封闭了就没有什么未来可言，只能是死路一条。为什么柏拉图要著这些著作、树立正义的苏格拉底形象呢？他指出最高的理念就是“善”，所谓善以善生。我们中国人也有担当意识，张载的“为生民立命，为万世开太平”，而柏拉图的目的就是要为未来开太平！王阳明倡导实现“满街皆为圣贤”，柏拉图在其作品中也一直在灌输教育，即人如何成为正义的人，社会如何成为正义的社会，他认为有正义的个人才有正义的社会，而正义的社会才能满足正义的个人，正义的社会与正义的个人是辩证的关系。

下面开始谈第三个方面：柏拉图和开放社会。我们应该如何看待柏拉图的这些思想？他的思想和开放社会之间是否存在联系呢？对此，我列了 6 个方面。第一个方面是自我开放，柏拉图在著作中提到每个人都要自我开放，但是怎样算是自我开放呢。在此，我顺便和大家分享一个方法学习，对于学习，为什么有些人学得进去，有些人学不进去，每个人都是用全部的知识、全部的经验来理解书中的每一句话的。柏拉图有那么多的学生，但其中也有差劲的，苏格拉底那么伟大，但他的学生也有很糟糕的，所以每个人都有自己的情况。我刚才想到，我本来是要讲拍拉图的美德可教不可教的问题的。但是我觉得现在的这个题目更广一点，因为每个人都生活在社会中，可能会觉得熟悉一点。我们在阅读他的著作时应该着眼去发现他的著作中的有价值的地方，而不是着眼于批判。因为波普尔在批判柏拉图时是破而未立，他没有讨论如何构建开放社会，他只是猛烈地抨击，而我首先要看到和发现柏拉图合理的地方，然后再探究他有什么不合理的地方。我的目的是要学习，不是一味地破除。

我概括了以下几点：柏拉图开放社会观（大标题）。第一个方面，开放社会的机制是建立在自我开放的个人基础之上的，比如它反复地完善自我，个人要坚持走向上的路，知识就是善，追求正义，在正义之中生，在正义之中死。他向着那条朝圣之路，运用大量的神话叙述，当然我觉得没有什么不好，它的优点是恰恰开辟了神话叙事的方式，它大量的比喻，在本体和喻体之间，我们确实有些不好理解。我们要仔细看，首先对于方法来说当然就是要通读，我们不能断章取义，真正要了解一个人的思想，必须通读，就像刚刚所说的交响曲，它是一个统一的整体，虽然看起来其安各本，它是分离的，但是它有一个主旋律，一直从头到尾，最后有回旋部。如果它是散架的，我们说他肯定不是一个伟大的思想家，他自己都没有搞清楚，以其昏昏，怎么使人昭昭呢？所以开放社会必须要以开放的人来承担，作为载体，如果只讲开放社会，而你每个人不开放、不善于学习，那么你身心也不和谐，你在社会上怎么构建、怎么进行良性互动呢？这是不可能的。所以封闭的社会有封闭的自我，比如交流不畅等等。所以我觉得，要以个人作为社会的细胞，比如他大量地讲如何培养哲学家，如何培养一个完善的“邦民”（我翻译成“邦民”，我不翻译成现代的什么“公民”）。比如最典型化的是僭主，是他（柏拉图）最憎恨的一种类型。所以个人必须要开放。美国著名的思想哲学家莫里斯，他专门写了一本书叫《开放的自我》，个人如何开放，李校长讲，大家都能来关注，我觉得这本身也是开放的标志，要善于学习，一切先进为我所用，海纳百川，一切优秀都要被我们继承。

第二个，在思想的方法这一方面，柏拉图是开放社会的朋友，大家翻开他的每一篇对话，可以看到他循循善诱，鞭辟入里的分析，确实引人入胜，我看完之后喜怒哀乐俱有，我认为中和，为他而喜怒哀乐，那是正常的，谁没有好美之心呢，发乎情，止乎礼。他循循善诱，从来不独断，不说教，他是因材施教，我觉得和孔子差不多。波普尔说思想讨论，恰恰柏拉图的著作里面都是自由讨论。所以，所谓师者，道之所存，师之所存。柏拉图和苏格拉底就是这样，他经常说“我不懂，你说”，虽然他也没说什么，但他起码知道对方所说的是错的。起码能把那些混乱的意见、智者的颠倒黑白驳倒。第二个就是刚才说的探讨思想真理的方法，波普尔也说思想讨论，柏拉图的大量的对话，包括小童奴和奴隶，在《美诺篇》里面，在我看来根本没有阶级概念，波普尔也说没有自由探讨就没有科学发展。

我非常欣赏陈寅恪先生说的“独立之精神，自由之思想”，我曾亲自去清华园王国维先生的墓地去拜谒。李校长刚才也讲到了，我认为做学术研究，思想真理的探讨，需要有方法，需要一种精神，特别是韦伯讲的价值中立。价值中立，我认为他并没有真正理解，在价值中立的研究过程中，诉诸情感的这种判断与诉诸理性的判断一定要分开，你不能戴着有色眼镜，尤其是在中国，我发现现在网上的年轻人还是那种传统的定势，自己也不知道说什么的观点。所以不能把价值的有色眼镜先入为主，要暂停判断，将它悬搁起来。这样才能客观、中立地对待他讲了什么，而不带偏见，这就是价值中立。这就是我们说的把它保持为一种物，把它当作一种客观的事实，它不是主观的东西，是客观的东西。

柏拉图的著作里，有大量的苏格拉底的对话，即 dialogue。

dialogue 原文里就是用哲学的方法进行问答。哲学是思辨式的，不是我们现在的对话。在古希腊完全是一种思辨的哲学对话，所以柏拉图从来不固执自己的观点，这个我仍在反复读，像陈康先生说的必须读原著，他说我们研究外国哲学，治哪国的哲学，必须要懂哪国语言。你是研究德国哲学的，必须要求精通德语。即使不精通，也要看、要懂。我们做英语有关研究也必须要懂。当然他比较侧重的还是古希腊语，他说我们必须用希腊语研究，要不很难懂。我也在想，看古文献，像中国，在小学你连训诂、古汉语都没有，你如何理解老子的“道可道”究竟是什么含义，这个“道”究竟是什么意思，现在还在争论。当然比较古的还有，比如《尚书》就很不容易看。所以我们说像方法这样的东西都需要注意。还有柏拉图的那些表达方式非常玄妙，大量寓言性的、神话式的、诗歌式的、诗意的。而且多有暗喻，我发现柏拉图著作里有大量的暗喻，一种叙事方式，他没说像什么，而是说是什么，从语言上看那个“是”是一种暗喻式的是，而不是现在按定义的“是”，我发现批判他的都是按定义式的“是”，中国的汉字没法体现希腊语的“是”，那个动词是有 300 多种用法、变位。以我的经验，根本没法翻译。所以需要大量注释。就像陈康先生，我经常模仿他，所以有大量的注释，纯粹研究性质的。像象征、传说、朦胧的、晦涩的，一般人确实不容易懂。所以你认真看还是能大概看出些东西来，好像你懂了，又好像没懂。

此外就是含有大量的假定，我们为什么要注重柏拉图这个开放社会的观点，因为希腊社会，政治、哲学都是密不可分的，不像我们现在能区别分开。在希腊人看来，它是一体的，所以他大量地从这方面论述。理念，它是最伟大的，刚李校长说的形而上学，它就是第一个谈到超越的，形而上学，Metaphysics。理念是 idea，它现在就有一百多种解释，我把它翻译成“型”，模型的型。这样一个重要的概念是柏拉图在《克拉底鲁篇》提到的，我觉得有深意，这篇语录被认为是语言哲学的奠基者。西方语言哲学里的可表达和不可表达，维特根斯坦说的哲学上所有的问题都是语言问题，语言明晰了，所有事物的问题都不是问题。柏拉图恰恰就在《克拉底鲁篇》里谈到理念问题时提到这个名词，所以对柏拉图的认识一定要有综合性，心中要想到它是个交响乐，反复来往的论证。不是这一篇论证这个，下一篇论证那个，它是相互论证的。用涂尔干的社会科学的方法论而言，就是用一种事实严格地去解释另一个事实，就能保证他客观真理性的认识，这是他的方法。

比如我们总是说柏拉图的社会不流动，是封闭社会，但是你若是仔细看，会发现很明确，白纸黑字，那些批评者们肯定没有细看，单凭想象去批评柏拉图，柏拉图所说的社会结构在原文中是非常明确的，它是自由垂直流动而不是平层流动的。平层流动是封闭的社会，比如官职，这种过去种姓制度，它是不能垂直流动的，不是开放的。柏拉图在《理想国》中明确讲到的哲人王，根据品德、知识、才能可上可下，它恰恰是现在开放社会最重要的一个方面，垂直的自由流动，向任何社会阶层开放，谁有本领谁担任，不是固定的。老子英雄儿好汉，大象的儿子是大象，老鼠的儿子是老鼠，也直接否定了有机体的概念，有机体当然头不能成为屁股，手不能成为脚。它完全是比喻，我不理解这些批判的人为什么看不到这样的话。它是比喻社会是个整体，各有各的分工，社会分工的意思是平等。男的可以做任何职业，女的也可以。好的社会难道女人不能有担当吗，还是开放社会吗？我作报告主要还是给青年学生告诫他们自己作出判断，要认真读书。

第三个方面是从自由和约束相结合的法律至上的意义上看，柏拉图是开放社会的朋友。他指责封闭社会没有个人自由。这确实是一种愿望。我们可以看到柏拉图在《国家篇》第十卷里面明确说了一个寓言神话，他说一个叫厄洛斯的勇士死了以后，就相当于我们现在所说的密宗的中阴状态，死了以后又回来了，并没有到阴间，半途又回来了，然后他就给别人讲了个故事，在中阴状态里面完全就是自由选择、自由意志，他的原话是“决定你们命运的不是神”，他面对的是抓阄，要选择、要投胎转世。命运没有主人，任人自取，自己的生活道路完全是自由意志，由人选择，谁会替你选择呢，没有。为什么强调约束呢，他说氏族社会是集体主义，要求对公民约束。为什么约束，目前为止，现在西方最民主自由的社会也不过就是承认法律下的自由，谁还能有绝对的自由，永远也没有绝对的自由。只要社会存在就总会有人群利益的博弈，就总会有制约。所以对柏拉图的指责太过分了。柏拉图讲自由，认为自由需要约束，我们现在讲权利与义务要一致，没有权利，何谈义务。讲法律至上，法律一般讲的是人治，混合政体对民主有戒心，一定要记得当时柏拉图和苏格拉底所处的所谓的民主社会已经堕落了，民主为所欲为，所以柏拉图死后，雅典很快就被征服了。所以柏拉图谈约束，认为自由需要约束，法律是至上的，在他的著作里面很多地方都谈到法律至上。所以它有两个极端，雅典太自由，太放肆，太民主了，而波斯独裁，所以他想糅合、中和一下。所谓亚里士多德的精华，在我看来不过就是对柏拉图的改头换面。他经常讲折中、讲中和，已经分门别类了，在我看来也没什么。

如大家所知，在欧洲近代以后，亚里士多德就淡化了，更加注重柏拉图了，因为他确实存在许多问题。所以他就讲要中和。我们现在知道斯图亚特·密尔《论自由》奠定了西方古典政治学的基础，法国政治家托克维尔发现了多数人的暴政，在柏拉图看来，多数人的暴政和少数人的暴政都叫暴政，为什么他的老师、最正直的人、最有美德的人被民主社会处死了，对此他一直耿耿于怀，这是千古冤案。他一直在思考，为什么这样的人被民主社会处死了，而恰恰没有被僭主统治处死。因为僭主，我们知道在历史上让苏格拉底逮捕其他人，苏格拉底不理，半路回家了，苏格拉底说，宁肯你把我处死，我也不会去逮捕一个公民。僭主社会能够容忍苏格拉底，为什么民主社会不能容忍呢，所以柏拉图一生耿耿于怀。柏拉图的所有作品都写出来了，他要给后人展示他老师的形象。所以我们现在要防范这种多数的暴政。《正义论》的作者罗尔斯，他讲了正义论的两个原则，其中最低的第二个原则，在我看来不过是在重复柏拉图的观点。

第四个方面，在平等的意义上，柏拉图是开放社会的朋友。他提倡男女平等、任职平等。我们看到现在许多职位并不开放，而在柏拉图这里都是开放的，不管是在《理想国》还是《法律篇》。比如说西方的选举，尽管选的不是最优的，但它起码淘汰了最差的，所以选举或选举制是民主的一种体现。向一切放开，所以柏拉图是强调放开的。

第五个方面，在宪制的意义上，柏拉图是开放社会的朋友。比如我们看西方的法律史、政治史，柏拉图讲分权制衡，特别是孟德斯鸠、洛克，美国完全把它体现在国家体制里面，没有权力分立的社会压根就不可能有宪制，这是柏拉图最明确的观点。

第六个方面，柏拉图乐于向其他先进文化学习。其一，《法律篇》开篇就是克里特、斯巴达、雅典的三个老人，他们要谈话，而谈的就是我们城邦要立法，你们能给我们推荐一些优秀的法学家，帮助我们城邦立法，这是开放到了何种程度，连国家的立法都要请外国（邦）人了，这也就足够开放了。如果真是封闭社会，老死不相往来，还会向你学习吗？像我们清朝末年，中体西用，师夷长技以制夷，严复最有眼光，开始翻译大量社会科学的书籍。所以宪制文化，最重要的就是思想，一切自由里面最可贵的就是思想自由。没有思想自由，即使身体自由，也不过是傀儡。像晚清被派出去留学，学回来还要询问有什么合理之处，还要推广，确实不容易。其二，看经济方面，他明确说了要零关税。比如 WTO（世界贸易组织），现在为了好多关税闹矛盾。而《法律篇》里面完全不用纳税。这种零关税我认为就是经济开放。我们刚讲过的定义里面，开放是指哪些方面开放，哪些方面不开放，完全视一个国家的具体情况。比如说重要的战略性的资源不能出口，哪个国家不是这样？但总的来说，是合理的，一般性大众性的，进出都不用纳税。零关税的确是超越时代的。还有人员往来、迁徙自由，如果一个社会，迁徙自由都没了，还谈什么（自由）。我们现在城镇化取消户籍，而柏拉图最早提倡迁徙。大家知道希腊原本就是个移民社会，不愿意待了就走，但是不是什么人都来？就像是打开窗户，热了总得安个纱窗吧。苍蝇进来怎么办？所以有个条件，必须是优秀的人，需要考察一下是不是适合当他们的邦民。现在的国家也是这样，移民也有个别条件，但是柏拉图就不是这样，他很欢迎外国客人来访。我就谈到这里，非常欢迎大家指教，谢谢大家。

李朝东：非常感谢岳老师，我们的报告演讲阶段就到此结束了，按照惯例，下面是互动环节，大家有什么问题可以和岳老师进行讨论交流。

提问一（蒋世强）：我是外语学院的蒋世强。岳老师，您好！有一个问题和您探讨一下，我很赞同您的看法，卡尔·波普尔对柏拉图不是一种完全的批评，他也有对有错，实际上这里面，因为波普尔写的著作《开放社会及其敌人》，它是一种批判的理性主义，批判来自于康德。而这种批判实际上可能只是对柏拉图其中某一点，可能对波普尔不太合适。我们要探讨的一个问题就是，波普尔在哪一点上对柏拉图进行了批判，对于这点我个人有一个看法，说得不对，请您见谅。因为《开放社会及其敌人》从头到尾都是谈理性、批判的理性。开放社会可能只是一个现象，在它的背后可能是公平、民主、正义，而这些背后是批判理性。这个理性，可能是我们要抓住的一个点。他可能是在这一点上对柏拉图进行批判。开放社会的人员物资的流动，可能只是一个表面现象。下面我说一下第二个问题，您前面提到维特根斯坦，我本人对此也有一点研究，在《开放社会及其敌人》的知识社会学那一章中，波普尔对维特根斯坦提出了一些批评，他没有用正文，而是在一个很长很长的注解中对维特根斯坦《逻辑哲学论》中的无意义问题提出了批评。维特根斯坦的无意义问题的争论太多太多了，这个问题太重要了。无意义的问题，维特根斯坦用的是 W，W 是一个无意义的命题，他说这是个悖论，这是有点道理的，但是他说这不是无意义的，是个假问题，我想请问您如何看待这一点，因为您也谈到了语言哲学，柏拉图的《克拉底鲁》里提到了语言哲学。

岳海湧： 问题提得很棒，也很到位。这个假问题我用一个比喻（这是一个笑话）来说，曾经（封建时代）有几个挑水工，其中一个挑水工提出一个问题：皇帝用什么扁担挑水？听到这个问题的人中，有的人猜测是用金扁担，有的说可能是银扁担。这个问题就是一个假问题。我们说它的大前提就是错的，皇帝怎么可能去挑水，他不可能去挑水的嘛，所以这个问题就是个假问题。按波普尔所说的，这就是没法试错的问题。波普尔提出的一个重要方法就是试错，即证伪理论。证伪的必须是客观存在的。比如，我们说天鹅都是白的，这是一个命题，如果我要试错，用试错的方法一个一个地不断地去证伪，只要有一只天鹅是黑的，我就可以推倒这个命题。所以，波普尔讲得很清楚，他的证伪理论不会有什么建树，起码，就像柏拉图——我们刚说了——他自己承认他对柏拉图的这些所谓的研究是无建树的。

就像苏格拉底通常在跟别人的大量的对话中所运用的，他让辩论者说出一个概念，然后跟其辩论，他装作无知，请教辩论者，让辩论者来说。辩论者说完之后，苏格拉底经过一个一个地试错，把对方的说法全部推翻了，这就叫证伪理论。他没有说出什么新的知识，但他把对方的谬误、把对方的那个全称判断给推翻了，这就是证伪理论、试错原理。你说的这个，是个假问题，抽象的，形而上学的。所以呢，问题不问题，必须要是客观的，理性能批判的，要有个前提，它是真实存在的一个问题，是我可以否定的，没法否定的就不是科学的，在波普尔看来，大概就是这样。

李朝东：刚才岳老师不经意间说了一句话，引起了我的注意：这个问题是假的、形而上的。是不是在假的和形而上的之间一定要画起等号呢？这不是个问题，但我们以后可以讨论。我记得我们的庭雄老师读过雨果的《九三年》，这个应该是波普尔写开放社会的一个思想史的前提，你对这个问题有没有讨论？

提问二（师庭雄）：李老师提醒了我，我以前还没关注过雨果的《九三年》跟波普尔的这个开放社会到底有什么关联。我只是觉得，雨果这本书给我最大的一个影响是，他最后提出一个原则。在那样一个——法国大革命——风起云涌的时代，不论是反对派还是在朝党都打着革命的旗号，行杀戮之事。所以最后，雨果在那本书（《九三年》）里面喊出了一个口号：在绝对正确的革命之上，还有绝对正确的人道主义。还有一种翻译是：在绝对正确的革命之上，还有绝对正确的人性。就是说它（这句话代表的理念）超越了我们关于革命的那样一种你死我活的斗争，高扬了人性的旗帜。所以我在这里边发现跟这个开放社会貌似没什么关联，关于这个问题我确实没有研究过。岳老师，您对这个是怎么看的？

岳海湧：我的语言能力有限，刚才的表达可能有些言不尽意。我说的是波普尔他认为的，我并不赞成。我是认可理念的，形而上的，但这是波普尔反对的，这是我所说的，不是我的意思。比如他（波普尔）反对形而上是不可证明的，我觉得倒不见得如此。比如，形而上的，这个理念我是认可的。我再补充一句，柏拉图的基本的理论成果，他的基础的观点，比如“理念”，“理念”奠定了西方形而上学的基础。它到底是客观的还是主观的呢，我们一般说最大的客观唯心主义代表就是从柏拉图开始的，他把理念作为一个超越的、分离的。而亚里士多德特别反对的就是这个“分离”。我在我自己的那本书里明确地提出来，可以用大乘佛教的“真如”的观点来解释 Ideal（理念），即所谓的“相”。在《理想国》第九卷的最后部分，苏格拉底讲到，他定义的这个“理念”是什么。他的对话，和格劳孔以及柏拉图两个哥哥间的对话，他们（格劳孔和柏拉图两个哥哥）说：你（苏格拉底）的那个“理念”大概都是不可能的吧。

李朝东：岳老师，你现在回答的是哪个问题？

岳海湧：就是他说的“理念”，他问我如何看待这个“理念”。超越的、抽象的那个“理念”，我觉得是存在的。这就是柏拉图典型的关于“理念”的一种的说法。柏拉图坚信，超越所谓的这些现象的、眼睛看不到、摸不到的，只能用辩证思维把握的那个存在。所以关于存在我有好多说法，到底如何理解？是我们的所谓理解的存在和非存在，“非存在”在柏拉图的原话是：它仅仅是不同于存在的一种存在。它哪儿有存在呢？都是我们的“虚空”“虚无”。所以雨果的《九三年》我是非常佩服，是很雄辩的，九三年巴黎胜利，你所说的这个，我相信有，它总是有一个超越的，即世界三理论，我认可柏拉图提的世界三理论。

提问三：老师，我是中哲的学生，今年研一，我想问一下这样一个问题。柏拉图在《理想国》中提到治国者，他把国家分成了三个阶层——治国者、武士和劳动者，各代表着不同的意义；而且我们从大的环境来说，包括现在来说，也能看到西方人把国家的领袖称作“首脑”，而我们东方人把国家的领袖称为

“核心”，从这一点我们就能看出来，西方人遵从的是一种法治的精神，而我们东方人遵从的是一种“仁治”的思想。那么我想问的是，柏拉图的这种思想之所以在东方没有得到一种盛传，或者说一种兴盛，是否与他在思想上与东方的（思想）的一种矛盾和冲突有关呢？

岳海湧：这个为什么会存在冲突呢，如果大家了解我们中国历史，就知道从夏商以后，进入农业社会以后，我们国家周边都是非常落后的游牧、狩猎民族。所以它慢慢形成这种自大、夜郎自大，跟西方没有接触过。所以中国自始至终，一直到清朝末年，只知道一种政治制度，那就是专制。我们看看希腊历史，希腊一诞生就是一个老人，比如它的不同的政体到现在为止还是这些政体，所以你认为柏拉图的思想不在东方盛行是很可惜，因为没有一种交往，因为当时那个环境，我们跟西方没法交流。比如，虽然我们说有大致的来往，但是仅仅是个别的贸易。所以交往史是我将来拟定的要研究东西跨越式的文化交流的目标。

比如西方文化最多就到犍陀罗（现在的阿富汗），现在佛教艺术里的造像艺术就是这样，希腊文明仅仅影响到了犍陀罗（从范围上说）。所以很可惜，希腊的这些我刚才说到的君主制、僭主制，特别是民主制、寡头制，都为中国所不知。所以很可惜，中国慢慢养成了一种自大。比如 arch（我们刚提到的“统治”），我们对它的翻译都存在问题，比如我们在翻译柏拉图的著作时通常翻译成“统治”，比如你刚才说的三个阶层。实际上在原文里面柏拉图用的是 Πολιτεία 和 arch。Arch 的含义仅仅是个“管理者”，就是一个社会必须要有管理者，有被管理者。因为我们已经习惯了这个“统治”的概念，是阶级压迫、阶级统治产生的习惯性的理解，这不适合柏拉图的翻译，是很有问题的。而且我刚才说了，希腊的各阶层是自由流动的，统治和被统治可以是一体的，我适合统治、管理，只能说 arch。Πολιτεία

仅仅是一个民主下的部落的选举式的管理，Πολιτεία 相当于这个，所以现在有些人把它翻译成“王制”，我都不同意。现在国内把“理想国”翻译为“理想国”“王制”或者“国家篇”等，我都不同意。（李朝东：刘小枫老师把这个翻译成“王制”。）王晓朝先生翻译成《国家篇》，这都是把古代的说法用现代的套路。其实当时哪里有国家的概念，“国家”是 1576 年以后的事情，1648 年威斯特伐利亚合约以后才出现“国家”的概念，布丹写的《国家六论》。那时候只能严格地翻译为“共和邦”。Πολιτεία 就是所谓的“共和邦”。我们稍微查查词典，或者懂一点希腊语，就能够知道 Πολιτεία 讲的就是“自由民的共同体”，也就是我们现在讲的“城邦”，“城邦”即是“自由民的共同体”，它只能建立在民主制上。在这几十年里我也讲授过法律、政治以及社会行为，每一个西方政体制度我都讲过，所以刘小枫翻译的“王制”，这个是不合适的。

提问四（李朝东）：好，那我提一个问题，波普尔在《开放社会及其敌人》这本书里，其中对柏拉图的一项批评是这样的：他（柏拉图）的老师苏格拉底有一个著名的观点是自知自己无知，我们每个人的知识都是相对的、有限的，只有神才有绝对的知识，所以苏格拉底说，自知自己无知。柏拉图的笔下刻画出了这样一个苏格拉底的形象，但是，波普尔认为，柏拉图自己并不认为他自己是一个无知者。换言之，在波普尔的笔下，苏格拉底是一个真理的不断追求者，而柏拉图则是自诩为一个真理的占有者。这种真理的占有和真理的追求是波普尔笔下的柏拉图和他的老师苏格拉底之间的一个重要的区别。因为我们知道真理一旦被某个人所独占，而且这种“真理的占有”一旦和权力结合在一起的时候，它就会导致思想和制度上的专制。我想这种对“真理的占有”是波普尔认为柏拉图是一个开放社会敌人的指责的论据之一。你如何看待波普尔对柏拉图和苏格拉底——一个是真理的占有者，一个是真理的追求者——的这种说法？

岳海湧：这是波普尔重点攻击的一个方面。我把波普尔所有的攻击划分为四类，这是非常重要的一个方面。但是我认为他的攻击是无的放矢。我不认为柏拉图在他的著作中体现了这一点，我也看不出来他是“知识的占有者”。但是我认可，柏拉图肯定知道，但是他在书里边故意不表现出来，我觉得这就是他的奥妙，是吸引我的地方。那么，至于他的（所谓“真理的占有”），特别是你刚才说的波普尔所指的真理和权力的结合将会使思想和体制变得更加专制，主要是“哲人王”的概念。“哲人王”就是将权力与真理结合。他说了非常著名的一句话：“除非哲学家成为这个世界的王，或者我们现在称之为王和统治者的人真正成为哲学家，否则，国家的灾难，人类的灾难将没有尽头。”（《理想国》，473d）这就是一个无药可治的社会。那么如何理解他的哲人王的概念呢？的确，权力和哲学必须进行结合。他讲了大量的领悟，但是有一个很关键的点，即哪怕作为知识的占有者，成为了政治家或者统治者，但是对邦民而言，哪怕就是在《法律篇》里也是这样，这就相当于柏拉图的哲人王，这是很现实的。但他也有个前提，即对邦民的领导首先是说服，哪怕你有权力，哪怕你是知识的拥有者，在推行这种政策的时候，并不像波普尔指责的那样，是命令的、强迫的、专制的、奴役的。他有两个首要的原则，第一个原则是必须说服，哪怕是用所谓的“高贵的谎话”，这是作品的原话，讲的是那个黄金所打造的人的例子，我们首先要知道，这是个比喻。第二个原则是如果说服行不通，为了整体的利益，则必须强制。这就是他从哲人王到了法制国的一个转变，我们说这都是一体的，没有什么冲突，它只是在不同的层面上讲。所以说柏拉图他的整个的作品是一个交响曲，它不断地在一个主旋律上奏起的，所以说知识就是善，最大的善，这是他所讲的一个最高的“理念”，所以说这是一点也不矛盾的。虽然柏拉图也说过，哲学就是追求神的智慧，因为相对于人而言，人有高低智力、智商，认识就有高有低，但是比人更高的还有一种存在，这个我就不说了，反正他（波普尔）所批评的柏拉图的那一面，并非如此。

提问五（师庭雄）：我问一个小问题。岳老师，我记得我多年前读柏拉图的书的时候，在谈到“理念”这块的时候，他把世界分成两个世界，一个是可见世界，一个是可知世界。可知世界又分为两部分，第一部分是数学、几何学所组成的部分；第二部分就是理念世界、理念部分。他说数学知识有一个特点是从原理下降到结论，而要进入理念世界，是通过原理直接一步进入理念世界，但他说所用的方法叫作“辩证法”。所以我想请教岳老师的是：柏拉图所理解的“辩证法”到底是怎样的一种方法？

岳海湧：这个问题太专业了。在柏拉图那里，你刚才讲的是他的意见的世界，它是一种线喻，线划分为四个阶段，柏拉图说“辩证法”是最高的。数和理念之间的争论目前来说非常大，这和不成文学说、成文学说之间的矛盾是一致的。因为在晚期，柏拉图在学园里面讲到了这些，他的老学员主要就是研究数和数的理念的。

我认为柏拉图是这样理解的，他将他的理念用数来比喻，也就是说，理念的东西不好理解，那么就用数学的这个“数”的理念、几何的“理念”来描述。我是通过这种方式来理解的：“数”是永远存在、客观存在的，比如他说，1 和不定的 2，1 是统一的，2 是多，一和多的关系。我觉得完全可以这样理解“理念”。所以你说“辩证法”怎么理解，只有通过辩证法才能理解（理念）。所以《理想国》里讲的几个阶段，首先从小的时候开始学体育、音乐，15 岁以后开始学数学，30 岁以后开始接触天文学等等，最后 50 岁的时候才把辩证法掌握。现在我大约知道它和佛教的理论相似，这大概和对“真如”的理解相仿，这个抽象的、理性的对象只能用辩证的思维——理性去分析，超出理论文献的研究。比如我刚才说的“美”，“美”的本质是什么？对这个问题的讨论最有代表性的是《会饮篇》，它是最伟大的对话，我特别喜欢。它讲拾级而上，从美的东西、美的器物、美的制度、美的人，最后到美的本身。因为希腊语说的 Ομορφιά，就是回归到自身的原型，在那时候，美的各方面直接融入美本身了，看到真正的美的原型了，没人再在乎所谓的具体的这个“美”、那个“美”。没有这样的一种拾级而上，没有最后一下——他原话里面讲的，电弧火花啪的一闪——直接理合到一块儿，这个是很神秘的，但是我想一个伟大的思想家肯定有这个经历的，像顿悟就是这样，他经过一段时间，自然就会这样。所以我说王阳明的龙场悟道，我相信有这种情况。当然在他的《第七封信》中主要讲了这个具体的过程，首先是一个“形”，一个概念，一个属类，然后一个“同型”，最后，“知识”。这个知识就是刚刚我讲到的所有知识的融合，融在一起，辩证地整合在一起，最终就达到了理念的层次。《第七封信》里面明确地说了这五个阶段。好，谢谢。

李朝东：我做个回应和补充。我觉得这个辩证法不能任意解释。就像前边岳老师说的，他认为柏拉图的著作里边真正的哲学著作是《巴门尼德篇》，这个我还不能完全同意。（岳海湧：《巴门尼德篇》是论述存在、论述本体论的。）比如说《智者篇》呢？其实柏拉图真正讨论辩证法的是在《智者篇》里，《巴门尼德篇》里他只是提出了八组相反的推论，那这八组相反的推论就形成了一个矛盾，最后如何解决这个矛盾的呢？在《智者篇》里面他又提出了五对范畴，这五对范畴在什么情况下相通，在什么情况下不相通，它作为最高的种之间的这种相通与不相通的关系搞清楚的这种方法就是柏拉图的辩证法。我觉得它不是东方式的顿悟等等这些情况，它完全是概念之间，比如说存在、动静、同异。这是《智者篇》提出来的五对范畴。存在和动在什么样的意义上相通，在什么样的意义上不相通；存在和静在什么意义上相通，在什么意义上不能相通；存在和同，存在和异。这五对范畴在什么意义上相通或不相通的那一套方法体系就是柏拉图意义上的“辩证法”。我觉得不能引申，尤其是不能引申为中国式的顿悟。

岳海湧：你说得对，你刚才提到的《智者篇》和《普罗泰戈拉篇》都属于认识论的，我当时可能没有表达清楚，《巴门尼德篇》主要是讲本体论的。你说这五种范畴是通种论，他提出“通种论”即“分有学说”，如何分有属于认识论的范畴。当然，我们刚说了，不同的概念反复、往复，往往回到同一。当然李校长说的这个是正确的，我没有说，这个拓展开不好答复。

提问六（姜宗强）：从岳老师的演讲可以看出来，岳老师非常热爱柏拉图。你和李校长的对话是两位智者的交锋。请教岳老师一个问题，你刚才提到柏拉图时有一个概括，即法律至上的自由与约束的结合。如果我从字面意思来理解，法律至上的自由与约束的结合，也就是法律至上，法律是第一位的。那么从这一点上，我们如果回到开放社会和封闭社会这个问题上面讨论，我的理解是：开放社会和封闭社会它们最高的价值观是什么？可能开放社会的最高价值观是自由，封闭社会的最高价值观可能就是法律，或者说是纪律。因为苏格拉底的死对柏拉图的刺激非常大，本来柏拉图是对雅典的民主制非常有信心的，但是苏格拉底死后，他倒向了斯巴达这些更强调纪律、法律、军事这样的一类社会组织。那么我现在想请教岳老师的问题是，法律至上的自由与约束的结合，法律能不能是至上的？法律和自由这两个里边，到底在开放社会中是自由至上，法律只是去促进自由的手段，还是法律至上？到底自由至上还是法律至上？

岳海湧：谢谢，首先，你刚刚说的那个判断我不太赞成的。

柏拉图的《法律篇》讲这个问题的时候，他恰恰指责的就是斯巴达的这种制度，他在立法的时候明确反对了所谓的“勇敢”（四美德中的“勇敢”），而斯巴达恰恰是尚勇的。他（柏拉图）在《法律篇》第二卷里面明确地说，他立法的目的，首先是自由，然后是和平，一定要在城邦里贯穿美德，这是他的立法的宗旨。

在展开论述以后，他有一段著名的话，“法律不至上的一个社会将是一个没有指望的社会”，他的原话大概是这样。所以，首先来讲，你刚才说的那个判断是不对的，你提出这个前提是不存在的。因为他明确地说了，自由是立法首要的，然后所有的都是为培养美德，而美德为什么要强调约束呢？就是来克制绝对的自由和无法无天的自由的，所以他强调自由和约束的关系。那么自由的关系怎么样呢？为什么他要写一个《法律篇》来提出法律至上？我们现在讲的开放社会什么时候就没有法律了呢？大概就只能到共产主义社会了。现在西方所能达到的所谓的“法制”，都是法律下的社会，没有一个社会是完全自由的。我们学法律的人都知道，法律的权利和义务本位发生的几次革命的转变。第一次义务本位就是资产革命以前几千年，资产革命开始发生了完全的哥白尼式的革命，产生了权利本位。但是这种权利是个别的、个人的、个体的权利，就导致了马克思所指的自由上升的所谓的资产的自由，这是马克思的表达。到了上个世纪初，开始了整个西方的法律权利的观念变化，这时也强调权利，但强调的是集体的权利，那么到现在已发生第三次转变，按现在的可持续发展来讲，是跨人权的、全人类的一个问题（当然这是我的看法，国内还没有人这么说），把主体建立到人类的共同权利之上，这就意味着只能适应法律全球化、经济全球化，而且以后还有各种全球化。整个社会在政治、经济、文化等方面很开放。也就是说，人类的权利为至上、为本体了。主体不断地在变化，从个人主体到集体主体的权利，像西方就是这么过来的，而我们中国现在实际上还没有个人的权利。像西方它也有个过程。我们一直讲的是集体权，所以说，到底是法律，到底哪个是目的，这就是辩证法。

李朝东：好！我们今天晚上就讨论到这里，最后我再作一个小结。我曾经在一本书的后记里边写过一句话，叫作“赶快上路，赶快思”。我们《中和论道》的参与者中有不同年龄、不同背景的，有老师，有学生；有高年级的学生，有低年级的学生。但是，不管我们是老听众，还是新听众，我们都在一个起跑线上，我们都一起上路，一块去思考。岳老师我以前确实不太了解，今天听了这些以后，知道他在政治学、社会学、法学这些领域里都有非常好的理论修养。更加可贵的是，他超出单纯做法学、社会学和政治学研究的层面，他试图达到一个解释的哲学基础，所以他的哲学修养非常好。关于柏拉图与开放社会，这是他自己的一个思考和体悟。

讲到这个问题，我想起来一个小故事，分享给大家。我先解释一个概念，我在去年最后一次《中和论道》中讲的题目是“怨恨与羞感”。在讨论这个题目的时候，我曾经解释了一个概念——近代。这个概念德语读作 Neuzeit，我们汉语里边翻译成近代，其实它的本义是新时期。新时期是从什么时候开始的呢？或者说中国人理解的西方近代是从什么时候开始的呢？开始于文艺复兴。为什么把这个时候称之为近代或者新时期，因为它在西方是一个学科分化期，而在我们中国变成了一个历史概念。也就是在大多西方思想史，它只有古代和现代。那么近代指的是什么概念？近代指的是在以前或者说在泰勒斯等等这些希腊哲学家出现之前，我们人类对这个世界的解释是一种神话式的，或者我们把这个神话说成是神语文本时期。我们以神话的方式，就是神说话的方式来表达我们人对这个世界的解释。后来，哲学家出现以后，或者说思想家出现以后，我们要把解释权从神那里夺回来，掌握在人的手里。人开始以哲学的或者是科学的语言方式来解释这个世界的时候，我们把它称之为人语文本时期。人语时期这些说话的人包括柏拉图、亚里士多德，等等。

也许是我一开始不负责任的话语的影响，岳老师说他非常尊敬柏拉图，不太看重亚里士多德。其实相对于我来说，这两个人在我这都是同等分量的哲学家。他们都是大思想家。这个时候，没有今天所说的哲学、社会学、政治学、法学这些学科，它就是一个思想的整体。不论是柏拉图还是亚里士多德，都是一个思想的整体。如果真的要有所划分的话，应该是从亚里士多德开始，或者是从亚里士多德死了以后，他的弟子们在整理编辑他的著作的时候，才对他的著作进行分类、命名。这些分类与命名才有我们后来所谓的各种学科。其中最主要的一个就是逻辑学，他们称之为工具论，还有物理学，形而上学。

但是到了近代以后，才逐渐有了分化。到了中世纪，我曾经讨论过中世纪的神学家们专门做三件事。一、研究《圣经》；二、钻研科学、数学和逻辑；三、种地。他们是人类历史上第一批指甲缝里有污垢的知识分子，他们自己劳动。除了研究圣经追求信仰之外，他们还悄悄地研究数学和逻辑。花了一千五百年的时间，西方认为由神学家把数学和逻辑推广到一个非常高的高度。在数学和逻辑这两个最没有使用价值的学科的支撑下，进入到文艺复兴的时候，西方的科学有了一次大爆发。这一爆发以后，科学的材料积累得越来越丰富。就像有一个大家庭里边的儿女们长大了，独立成家了，就要求和爷爷奶奶要分家一样。那么，各门科学就从哲学这个统一的体系里边分化出来。西方人把这个各门学科从人类的知识共同体中分化出来的这个时期，称之为 Neuzeit 。所以我们说 Neuzeit 这个词应该叫作学科分化期。但我们中国人不知就里地将它翻译成“近代”这个概念。

那么为什么要这样翻呢？我记得我上中学的时候，我的政治课老师给我讲过一个故事。据说在文艺复兴时期，英国有一个庄园主非常有钱。有一天他突发奇想，想挑战人忍受孤独和寂寞的界限。所以他贴了一个告示，建立了一个类似水塔一样的建筑，在比人还高的一个地方开了个小窗口，这个小窗口是专门用来送饭送水的。如果谁能在这个房子里面待十五年，出来以后将获得两千英镑。简单说就是让一个人待在一个狭小的、封闭的甚至阴暗的空间里边衣食无忧、吃穿不愁，想要什么都可以供，但是不允许和外界交流。告示贴出去以后好长时间都没有人来应征。突然有一天，有个流浪汉（可能读过一点书，略通文字，但是生活没有着落）看到告示之后觉得这个挺好，有吃有住的，所以他就去了。进去以后，第一天打发过去；第二天打发过去；第三天实在觉得无聊，孤独和寂寞感慢慢地开始涌上心头。但是庄园主答应一切需要都可以满足，唯独不能走出来。所以他就写了一张纸条要求读一本书（类似于我们现在小学生读的一本看图识字类的书）。此后他每天读一本。结果他读书的过程中送出来的纸条越来越多，要求读的书的范围越来越广而且难度越来越大。快到第十五年的时候这个庄园主破产了。庄园主很担心没钱给他，因为西方国家是讲究契约的社会，尤其是近代。庄园主和他的家奴商量此事，他的家奴给他出了个主意，说反正他在这个地方待着，可能也没人知道，不如悄悄把他弄死算了。当庄园主在思考到底如何谋害那个流浪汉的时候，他送上了一张纸条，上面写着："感谢你十五年来的照顾，作为回报，你给我的那两千英镑我赠送给你。"庄园主一听说流浪汉不要钱了，就把他放了出来。放出来以后就问他这十五年来最大的感受是什么，他说是读书。而读书最大的心得是：其实人类的知识是完整的、是一体的，只不过是当它的材料积累到了一定的程度以后，人有限的智慧都无法穷尽知识的整体性，所以我们要把它分割开来，分门别类地加以研究。所以才有了所谓的社会学、政治学、法学、哲学、物理、化学、经济学，知识本来是一体的，我们的对象是一体的。

我们的知识分割说明我们的对象在分割。所以在柏拉图的世界，无所谓开放式社会封闭式社会的问题。开放社会也好封闭社会也好，还是岳老师一开始给我们讲的马克思的社会理论形态也好，这都是近代人把学科划分了开来。学科一划分，谁都要从哲学这个地方或者古代的哲人那个地方找到自己论证思想学术的资源，因此就有了波普尔，他讲他如果把社会划分为封闭社会和开放社会，那么柏拉图究竟是支持者还是反对者，也就是所谓的朋友敌人的关系。那位年轻老师，真问题也好，假问题也好，其实有很多的时候，《中和论道》最大的特点是争论性，所以我也不太同意凡是我们回答不了的问题就是假问题。天国里边玫瑰花有没有刺，天国里面一个针尖可能住着几个天使……这些问题从实证的角度来看确实无意义，它是假问题吗？可是中世纪的神学家讨论了一千五百年。但是有一点，柏拉图的理念正是因为是一块宝石，我记得邓晓芒老师在他写康德的著作的时候曾经说过一句话："康德哲学是一个蓄水池，在他之前的一切哲学都是一条小溪，都流淌到康德哲学这个蓄水池中来。他同时又是现代哲学的出发点，所有的现代哲学都是从康德这个蓄水池中流出来的一个支流"。如果邓老师的这个比喻成立的话（因为当时邓老师沉迷于康德），那我把它借用过来。柏拉图是古代的康德，我们通常也是这样比较的，柏拉图是古代的康德，康德是现代的柏拉图，亚里士多德类似于黑格尔。他们有开放性，主要是把自己创作思想的愿望和生命的激情爆发出来，释放和爆发出来以后，有时候会显得杂乱，这就需要有人把它体系化，亚里士多德和黑格尔都在柏拉图和康德之后分别做了体系化的工作。所以我认为柏拉图就是古代的康德，他的思想里边确实像岳老师讲的，这点我非常赞同——博大精深。但是那个时候没有明确的划分。

我记得有一年，我和我爱人带着孩子去山东爬泰山，然后去孔庙去拜访孔子讲学的那个地方，到那儿需要坐三轮车，蹬车的是个老头。我坐在车上和老头套近乎。我问大爷贵姓，他说姓孔。我说："那你是孔子的后人吧"，他回答是。我问他是多少代，他说74代，孔子直系是79代。我说他辈分很高，他就给我讲了中国的穷大辈——同一个家族里边，如果同时在世，辈分越高的，就说明这个家里边一直很穷。因为直系十八岁就结婚，传得多。穷的家里边二三十岁、三四十岁才结婚，生育迟，辈分就大了。我一听是孔子的子孙，非常敬重他，就故意奉承孔子，我说孔子很伟大，是中国古代伟大的教育家、思想家、政治家、文学家等。老汉听了之后很生气，他停下车让我下来，问我是干什么的，我说我在大学里边教书的。他说你在大学里边教书怎么这么说孔子，我问他哪里说错了，他说孔子只有一个称号：圣人！他认为孔子就是一个圣人，除此之外我们给他任何一个称号都把他贬低了。很长时间以来我都对这件事记忆深刻，但是我今天突然豁然开朗了。其实思想家、教育家、政治家等等这些都是近代学科分类以后的概念，我们在今天把它加给古人，就像我们从社会学、政治学、法学等不同的角度去解释孔子、柏拉图的时候，都是要从他们那里找到自己学科存在的学理基础。

波普尔的策略比较巧妙一些，他提出一个开放社会和封闭社会的区分，然后从古代思想家那里找到适合自己学科发展的思想资源，不过是以反对和批评的态度。但不管怎么说，现代社会确实越来越复杂，它要比古代社会的组织形式复杂得多。思想家在各个领域里提出思想实验，为了找到自己的思想资源来支持它的合理性，这完全是正常的，也是可以理解的。

今天晚上，岳老师给了我们一个非常好的启示，就是认真地读书。我们在大学里边，我一直觉得它就是个修道的地方。以前我给学生打比方说，父母亲被仇人杀害了，这个孩子就身负血海深仇上了少林寺，修上几年功夫成为绝世高手，再行走江湖，实现自己的快意恩仇。而对于我们来说，父母亲也没受过什么委屈，但是我们到学校来就是上了少林寺。安安静静地读书，把自己的“武功”练好以后再去行走江湖。至于闯出什么，有些人可能成为共和国的总理、主席，有些人可能会是金融家、企业家，也有人可能会是学者，那都是以后的发展道路，但是今天我们在这里首先要把自己的功夫练好。中国古人说，“工欲善其事必先利其器”，大学就是一个用知识装备自己的过程。如果说本科阶段是接受知识，研究生就要运用知识形成自己的判断力。光有知识不会判断，不会判断就不会决断，不会决断就不会决策，不会决策就不可能在这个行业和领域里边成为领袖。我那时还在政法学院当院长，曾经在开学时给新生有过一次致辞，题目叫作“伟大的理念培养伟大的人”。从柏拉图这里，从岳老师的讲解中，柏拉图给我们馈赠的最大的财富就是：一个人应该是一个追求理念的人。有了伟大的理念，我们的人生才不会迷途，才能找到自己明确的目标。好了，我们今天晚上就讲到这里，谢谢大家！

（主讲人：岳海湧）

第四讲　魏晋玄学的历史图像

姜宗强：又迎来了我们《中和论道》的时光。今天群贤汇聚，我就从嘉宾席这头按顺序来介绍：马克思主义学院的书记符得团；教育学院的院长赵明仁教授；科技处的处长莫尊理教授；文学院的院长韩高年教授；传媒学院的院长徐兆寿教授；还有省社科院的哲学所所长谢增虎教授；当然我要隆重介绍的就是咱们《中和论道》的创建人李朝东校长，正是他的亲力亲为才促使《中和论道》有今天这么繁荣的局面。

接着我要介绍的是这次演讲的嘉宾谢大宁先生。谢大宁先生是台湾师范大学文学博士，主修中国哲学，师从当代新儒家牟宗三先生，曾任台湾中正大学中文系教授、系主任，台湾嘉义社区大学校长，民主行动联盟总召集人，现任佛光大学佛教学系及中国文学与应用学系教授，佛光大学国际两岸事务处国际长，两岸统合学会秘书长。谢大宁先生专精于中国哲学、中国思想史、佛教思想、传统经典诠释以及传统思想现代化议题等学术领域，代表著作有《历史的嵇康与玄学的嵇康》《顿悟之道》等。这是比较官方的介绍。再来一点私人的，当我今天第一次见到谢大宁先生的时候，有一句话突然涌现在脑海，叫作有朋自远方来，不亦乐乎。实际上谢大宁先生是我们的老朋友了，因为大家知道，他和李朝东校长在咱们的研究生交流方面做了很多工作，所以每年我们学校都有一定数量的研究生到佛光大学交流，像咱们学院中哲的、伦理学的、宗教学等专业，每年都有好多学生去台湾。在2013年的时候，谢大宁先生就来过我们学校，当时给我们做的是“牟宗三先生与中国哲学”的讲座，所以他是我们的老朋友了。今天他带给我们的精彩的演讲就是“魏晋玄学的历史图像”。大家用热烈的掌声欢迎他！

谢大宁：李校长，还有各位领导、在座的各位嘉宾、各位同学，大家晚上好！非常高兴再度有机会来到这里，我记得上一次我来这里作讲演的时候，也是这么多的朋友来捧场，当时我曾经开过一个小玩笑，今天我还是有同样的感触，在台湾要办这种学术演讲是件累死人的事情。在台湾办这种学术演讲，我们常常开玩笑说能够来五个人就叫作满场，能够来十个人就叫作爆满。今天我不晓得是五位、十位的多少倍，非常非常感谢各位的光临。我来到这里之后也有点紧张，这么多朋友来听我讲。那我们就言归正传，很高兴这次来西北师大进行交流，佛光大学跟西北师大的交流已经很多年了，这些年来西北师大一直是和我们来往最密切的学校。

在这个过程当中，我感受到西北师大的学风。如果我没记错的话，从抗战时候起，从西北联大、西南联大这个历史下来，西北师大就是个非常有学术氛围的地方。虽然从台湾的角度来看，在台湾现在有些年轻朋友看大陆，经常搞不清楚状况，以为说到了甘肃就是什么荒凉偏僻的地方，但是我知道西北师大是一个学风非常好的地方。

这是一个看起来，对中国哲学的研究者而言有点冷僻的题目。大家知道魏晋玄学在中国传统思想里头算是几个重要的部分之一，另外包括先秦哲学，包括两汉的哲学，包括宋明，包括隋唐的佛学。这些中国传统思想里的几个大的领域，在今天的中国哲学研究里头，基本上我们可以说是显学的部分大概在先秦的部分，在宋明的部分。这些领域的大师，一般人知道的是比较多的，但是魏晋玄学相对而言是一个比较冷僻的学问。

在座的各位我不晓得曾经接触过魏晋玄学的人有多少，大家对于这方面的知识性的内容可能所知不是非常多，不过我今天看到这么多朋友愿意来听这样一个看起来有点冷僻的题目，实在非常感动，当然也有点惶恐。我今天为什么要选择这个题目呢？我知道在座各位对于魏晋玄学的实质的内容，它的知识性的内容，可能了解的不是很多，我也不可能用这样一个讲演的时间跟各位来介绍一下整个的魏晋玄学，但是魏晋玄学这样一个题目成为中国思想研究里的一个重点的科目，这个科目的历史其实不能算很久。当然广义地来说，整个中国哲学的研究进入到现代的专业性研究其实时间也都不久，当我们用中国哲学，用“哲学”这两个字来称呼的时候，它其实还是近代的事情，甚至在座各位可能晓得，哲学这两个字还不是我们中国人创造出来的。

“哲学”这两个字是谁创造的？其实是日本人创的。日本人是把西方的 philosophy 这个词翻译成哲学，然后用了一个很典雅的中国古典的名字，就是用的《尚书》里的这个“哲”字，哲者智也。当然大家能够回到《尚书》里头去看，也就是所谓的哲学就是智慧之学。中国哲学这门学问开始的时间也很晚，最早我们说中国哲学可以称之为一门学问恐怕连晚清都不能说，大概要到民国时代，这个学门才真正成为一个学科。

而魏晋玄学作为中国哲学的一门子学科，这个学科开始的时间大约也超不过民国二十年左右。民国二十年也就是大概 1930 年左右，离我们今天还不到 90 年的时间。可是话说回来了，我要跟各位提的一个状况，就是在中国哲学里头创建这门学科的是一位前辈老先生，这位老先生在座各位可能很多人都知道他的名字，他就是汤用彤先生。汤用彤先生也许年纪大了一点，年轻朋友可能不知道了，但是他的公子可是在大陆的中国哲学界赫赫有名的汤一介先生。汤一介先生可能在座各位知道的会比较多一点，汤一介先生前几年才刚过世。汤用彤先生创建这门学科，当初是在一个因缘之下，他其实是对佛教史的研究很有兴趣的，我们都知道第一本成规模的中国佛教史是汤用彤先生写的，而且是《汉魏晋南北朝佛教史》，这部书是汤用彤先生的一部名著。但是他在作佛教史的研究的时候，就不得不触及一个重要的问题，因为佛教从印度传入中国，经过一段很长的时间，大概在东晋之后它才被中国的知识界所普遍接受，然后中国的知识界开始进入一段佛学的研究的过程，而扮演着接引佛学进入到中国的知识圈子里的一个关键性的角色就是玄学，它具有这样的一个接引的效用。所以汤用彤先生因为碰触佛教史，他不得不去碰触另外一个大问题，可是这个问题在中国传统的学术里头虽然有一些基本的看法，但是这个基本的看法并没有形成一个知识性的架构。我们传统的想法说何晏跟王弼是创造玄学的人物，可是这两个人在中国传统学术相关的评价里并不很高。

我们常常讲说他们造成了什么？说他们造成了这种看法，认为由于魏晋玄学造成西晋的一些乱七八糟的现象，所以有西晋的五胡乱华，在这个过程里头玄学扮演着一个关键性的角色，换句话说，在传统的学术里头，认为玄学是一个什么？一个会导致亡国的学问。所以这个学问看起来价值并不很高，在中国传统的学术圈子里头并不太把它当回事。但是汤用彤先生因为接触佛学的研究，而涉及到了玄学。于是他很花功夫地帮魏晋玄学建立起了一套知识的规模。这一套规模的建立大概在民国二十年的前后，就是1930年的前后，但是奇怪的是从1930年到现在，魏晋玄学的规模几乎没有改变过，汤用彤先生的思想依然统治着今天的魏晋玄学研究，这在中国传统的哲学研究当中，几乎是一个绝无仅有的现象。各位想想看，关于先秦思想的研究在中国哲学界里头改变过几次？它的基本的典范改变过几次？宋明理学在研究时它的典范改变过几次？但是魏晋玄学居然在90年的时间里，在这个圈子里头它的典范没有改变过。

这是一个很有意思的问题，为什么会造成这个样子？其实汤用彤先生所提出的这套他对于魏晋玄学的看法、他的这套典范不是没有问题，可是为什么大家没有注意到这当中的问题，而能够让这个典范持续影响90年，一直到今天。我甚至这么跟各位说，今天大陆上做魏晋玄学研究的朋友大概有一半以上，我们都是老朋友了，到现在为止依然还在汤用彤先生的那一套思路当中讨生活。当然，在座各位可能不太了解汤用彤先生的思路到底是怎么回事。

那我今天特别把这个问题提出来，然后提供一点我个人对于这个问题的一些看法。我的目的是希望在这里，让各位看到魏晋玄学这一门知识具体的内容，这个具体的内容我不可能用这么简短的时间跟各位作比较完整的说明。我是希望借这个机会，看到一个学问的历史图像的形成，而这个历史图像形成之后，在它的发展过程当中，到底发生了一些什么样的事情，为什么会让这样一个知识架构一直持续。我跟各位说句真心话，汤用彤先生所提供的这套知识架构其实每个地方都问题丛生。当然我的目的可以先在这里跟各位提出来，我的目的是希望借这个机会让各位看到，在一个学术研究中，你即使是在面对一个典范人物也要敢于挑战。我讲这个话毫无冒犯汤用彤先生的意思，学问是一代代相承的，所有的学问一定会有继承的这一面，但是它也有发展的这一面，可是我们也要看到，当某一个典范形成的时候，你要挑战典范，当然会有许多压力。因为一个典范形成总是有一位了不起的代表性的人物提出了一套架构，这套架构你要真的颠覆它，那你真的得花一点心思。

但是我们怎么样在一个典范人物所形成的一套学术典范当中，自己可以逐渐地去发现问题，然后从这个发现问题的过程当中，我们试着去走出自己的路子，我想这一点对于学术发展是非常重要的。我今天再强调一次，我今天无意在这边唐突前辈人物，前辈人物的历史价值已经在那里了，那是历史发展过程当中的一个阶段性的重要的贡献。但是我们的学术还是要继续往前走，我们怎么样可以踏着先贤先烈的足迹持续地往前进展，这是我今天在这边作这场报告的一个最重要的目的。

以下我就想先用尽可能简短的时间跟各位提一下，这一整个的魏晋玄学的历史图像到底出现了哪些问题，然后我希望能够保留一点时间跟在座的各位有一些直接的互动。

魏晋玄学这一门学问，可以说是中国传统思想发展当中时间最短的一段，即使是采取的最宽松的计算的方法，它的开始的时间大概在西元 250 年前后。就是曹魏时候的正始年间，曹魏“正始”这个年号不是专业的人恐怕不太清楚，“正始”这个年号就是齐王芳的年号，曹魏前头两个皇帝，第一个皇帝是曹丕，然后是他的儿子曹睿，然后就是曹睿的儿子齐王芳，他没有庙号，为什么？因为他已经被司马懿给干掉了。

在那个时候，也就是在西元 249 年的时候，在曹魏里头发生了一场中国历史上非常有名的政变，就是司马懿通过高平陵事件把曹魏政权从曹家转到了司马家，从此之后开启了司马家的时代。从那一年到司马炎的篡位，创立晋朝是西元 275 年的事情，这是大概几个关键性的年代。那么在这一段时间里头我们说中国的传统思想从先秦转到了两汉之后，进入了一个新的时代，就是魏晋玄学的时代。而一般社会的看法就是中国传统的知识界的看法，认为魏晋玄学是对两汉的一个翻转，套句民国以后的学术术语：魏晋玄学是对两汉思想的反动，魏晋玄学展开了另外一套。另外一个常识性的观点就是认为说，魏晋玄学是一套道家思想的复兴。因为从魏晋之后有一部书突然之间冒出来了，这一部书当然不开始于魏晋，就是《庄子》这本书。在中国学术发展当中有一些很奇怪的现象，各位都知道秦始皇的焚书，秦始皇焚书事实上并没有把所有的书都烧掉，我们都知道大约在汉武帝之后，大概先秦的大部分的书又回来了，当然我们知道也丢掉了一些。现在我们从很多出土材料里头才知道，还有一些东西在秦始皇焚书的时候的确不见了，但大部分的书都还保存着。《庄子》这部书也是这样子。《庄子》这部书是战国期间的一本书，可是各位有没有觉得很奇怪，《庄子》这部书在两汉里头几乎没有人研究，我不是说没有人读，两汉的学者或者是那些文学家们引用《庄子》里头的故事，这事情是有的，但是《庄子》并没有被当成一个学术的课题。如果各位对于中国传统思想的发展有所了解，这是其中一个奇怪的现象。

《庄子》这部书突然在某一个历史时刻跳出来，那个历史时刻是什么时候呢？那个历史时刻笼统地说就是在魏晋玄学开始之后。这个玄学的“玄”字讲的是什么？为什么你们把它叫作玄学？读过相关资料的人，大概也有一个印象，这个“玄”字是来自于三本书的名称，在汉朝的时候，这三本书称之为“三玄”。这三本书是《易经》《老子》和《庄子》。

这是我们一般的对于所谓魏晋玄学的一个笼统的概念，这是一个很笼统的印象式的认识。我们大致上有一个历史的图像，大概在汉朝末年的时候到曹魏期间，有几本书突然被强调出来了，是《易经》《老子》和《庄子》。可是《易经》的被强调，熟悉中国哲学的人大概都知道，《易经》的被强调是从汉朝就开始了；《老子》这部书，在汉朝初年的时候，研究《老子》这部书的还比较多，但是汉武帝独尊儒术之后，研究《老子》这部书的人就几乎不见了；研究《庄子》这部书，庄子这个人在《史记》里头有记载，也记载了他的一些文章，但是在整个汉朝里头也很少人去碰触它。为什么这三部书会被凑到一起？这三部书的性质一样吗？为什么被凑到一起？的确，从晋以后，《庄子》这部书在中国传统思想当中发挥了非常大的作用。《庄子》这部书是很重要的一部书，了解中国传统文化如果只从儒家的孔孟去了解的话，恐怕会有一个偏废的层面。尤其是我以前在中文系上课的时候，常常开玩笑式地讲一句，我说如果你不懂庄子的话，趁早离开中文系吧。因为要了解中国文学，要是不懂《庄子》的话恐怕有很多东西你就学不下去了。

《庄子》这部书在中国传统、特别是在艺术精神、艺术思想的这个层面上头，发生了非常重要的影响。而这个影响开始的年代我们至少可以确认大约在晋以后，可是如果你现在回到一个历史图像作一个比较精确的定位的话，你就会发现有很多怪事。我们说道家思想在中国不见了，突然之间从知识分子的思想当中不见了，是开始于汉武帝的独尊儒术，这句话也许有点道理，至于细节上有没有问题我们姑且不论，但是道家思想在中国是什么时候又重新回来的？我不晓得在座各位，好像听说大多数都是哲学系的，不管你学的西哲还是中哲都算本行，那这个问题我不晓得各位有没有去想过。

道家思想突然从中国销声匿迹，在东汉时候，我们今天流传的东汉的所有的著作里头，没有对《庄子》的注解，有对《老子》的注解，我们今天大概相信，对《老子》的注解有两部书，一部书是叫作《老子河上公注》，大概我们今天一般做考证的人，相信它是出自于东汉的作品。可是这一部书讲的是什么？讲的是养生，而不是我们一般所理解的道家的思想。还有另外一部书跟甘肃有大的关系，是从敦煌里头挖出来的，是《老子想尔注》，我们相信大概《老子想尔注》的时间跟《老子河上公注》差距不大，它究竟是不是东汉时期的作品不知道，但是应该差距不大，这一部作品的内涵跟《老子河上公注》也差不了多少。

那么道家思想从西汉的时候不见了，它怎么又冒出来了？一个思想总不会凭空冒出来，尤其是它在一个传统当中消失了，我说的消失的意思不是说某一些作品没有人去读了，其实我们今天看到东汉时期的一些文学家，你比如说像张衡，他们的文学作品里头引用到《老子》这部书的或者引用《庄子》里头一些典故的情形是存在的，但是它真的不曾出现在知识分子思想的研讨当中，整个东汉时期的知识分子最喜欢研讨的思想是关于《易经》的，《易经》的问题讨论的很多。我们都知道《易经》学问里头有一套叫作象数之学，那主要是东汉时期的一些思想，可是老子思想不是。那它为什么出来？这是个怪问题，但是你仔细想一下，这是需要去讨论的。好了，然后再下来事情就出来了，如果你顺这个方式想下去，你会发现，我们今天很多人都认为魏晋玄学是开始于何晏跟王弼，可是何晏跟王弼你去翻他的所有的著作，何晏跟王弼所讨论的只基于《易经》跟《老子》。有人说不对，王弼有一个思想很有名叫作“言不尽意”，说这个思想他引用了庄子的典故，就是“得鱼忘筌”的那个典故，所以王弼一定读过《庄子》。王弼读过《庄子》是一回事，“得鱼忘筌”这个想法只是一句很普通的成语，并不代表王弼的思想就是从《庄子》来的，“言不尽意”的这个思想在《易传》里头就有，所以不代表这个思想是来自于《庄子》，所以王弼的思想或者何晏的思想只讨论了《易经》、讨论了《老子》，《庄子》这部书还是隐形的。好，你再更仔细一点地去追究，我现在讲的这件事情看起来是零零散散的，但是你现在试着顺着我这些线索，你去想一想这当中可能的问题究竟出在哪里。《庄子》这部书在何晏和王弼的身上是找不到的，《庄子》这部书是从谁开始出现的呢？从嵇康开始出现，嵇康从来不研究《庄子》的思想，嵇康有个好朋友叫作向秀，干了一件无聊事。什么无聊事呢？替《庄子》作注解，做完注解之后他就很高兴地把这部注解拿给嵇康看，结果被嵇康这个好朋友把他臭骂了一顿，他说你这个人真无聊，《庄子》这部书重点是在我怎么把庄子的精神活出来，谁要你去当那个学究。《庄子》重新进入中国的知识分子的思想脉络是从这个事件之后。

好了，大家的历史图像可能目前还是凌乱的，但是我跟各位把一些年代接一下，何晏跟王弼都死在249年这个关键性的年代，何晏是因为那一场政变被杀的，王弼死在那一年秋天的一场瘟疫当中，两个人都死了，王弼死的时候，只有24岁，年纪非常轻。嵇康这个人的年纪比王弼大，嵇康比王弼大3岁，但是在249年之前，从来没有关于嵇康的什么记录，嵇康是个什么样的人物呢？嵇康是曹家的女婿，在这之前因为当上了曹家的女婿所以做了一个闲置的小官，反正可以过养尊处优的日子，然后在西元249年的那一场政变之后，曹家失势，曹家失势之后嵇康也就糟糕了，因为曹家被司马家一锅给端了，端掉了之后他就干嘛了？就一个人跑到山阳县那边去隐居起来打铁去了。以前的好日子过去了，他隐居到那里去之后，怎么排遣自己的生活呢？他说我要把《庄子》这部书活出来，于是他每天过的是那种我们现在所知道的、熟知的魏晋名士的那种生活。过着一种隐居不问世事的生活。嵇康这个人我暂时不说，因为嵇康这个人是非常复杂的。

我现在只是在给各位串接一些历史图像。很好玩的事情是，我刚刚说嵇康大王弼3岁，可是历史上没有任何的记载，嵇康跟王弼没有任何往来，也没有任何相关的学术讨论，王弼所讨论的所有的学术课题，在我们现在所看得到的《嵇康文集》里头没有任何记录。换句话说，嵇康跟王弼好像是活在不同时代里头。好了，我现在给各位挑出来的是一些漏洞。这些漏洞是，第一个，道家思想在汉武帝独尊儒术之后，几乎被从中国传统思想当中清除。道家思想如何重新回来？第二个是王弼和何晏，如果按照我们一般的说法，王弼和何晏创造了魏晋玄学，是对两汉思想的反动，反动在哪里？它到底反动在哪里？很多人会马上回答这个问题，他说什么？汉朝的学者很喜欢讲什么？讲象数，《易经》——《易学》的象数。王弼的《易学》重点是在一个专有名词叫作扫象，什么叫扫象？就是要把象数丢掉，不再用象数来讲。

可是如果熟悉《易学》发展的人大概就知道，《易学》在中国传统思想的发展当中，从东汉末年，这一种扫象的风气是逐渐形成，不是王弼个人的独创，王弼可能是把扫象的气氛推到最极端的人，他并没有真正离开过这一个东汉思想的脉络。这是另外一个值得怀疑的地方。

何晏王弼，我刚刚说只讨论了《易经》跟《老子》，《庄子》是在一个非常突然的因缘当中重新出现在中国知识分子当中，我刚刚说的嵇康这个人，而嵇康的思想跟王弼一点关系都没有，如果各位不信我这番话，你今天晚上回去就把嵇康的集子找出来，你从头到尾翻一遍看看，如果你可以找到任何一个主题，是王弼也讲的嵇康也讲的，那就算我输给你了。这是一个很奇怪的现象。如果如我们一般所讲，说何晏跟王弼在当时是学术界的领袖，嵇康是什么？嵇康是继王弼之后，学术界的最重要的一个人，他们两个人差距多少？嵇康被杀的时间大概在王弼死后的十年，确实的时间我记不太清楚了，大概十一二年左右嵇康被杀，也就是说他们的时间应该算是同一个时代，两个人的年岁差三岁，可是两个人的思想一点交集都没有，两个同为学术界的领袖，这种情形可能出现吗？但是我们今天的魏晋玄学的历史图像是什么？汤用彤先生给我们的一个历史图像是这样子的，我跟各位简单地说一下汤用彤先生给我们的这个历史图像。他在解决这几个问题，他说第一个，从东汉末年有一个道家复兴的运动，这个道家复兴的运动是怎么发生呢？汤用彤先生的考证功力很厉害，他找到了一个很重要的历史证据，这历史证据是什么？大家读《三国演义》的时候都知道，有一个人叫作刘表，刘表在荆州对不对？刘表这个人身边有一个学者，名字叫作宋衷，不是要送谁回老家的意思。他说宋衷这个人是当时在荆州最有名的一个学者，然后他就创造了一个新的学派，汤用彤先生就给他一个名字，叫作荆州学派。他说道家复兴运动就是由宋衷的这个荆州学派所创造出来的。台湾有另外一位学者很不识相地打了汤用彤先生一个耳光，也是一位很有名的做考证的学者，他把我们今天所有搜罗得到的有关于宋衷的著作，今天透过所有的魏书什么的，能够找得到的宋衷的著作都找出来，找出来之后他证明了一件事情，宋衷的学问跟当时主流的经学学者的学问几乎没有任何差别。

换句话说，汤用彤先生所给出的回答，为了解决道家思想怎么又重新出现在中国的学术发展历程当中，为了解决这个问题，于是他搞出了一个所谓的荆州学派，这个回答被整个掀翻了。因为我们今天所有可能找得到的史料都发现，这个荆州学派是汤用彤先生夸张出来的一个东西。因为他讲荆州，这个东西引起我们很多的想象空间。为什么呢？这不只是说我们读《三国演义》的时候，而是稍微了解那一段时间的中国文学发展的人，大概都听过所谓的建安七子。

建安七子应该很有名，建安七子里头有一些人出生于荆州，所以他认为说跟荆州挂上线就可以找得到一条线索去解释，可是这条线索究竟能不能成为一个线索？坦白地说，汤用彤先生的历史图像，很重要的是他要替他的整个魏晋玄学奠定一个基础。他首先必须要在历史上解释一个问题，就是道家思想如何重新回到了知识分子的思考当中。可是坦白讲，他的这种寻找的方式是不成功的，也就是说这个历史图像到目前为止这里还缺着一角。道家思想怎么回来的，怎么回笼的？为什么老子思想又重新回笼？各位都知道老子思想重新回到中国知识圈子，有一条路径就是我刚刚讲的那两本书，一个就是《老子河上公注》，这条路是跟民间的道教比较相关，很不幸的是道教因为用了这个“道”字我们就很容易把他跟先秦的老子、庄子连在一起，但是各位如果回去仔细地找一点史料你就会发现东汉时期所谓的道教，跟先秦的老子、庄子的思想根本没什么关系。东汉时期道教的背后主要是两汉时期的许多地方的方术，一些民间的方术，各种各样的方术，就是《史记》里头所讲的医卜星象等一些方术的后续。包括当时的有一部很有名的、在后来黄巾之乱的过程当中很起影响的一部、在东汉时期很著名的一部书、在民间社会很著名的一部书叫作《太平经》，它们的内涵其实是很一致的，就是中国民间方术的大集合，这跟道家思想，跟先秦的老子、庄子的思想没什么关系。

第二个问题就是何晏跟王弼开始讨论《老子》这本书，这是很奇怪的，他们俩为什么要去讨论这本书，这本书已经在中国学术界里头消失了几百年。各位要记得两汉加起来有多少年？400 多年。400 多年没有人讨论的东西突然之间冒出来你不觉得很奇怪吗？这个脉络是什么？汤用彤先生试着去解决这个问题，于是他就试图去创造一个所谓道家复兴的运动，他为了坐实这个道家复兴的运动，就创造了一个所谓的荆州学派。可是关于这个荆州学派，有一篇文章在台湾的中研院历史语言研究所的学报里头，你可以去找得到的，它的篇名叫作《季汉荆州经学》。各位如果把这篇文章找出来仔细读一下就知道，那些所有的史料我们都是自己可以复核一遍的。当你复核过那些史料之后，你会发现汤用彤先生的这种讲法根本是无稽之谈。

对一位前辈学者用这句话讲也许有点重，但是如果各位仔细读一下那篇文章，各位就知道荆州学派绝对是汤用彤先生凭空想象出来的东西。荆州学派，荆州的经学和东汉的经学相比，没有任何特殊的地方，至少就我们今天所有能找到的史料来看是这样，而且那个史料不是只有一条两条，我们今天还可以找到一批史料，这批史料找出来之后，你就会发现一点特殊的地方都没有，就是他自己想象出来的。

既然没有一个道家思想的复兴运动，魏晋玄学怎么出来？另外还有我刚刚讲的很重要的第二个漏洞，这第二个漏洞就是如果何晏跟王弼创造了在中国历史上可以称之为一代思想的魏晋玄学，那么同样作为学界领袖，当然何晏王弼作为学界领袖的时候，嵇康还默默无闻。可是就在何晏跟王弼过世之后，嵇康很快就取代他们成为知识界的领袖，我们甚至这么说，为什么司马家非杀嵇康不可。这里我顺带说一句题外话，很多讨论魏晋玄学的人讲一句话说，为什么会有魏晋玄学这种比较消极的思想出现呢？这是因为当时天下大乱，所以知识分子经常会面临政治的压力，会因为政治上的因素而被杀掉，人命无常，所以他才会向往于道家的思想，这也是一个常识性的观点。

可是如果各位回到那一段历史仔细看一看，中国历史上有好多个时代，你比如说明朝那个时代，知识分子那才真的叫作人命无常。我常开玩笑说，王阳明都会被太监抓去打屁股，差点儿打死，连王阳明这样的人都被打，那是一个多么荒唐的时代，但是明朝没有出来道家思想。然后我还开玩笑讲，魏晋那个时代人命无常，我问哪个时代人命有常？天底下哪一个时代人命有常？你再仔细去看一看，知名的知识分子因为政治因素而被杀，在魏晋那一个时代其实相对的是少的。最有名的一个被杀的知识分子就是嵇康，司马家为什么要杀嵇康？坦白讲嵇康有必死的理由，两个理由，第一个理由是什么？他是曹家的女婿，第二个理由，这个家伙不知道自我收敛居然变成了学界的领袖。

当时的太学生几乎都向往嵇康这样的人，我们开玩笑讲一句话是自己找死，所以嵇康在政治上有必死的理由。司马家一定要杀他。司马家为什么要杀他这个问题不在我们今天讨论范围之内。嵇康是取代王弼之后的一个最重要的学界领袖。但是嵇康只讨论《庄子》，嵇康从来不讨论《易经》跟《老子》。各位回到

《嵇康文集》里头去找，嵇康从来不讨论《易经》跟《老子》。王弼跟何晏只讨论《易经》跟《老子》，从来不讨论《庄子》，这不很怪吗？汤用彤先生给我们的历史图像是把它定位成魏晋玄学，这叫作易老庄三玄之学，这个叫作魏晋玄学。各位再仔细看看，从西晋以后《易经》跟《老子》的相关讨论几乎销声匿迹。在西晋以后所讨论的几乎都集中在《庄子》身上。

我今天跟各位讲的这些都是史料，你们都可以自己去找出来。这个现象不奇怪吗？你把《易经》《老子》《庄子》这三部书全部放在一起，当作玄学的核心，认为这三部书它们是关联在一起的，背后有一整套思想，汤用彤先生给我们的历史图像是什么呢？就是魏晋玄学。汤用彤先生把它分成三个时期，当然也有人追加了一个时期即第四个时期，但是基本上还是以汤用彤先生说的三个时期为准。哪三个时期呢？

第一个时期叫作正始玄学。正始玄学就是何晏跟王弼在曹魏正始年间所讲的玄学。第二个玄学阶段就是何晏跟王弼死了之后，出现的第二个玄学的阶段叫作竹林玄学，竹林这两个字是因为竹林七贤，大家大概都听过“竹林七贤”，历史上的图像说这七个人一起隐居，可是这七个人的年岁差距非常大，年岁最大的是嵇康的一个好朋友，嵇康后来写过一篇很著名的文章叫作《与山巨源绝交书》，这篇文章所讲的另外一个主人翁叫作山涛，那是嵇康的好朋友，也是我们传说当中的竹林七贤里头的人物之一。

假如说以竹林七贤一起隐居的那个年代来看，山涛已经是60岁了，可是竹林七贤里头当时年龄最小一个人叫作王戎，那个人是个15岁的毛头小孩子，这七个人一起隐居各位觉得可能吗？如果你再去查一下资料就会知道，嵇康的好朋友有三个，一个叫山涛、一个叫向秀，还有一个叫阮籍，这三个人都有资料证明跟嵇康相处，可是竹林七贤里头另外还有别的人，比如说大家都听过的，中国有一个最出名的酒鬼叫作刘伶，刘伶这个人跟阮籍是好朋友，但是没有任何记录说刘伶这个人跟嵇康曾经在一起。还有一个是阮籍的侄儿叫作阮咸，也没有人知道阮咸什么时候跟嵇康在一起。所以关于竹林七贤的这些历史记载是很成问题的，这个问题不是我们今天要讨论的重点，但是在汤用彤先生所给的历史图像当中，竹林玄学是继正始玄学之后的第二个阶段。而且在汤用彤先生给我们的历史图像当中，魏晋玄学最重要的阶段就是这两个阶段。

第三个阶段就是进入到西晋的元康玄学，那一段玄学基本上只是继承着竹林玄学往下走一步，代表性的人物就是郭象。我们今天只要读《庄子》都不能离开的一个注解本叫作郭象的《庄子注》。郭象就是这一段玄学的代表性的人物，第三阶段不重要。第一阶段跟第二阶段的魏晋玄学，这两个玄学就是汤用彤先生给我们的历史图像。可是居然出现了一个问题，如果第一阶段的正始玄学的代表性人物叫作王弼；第二阶段的竹林玄学的代表性人物叫作嵇康。那么各位发现了这个历史图像当中的矛盾吗？也就是说第一阶段的正始玄学跟第二阶段的竹林玄学的两位代表性人物，他们两个人的思想一点交集都没有，各位不觉得这当中很成问题吗？今天我把这几个问题给各位凑在一起，这说明什么？在我们的看法中，汤用彤先生所给我们的一个有关于魏晋玄学的历史图像，基本上是一个空的、是一个没有根据的、是一个连不起来的历史图像。可是怪事就发生了。这么奇怪的事情，90年了，两岸所有的魏晋玄学的学者没有一个人提出挑战。可以这么说，我是魏晋玄学90年以来第一个向汤用彤先生这个历史典范发出挑战的一个人。（大家鼓掌）

我想这个掌声不是鼓励，只是觉得看到一个怪人，居然敢跟一位学术前辈先生提出这个挑战，可是我刚刚所讲的这几个疑点不是非常非常重大的疑点。如果你仔细地考量过汤用彤先生所给我们的魏晋玄学的这个完整的历史图像，这个历史图像居然是奠基在没有任何可以找得到具体的基础东西的基点之上，你不觉得奇怪吗？更奇怪的事情是，为什么这一个学圈里的人居然在这些问题面前，却不知道提出挑战，问题出在哪里？这个问题到底出在哪里？我一开始跟各位报告说，我讲这个东西绝对无意冒犯汤用彤先生，作为一位前辈的学者，他能够从佛学史的研究当中发现到他必须要去碰触魏晋玄学，因为它很关键，中国佛学的一个转变的关键就来自于印度龙树菩萨的般若学进到中国的思想里头，也就是在东晋后期的六家七宗的出现，般若学对中国传统的巨大的影响，任何熟悉佛学的人都知道。

但是中国人在吸收龙树菩萨思想的时候，在东晋时期有一个很有名的、所有学中国哲学的人都知道的名词，叫作格义。“格义”这个词是什么意思？就是用中国传统的思想去理解龙树菩萨的思想，在当时出现的是这样的一个氛围。那么那个所谓的“格义”的最核心的东西是什么？就是魏晋玄学里头关于庄子的思想。换句话说，处理中国佛学史，必须处理魏晋玄学，魏晋玄学是一个必经的东西，否则我们无法理解为什么中国人会把般若学理解成这个样子。中国人理解般若学的方式，跟印度原本的般若学的脉络并不完全一致。那中国人为什么会把它理解成这个样子？当然有中国思想里头的一个特殊因素，而且古人已经告诉我们，我们当时的学者就是用格义的方式在处理这个问题，格义就是运用玄学的思想在格义，而玄学思想的核心是《庄子》，所以我们要根据《庄子》来讨论这个问题，你就必须去考虑庄子的思想是怎么重新出现在中国传统思想的脉络当中的，所以这个问题是很重要的。汤用彤先生处理这个东西，代表他慧眼如炬。从这个角度上来讲，他的历史地位毋庸置疑，可是他所提供给我们的思想，那一幅历史图像其实是很成问题的。其实这句话还有另外一个层次的意思，同样的道理，在处理中国哲学史的时候，很多阶段的中国哲学史是怎么发生的，比如说宋明理学是怎么发生的，坦白讲到现在为止，我个人认为还没有给出一个很理想的答案出来。有一些常识性提法，但是那个提法是不是真的靠得住，其实是很成问题的。同样的道理，有个问题在这 20 年的学术界讨论了很多，就是从明代的学术如何过渡到清朝的学术，争议很多，这些年有一些其他的学者也提出一些其他的看法。吵架吵得很凶，但是到目前为止，坦白说这依然是一块不清楚的领域。换句话说，中国传统的这一部哲学史，每一个阶段的哲学的发生究竟背后的原因、历史脉络、那个历史图像是什么，其实有很多很多疑问存在。这些疑问都有待我们去进一步地突破。

我今天只是提供由汤用彤先生所提供给我们的魏晋玄学的一幅历史图像，而这一幅历史图像我试图把它拆掉。我够不够分量真的把它拆掉这是另外一回事，但是在座各位如果你认为我刚刚所说的，（虽然这些的确都牵涉到了一些专业知识的问题，也许不是各位所学的主题所在，但是这不是我今天要表达的重点）这样子的一个历史图像出现了，我们是不是应该有更强的一种自我反省的能力，我们自己可以勇于去挑战某一些学者甚至包括大师级的人物，他所提供给我们的这个图像，而不是像魏晋玄学所呈现出的一个非常非常奇怪的图像。我说句坦白话，这 90 年来的魏晋玄学在汤用彤先生的这个图像之下，后续的学者出现了许许多多的奇谈怪论。而这些奇谈怪论我们需要逐一地去破解它，推翻掉一个理论容易，但要成为后续的一个理论的建立者，这可没有那么容易。

坦白说，今天就算各位都同意我把汤用彤先生的这个历史图像翻掉了，那也只代表一个历史图像消失了，并不代表我有能力重建一个历史图像，虽然这些年我自己一直努力地在重建那个图像。刚刚主持人介绍的我写的那一本书叫作《历史的嵇康与玄学的嵇康》，那本书其实背后的目的就是希望能够重建魏晋玄学的图像。当然我的重建是不是成功这是另外一个问题，我们至少可以注意到，即使是大师级的、非常有历史影响力的学者，他所提供给我们的一个典范性的历史图像很有可能是存在着重大问题的。那么我们作为玄学里头的后续的、接续往前进的一个学者，我们自己应该知道自己的定位。我们经常讲学理工的人，在今天这个时代，学理工的人已经不读书了，因为他都读什么？读最新期刊里头的文章，现在图书馆里头典藏的理工类的书籍，除非你是经典性的作品，比如说牛顿的作品、爱因斯坦的作品，继续放在那儿，其他人的作品都消失了。图书馆里头典藏的理工类的作品都是什么东西？都是最新三年内的期刊，因为如果你今天还去找三年前的东西的话，你已经落伍了，你已经要在这个领域里头被淘汰了。

可是魏晋玄学持续了 90 年，90 年是多长的时间啊，所以我今天主要希望跟各位传达的就是我们在学术圈子里头，我们要勇于挑战，即使是面对一些大师级的人物，也不代表他的东西是不可以挑战的。那我们怎么样可以训练培养我们自己的能力，站出来找出他的问题，让我自己往前再跨一步，这就是我希望借今天的机会给各位分享的一点点小小的心得。

我的演讲就到这里了，以下的时间希望跟各位多做互动，谢谢大家。

姜宗强：大家听谢先生演讲就好像读侦探小说，谢先生在抽丝剥茧，用形象的说法，假如真凶不是荆州学派，那么他是谁？你并没有告诉我们你对于真凶到底是谁的看法，给我们提供一个你的解答。有解构，那么有没有你建构方面的东西？咱们老师和同学们，跟谢先生商榷一下。谁有问题？

评论一（韩高年）：谢教授好，各位同学好，刚才听了谢教授讲这个题目我特别受启发。谢教授他是台师大毕业，也是学文学出身，我感到特别亲切，他的讲法我特别能理解，同学们中间也阵阵掌声，特别受教。我的思路也跟着谢教授的思路在走，对其中的几个问题我也有同感，比如说何晏、王弼和嵇康，他们几乎是处在同一个时代，但是文献典籍里面没有记载他们有任何的交往，思想上也没有交集。我想举一个类似的例子。我做过先秦学编年史，对先秦时期的很多史料做排比，当你把看似无关的一些事件细研以后，可能就会出现类似情况。我注意到屈原投江自杀的那年，正好发生几个重要事件，一个是秦将白起把楚国的郢都给攻占了。还有一个事件就是当时荀子，因为他们是同一时代的人，荀子他选择离开楚国去齐国的稷下学宫，之后他在屈原死后不久又回到楚国去，典籍里面没有任何记载表明这两个人之间有来往，记载他们之间有个人的交往或者思想的交往，我也百思不得其解。其实在每个阶段都会有这样的现象，我觉得最主要的原因是不是跟典籍的记载缺失有关系。另外就是史家，因为我们研究思想史也好，哲学史也好，依据的资料全部都是正史和现在能够见到的这些文献，是不是跟资料不全有关系。或者具体到谢教授提出来的这个问题，因为我最近在做全晋文，就是把秦汉三国六朝文重新编，重编的目的其实是搜集了很多新资料，我是负责两晋这一部分，所以这一部分我留意也比较多。

我想说的就是，刚才谢教授提出来的我们治学不应该迷信权威，当然应该尊重前人的劳动，尊重前辈学者，他讲的过程当中一再强调这一点，我觉得这种姿态是我们应该提倡学习的。但是绝对不能迷信权威甚至不能拜倒在权威脚下，觉得这个话题就再也没有什么探讨的余地了，这是不对的。

所以他今天也许是在汤用彤先生的基础上勾勒出关于魏晋玄学的这一幅历史面目，我觉得用“历史图像”可能容易引起歧义，就是历史面目的基本格局。应该说提出这些问题确实是发人深思的。我结合做全晋文搜集资料谈一下我的体会。两汉时期为什么，就像刚才谢教授提出来的那样，道家思想尤其是《老子》

《庄子》这两部典籍，好像没有人研究这个问题，我个人的看法是，其实在大陆学者里面，已经有人做过这方面的工作了。其实典籍的流传原因是非常复杂的，我们现在能见到的先秦的典籍基本上是汉代人整理过的，尤其是刘向整理过的，而这项整理的工程从西汉末年汉成帝时候开始，一直到东西汉之交到王莽篡汉这几十年当中一直在进行。这个浩大的国家工程实际上一方面是从民间搜求典籍；另一方面是在当时国家对流传下来这些典籍进行重编，重编的过程非常复杂。澳门大学有一位学者叫邓俊杰，他有篇文章就是有关这方面的。西晋我们研究古典文献、文本也是有一些，像国外有个学者叫柯马丁，人民大学前不久就请他来过。我们在研究的这些文本同时也是哲学文本，它们其实是有很大的不确定性。就是从官方的角度上来说它可能由于自己统治的需求、政治需要而有所遮蔽，因为汉武帝罢黜百家独尊儒术之后，我特别赞成谢教授说的，汉代的道家思想它其实是新道家，它主要是讲养生，是黄老之术，黄老道家这种类型的。山东大学文史哲研究院原来有一个学者，也是前年刚去世的，叫董治安，董先生他做过两汉全书，这其实也是个文献整理的过程。

我个人的看法是，在两汉时期，老庄思想的流传研究是进入了一种非官方渠道。刚才谢教授有个观点我特别赞同，就是两汉时期的文学家其实也不单单是文学家，好多人比如张衡，他本身也是官场当中之人。《汉赋》里面你比方说七发就是讲大道理给你治病，最后讲要言妙道主要就是讲老庄之道，说的很明确。董先生有一篇长文章叫作《汉赋中的老庄学资料》，这个里面收集了大概几十条资料，我觉得是比较全的，这就说明在汉代老庄不是说绝了，还是有人在研究它，不过就是研究的方式不一样了。在东汉以后老庄的流传，我们甘肃是出土简牍最多的省份之一，这两年湖南湖北出土的简牍特别多，跟儒学思想有关，跟道家思想也有关，这个主要是汉武帝以前的，我们甘肃出的简牍有魏晋时期的，主要就在敦煌酒泉这一带，出土了个汉典，里面有一些简牍就是很简单的军旅生活的侧面反映，里面有将领和士兵之间的家信，写到在边塞上戍边，生活很枯燥，就写到读书的情况，彼此之间通信也提到了至少是《庄子》和《老子》这些书。从这些珍贵的出土文献里面可以看到，它不是说没人研究，不是说不传承，只是说可能它是另外一种方式来呈现。

我举的这些例子，不足以颠覆您刚才的观点，我觉得我说出来是一个补充，这方面我觉得还可以再深入去挖掘。现在说刚才讲到的竹林七贤，竹林七贤这个话题，之前我关注美术考古，今年假期的时候，在我们河西学院（也是甘肃的一个学校）开了一个历史学者的艺术史学的会，叫作图像与历史的关系，正好魏晋画像的壁画之中，就有竹林七贤的画像。我刚才私底下还跟莫老师交流，确实是这样，从文学史上讲，正始文学、竹林七贤这都是文学史，好像都是多少年铁定的结论，好像这些人就是在一起生活过，像咱们《中和论道》一样大家在一起也交往，一起喝咖啡，有这种彼此之间的交流。其实我觉得这个和现在有一种东西是一样的，你比如说最近我们研究古典文学这个圈子里面，他们就在评说是哪些学者风度最好，他们评论先是十个人，后来精简成四个人，我听到之后发现，这中间好多人其实彼此也都不熟悉，竹林七贤这些称谓可能也是这样。古人把这些人拉到一块，包括像建安七子，其实他们在曹操身边在一起的时间也是很短的，像什么明代前后七子。当然后世的文学集团或者思想史上这些流派它可能是联系比较紧密的。

刚才谢教授讲，竹林七贤中，像嵇康，不是说他注庄子，他是用自己的行为去注庄子，他是一个行为艺术家，他的生活包括写《与山巨源绝交书》讲的这些，他讲这个其实就是庄子里面某些篇章的生活场景再现。他是用自己的行为把《庄子》作了一个诠释。

我觉得这种作注释的方式可能更符合当时所谓的魏晋时期的那样一种氛围，因为当时文人都讲“越名教而任自然”，鲁迅也说当时其实讲礼的人，口口声声讲礼教的人是最无耻的，反而不讲礼教的这些人是遵守礼教的，正好是相反的。我听了之后确实是特别受启发，我就补充这些。我没什么问题。谢谢谢教授。

谢大宁：非常非常感谢。首先是刚刚主持人说到，我只破不立，我今天这个讲演原本的设定就是只破不立，如果要我来提供一套我对魏晋玄学的看法，今天我跟李校长早上开会的时候说，我可能很快会结束休假，如果有可能的话我来这边担当一门课，那个时候咱们再来说我对魏晋玄学的一个完整的构想。

非常感谢韩院长刚刚提供的这些补充，的确我今天的论述大概不构成一个严谨的学术论述，那些史料方面的问题我都大致有些了解。您提的第一个问题，嵇康跟王弼的毫无交集，这个情况是怪的。因为在先秦的时候，你可以说交通不便或者当时诸子百家本身就是一个原因，屈原的问题是政治上的问题，是楚国朝廷内部的亲秦亲齐两边的政治斗争，他因为在这场政治斗争当中被排挤出去，他不涉及学术思想这个层面。先秦的学术因为交通的不便，因为地域的隔绝造成很多比如说我不知道你，你不知道我，这是我们可以想象的。

但是何晏、王弼和嵇康同样生活在京城，当然是指曹魏的京城，同样生活在京城里，彼此年岁相当，结果什么交集都没有，他们都是同朝为官的人，总不会你不知道我，我不知道你吧？所以这个情形很怪异，嵇康跟王弼的毫无交集，这个情形是怪异到我们无法理解的。至于说那个文献，不错，《老子》《庄子》这两部书的内容从来不曾消失过，不只是汉书的黄老，到了我们今天很多史料，比如说司马迁的父亲司马谈有提到老子，但是他提的老子是黄老那个脉络，我们今天也可以看到严遵《老子指归》等等这些东西。

这部文献并没有消失，我刚刚的意思也是这一部文献本身从来没有消失过，在文学家的笔下，《老子》《庄子》这些书都不曾消失过。但是，是不是有汤用彤先生所说的一个道家复兴运动，这完全是两码事。汤用彤先生能不能够论证他那个道家复兴运动他那个必须要有很强大的证据支持。而不是说文献上没有消失，就能够支持这个论点，所以这是两件事情，也许可以供各位再进一步的思考。

至于说您提到“竹林七贤”，其实在我看来就是说，我们史料里头竹林七贤是出现了很多矛盾的现象。如果你仔细去考察，竹林七贤作为一个群体，他们同时曾经生活在一起，隐居在一起，这个记载是有很多矛盾的现象，不足以支持这件事情。但是为什么会有这个图像出来，这个大概也不奇怪，比如说《论语》里头就有所谓的“作者七人”，有这样一群隐居的人物，最后用七人套过来。然后说有一群人，是不是在这个图像之下，凑成了七个人，这我不知道。后来的的确确，比如说我们今天看得到的《兰亭序》的一些刻本里头也有一些关于“竹林七贤”的这些人物雕刻的图像等。在当时特别是东晋以后“竹林七贤”的这个名号是很响的，但是这是后世的事情，这是另一回事。“竹林七贤”这七个人可不可能凑到一起？各位也许可以写一篇小论文去挑战一下。

您刚刚最后提到一点，其实我是很感谢，但是今天我实在没时间提了，就是“越名教而任自然”，这个问题是个非常麻烦的问题。很多做魏晋玄学的人都认为说，魏晋时期的“名教与自然”之争，是魏晋玄学里头基本的主题。可是第一个，“越名教而任自然”这句话是嵇康说的，在嵇康《释私论》这篇文章里头说的，在这之前没有提到，“越名教而任自然”把名教跟自然变成一个冲突的命题，在正始之前不曾发生过，这是一个奇怪的现象。名教跟自然的冲突在什么时候发生的呢？司马家夺下政权，实际上的夺下政权就是在高平陵政变之后出现的，后来司马家杀嵇康的理由就是这个人离开了名教，最后用这个理由，用名教为理由杀了他。所以名教跟自然的冲突在司马家夺下政权之后，它真正成为一个命题，不只是一个学术性的命题，而且成为一个政治性的命题。对这个命题，陈寅恪先生其实很早就有一个很好的解释，这解释是什么？自然与名教的冲突的背后其实是从东汉后期开始的，就是士族与寒门的斗争，一场严重的士族与寒门的斗争，这一场斗争延续到司马家，也就是说，司马家政权的背后是士族集团，但是曹家的背景是什么？曹操的父亲是宦官的养子，也就是说曹操的出生不是世家、士族那一个脉络的，所以曹魏的政权的性质是比较五花八门，曹魏政权里头有曹家跟世家既妥协又斗争的一个面向。我们在《三国演义》中会看得到，曹操为什么非杀荀彧不可？那背后是一个士族与寒门的斗争，甚至很多人骂曹操，说曹操发求才三令，说曹操心术不正，这个人很糟糕。其实求才三令的背景就是明明白白地在讲一个士族与寒门的斗争。世家大族要垄断整个的官僚系统，但是曹操不允许士族垄断官僚系统，所以他们的斗争是剧烈的。

这个斗争到了司马家拿下政权之后，所有的寒门就全部被排除出去，中国的九品中正的制度，什么时候才开始上品无寒门下品无士族，是从司马家拿到政权之后，九品中正的制度才恶化成这个样子，所以它背后是有一个很强的政治斗争背景的因素。所以刚刚您提到“越名教而任自然”在我看来这是嵇康拿这个当成一个政治命题向司马家发动攻击。所以这个背后有一堆背景，哲学背景当然需要有很专业的处理，我今天可能没有机会做一个专业的处理，我就先简单说到这里，谢谢。

提问二：刚才谢教授的演讲确实是非常精彩，听了之后很受启发，但是我有一个疑惑，老庄本身应该是有很深的内在联系，在这个问题上您是怎么思考的。

谢大宁：好，非常感谢。其实我刚刚的意思并不是说老庄之间没有关系，我的意思只是在陈述一个历史现象。这个历史现象就是说在所谓的魏晋玄学发展的过程当中，何晏、王弼只接触了《易经》跟《老子》，没有去接触《庄子》，可是嵇康只接触了《庄子》，却从来没有去接触《易经》跟《老子》的问题。这是一个很诡异的现象。我不是说老与庄之间不可以有联系，我没有处理这个问题，我的意思只是说既然汤用彤先生给我们的历史的分析，只是说正始玄学是第一期，第二期是竹林玄学；第一期正始玄学是以王弼为主，竹林玄学是以嵇康为主，可是正始玄学只碰了《易经》跟《老子》，而竹林玄学只碰到《庄子》，这不很怪吗？各位不觉得这当中很怪吗？所以这个问题不是一个思想的问题，而是一个我们在形成魏晋玄学的历史面向的时候，我们会发现这当中的一个很怪异的现象。你不知道该如何去解释这个问题，可是汤用彤先生没有解释，他就是把易老庄当成一体，也就是说在他的概念里头，正始玄学处理了易老庄，竹林玄学也处理了易老庄，可是这跟玄学的历史是不吻合的。我提出来的是在这一点上的质疑。

提问三：关于竹林七贤的问题，刚才谢教授根据竹林七贤之间的最大相差年龄来判断，如果当时他们七个人在一起，时间有问题。我觉得，在王戎 15 岁的那年，王戎是出生在公元 234 年，他 15 岁的时候，正当是公元 249 年左右，也就是曹魏的高平陵事件那一年，而山涛是出生于公元 205 年，那么应该是四十几岁左右。这样的话，从时间上来说，他们也是可以同时生活的。

谢大宁：谢谢。王戎的出生年月再考证一下。王戎当西晋宰相的时候，根据那个时候的年岁他可不可能出生在您所说的那个年代，这个我们另外再考证一下。我只是在说“竹林七贤”成为一个历史的图像，这个图像成为一组人物，在我看来这不见得是这七个人真的曾经生活在一起。因为我们今天很多史料的东西，你至少要这么说，这七个人真的曾经有一些记载，他们曾经在某一个历史时段曾经生活在一起，那么嵇康在山阳打铁这件事情是事实，陪着他的是谁？陪着他的是向秀，还有后来跟他一起死的那一位，那经常去找他的是谁？阮籍经常跑到那边去找他。这个事情也是事实，史料上都有记载的，山涛去过没有都是问题，山涛有没有跟他一起在那里隐居这个可能都是问题。山涛在那个时候有没有去找他这个事情是一回事，但是有没有跟他一起隐居这是另外一回事情。那么你说王戎有没有跟他一起隐居，至少后来的史料从来没有表明这一点，我们也没有找到过有任何史料可以表明刘伶跟他曾经在一起过。刘伶曾经跟阮籍在一起过，大概他们是很好的酒友，这点大概是有的，但是他们曾经在不在一起这是另一回事。

不过在我今天的这个论题来讲这不是重点，我举这个例子，第一个是刚刚想到了竹林玄学就讲到"竹林七贤"，这是我附带带到的，只是希望各位以后在构集所有这些史料的时候，能够保持着一种谨慎的态度，有一些东西可能是众口铄金的产物，在这个学术圈子里头，众口铄金的现象是很多的，竹林七贤还不是学术圈子里头的众口铄金。

其实它的真正的根源是来自于（这个很多讨论都有讨论到）《论语》的作者七人，也就是说在当时有一个隐居的气氛被嵇康跟阮籍带出来，这点是事实。那么我们要凑成这几个代表性的人物，他们一起去过那种隐居的、很飘逸的、以《庄子》的精神做为背景的那一个精神的这些人物，刚好呼应于《论语》讲的作者七人，于是就把它凑成七个人，在我看来竹林七贤有可能是这么凑出来的。这个凑出来不见得没有意义，但是如果你要把它放到历史脉络里头去讨论的时候，那就是另外一回事，我大概就是这么个意思，好，谢谢。

提问四：谢先生对于权威的质疑，让人佩服，但是谢先生解构了，却没有建构，甚至一点信息都没有透露，谢先生能不能稍微讲一下。

谢大宁：我刚刚也说我今天的目的不是为了说明我自己对魏晋玄学的一个历史面向的理解，我其实的确在这个质疑的基础之上，做了一个等于是在学术上比较果断的一个处理的方式，但是这个方式在目前的学圈里头还未必可以形成任何共识。有部分的台湾学者注意到了我们的一些讲法，但是到目前为止跟我开始展开深入讨论的还没有，当然我也很期待。我那本《历史的嵇康与玄学的嵇康》在大陆的朋友基本上找不到，因为我只在台湾出版了，我还没有在大陆出版，所以大家可能找不到，也还没有相应的回应。

我简单说一下，就是说我对魏晋玄学的理解是认为，其实我们都有一些误会，用何晏、王弼来代表魏晋玄学并不是一个妥善的做法，我认为用嵇康开始代表魏晋玄学才是一个比较妥当的做法，当然这需要非常详细的一个学术上的论证，包括那我怎么样去定位何晏跟王弼。不过也许我可以举一个很真实的例子来给各位当做一个证明。我们院长是全晋文的专家，我不晓得你对全三国文有没有研究，各位今天有兴趣的话回去找一下阮籍的著作，阮籍这个人是很特别的一个人，他是个很杰出的文学家。我们都知道阮籍的八十二首咏怀诗在中国文学史当中是非常杰出的作品，可是我必须这么说，坦白说他是一个不及格的思想家，我为什么这样子说呢？因为他的《达庄论》跟《大人先生传》这两篇文章都是代表阮籍对庄子思想的理解，但是他的理解很浅，他的理解和嵇康、和向秀比差太远，所以他不见得是一个好的思想家，但是他绝对是一位杰出的诗人。好，这个不是我要讨论的东西，各位回去找一些阮籍的著作，阮籍这个人一生思想变了好几次。他在最年轻的时候。在曹魏朝廷里头曾经有一次论礼的讨论，熟悉那一段历史的人大概知道，在那个论礼的事件里头，阮籍所持的立场，他也写了一篇礼论，他的立场完完全全就是《礼记》里头的立场，就是我们今天在《礼记》里头或者是司马迁在史记八书中的《礼书》的立场，标准的儒家的立场，地地道道的儒家的立场。后来在王弼最时髦的那一个时刻，王弼领袖群伦的时间很短，大概王弼 20 岁的时候，因为王弼死的时候就 24 岁，在王弼最风光的那几年时间里，当时王弼领袖玄学界群伦的时候阮籍写过两篇文章，一篇叫作《通老论》，一篇叫作《通易论》，这两篇文章标标准准的是王弼的思想，就是说阮籍在写礼论的时候是汉朝那些儒者谈礼的思想，他在写《通老论》《通易论》的时候，又是王弼的思想，但是他的晚年的代表性著作是《达庄论》跟《大人先生传》这两篇文学作品，这两篇文学作品完全放弃了他早年的立场，不管是他在写礼论时候的立场，或者是他在写《通老论》《通易论》时候的立场，这样你就可以看出来在当时阮籍个人思想的演变，你要如何理解这种个人思想的演变，也就是说你要把王弼的思想跟嵇康的思想硬给他抓到同一个笼子里头当成是同一类的思想吗？阮籍是一个很好的反证，我只举出这个例子给各位，各种材料都俱在，各位有兴趣的话就回去找一下材料一看就知道了。

所以我的看法就是，把王弼跟嵇康两个人抓在一起是不妥当的，那怎么处理？我就采取一个处理把王弼切掉。切掉放到哪里去呢？放回两汉的学术思想里头去。这样放回去那个脉络要如何形成这是另一回事，我们需要有一段学术论证的过程，我花了很多心思去处理王弼的问题。

另外一个就是从嵇康开始拉出一个新的魏晋玄学的脉络，我这样的理解方式当然跟汤用彤先生是完全不一样的，但是我的东西是不是能够构成为一个完整的、为大家所承认的、一个新的魏晋玄学的历史脉络，这当然是另一回事，我接受所有学界的朋友包括在座各位的批判，大概就是如此，谢谢。

提问五（李朝东）：我对中国文学、中国历史、中国玄学的学习也是仅仅限于大学本科时期，应该说在中国文学历史这方面，在谢教授他们那里，我是门外汉。首先从一个初学者的角度来看，谢教授的演讲很有启发，在我们各位老师、同学的逼问下，谢教授终于把他的底牌亮出来了，试图通过中国魏晋玄学的历史图像，或者说解构汤用彤先生所勾画的魏晋玄学的历史图像，来重新书写中国思想史第一版图，把王弼放到两汉学术当中，以嵇康作为魏晋玄学的起源第一人。一开始你讲到由于时间关系，魏晋玄学它本身就是一个很大的题目，在短短的时间里的确没有办法把它说清楚，你只是选取了一个汤用彤先生勾画的历史图像，它在学术界普遍的得到认可，那么我们做学术就是要怀疑前辈、怀疑权威的这些成见和定论，然后我们才能够提出自己的学术观点来，只有这样我们才能一代又一代地前进。这个我想应该是我们学人必须要有的品质，这点我很敬佩谢教授。

当然我有一个反证，比如说你的证据究竟能不能成立，今天晚上最后虽然说你的学术的目的是什么我们大概了解了一些，比如说你举了一些例子，包括“竹林七贤”他们是在一起隐居或者是年龄差距过大，竹林七贤作为一个学术共同体究竟在历史上存在不存在，这可以通过史料再去证明。你讲到的这个问题我觉得值得讨论，何晏和王弼主要讨论和处理的是《易经》和《老子》，嵇康主要讨论的是《庄子》，但是你讲到这儿再没有说下去，比如说当何晏和王弼在处理《易经》和《老子》的时候，当嵇康在处理《庄子》的时候，我们今天看到的都是他们留给我们的史料，但是他们里边讨论的问题有没有共性，比如说魏晋玄学的几个核心命题，名教与自然，言、象、义，本体和现象等等这些，如果说我们通过这样的一些概念和范畴的讨论，来把他们两个思想区分开来，然后再去划分不同思想史的阶段，我觉得这也说不定。我主要发表的学术成果是胡塞尔现象学，那么如果说我百年以后，或者两百年以后，假定不小心我也变成一个别人研究的对象，李朝东在世的时候只研究胡塞尔现象学，但是我没有写这些东西并不意味着我这个时期没有读过康德没有读过黑格尔，甚至于我没有写过柏拉图并不意味着我没有读过柏拉图，这是一个。也许嵇康做庄子注，实际上庄子是第三个时期，向秀他们重点才放在庄子上，那么王弼和何晏他们在做易经注和老子注的时候，这个注里边是否已经包含着他们对庄子的想法？我作为一个听众，特别希望能够在这一方面听到谢教授的见解，这是其一。

还有一个，我想举一个现象学史上的案例。我们现在知道现象学的创始人是胡塞尔，它有两个代表人物海德格尔和舍勒，他们三个思想观点不仅有分歧，而且差异非常大，甚至于我们国内大陆有个学者叫倪梁康，专门写了一本书叫作《胡塞尔和海德格尔》，副标题叫弗莱堡的相遇与背离，讲他们怎么走在一起最后怎么又背叛。但是在现象学史上，我们并不否认他们都属于现象学派，甚至他们的思想观点分歧是非常大的，胡塞尔主要是研究我们的意识，海德格尔研究的是 Dasein ，舍勒研究的是道德体系，他们的研究对象、研究范围、他们的学术架构的领域是差距非常大的，但在国际学术界甚至于在我们大陆的学术界我们并不认为这三个不属于现象学，我把它划分为这个，把它划分为那个，而是说他们统统都属于现象学派。所以我特别希望能够从思想的内在关系上，你怎么能够把王弼和何晏从魏晋玄学中排除出去，以嵇康作为魏晋玄学主要角色，不是说他们谁注了什么，谁偏重于什么，而是说在思想上、在逻辑上、在史料上更丰富一些。

谢大宁：非常感谢朝东校长。朝东校长的意思是逼着我把这些问题讲清楚，不过我今天晚上可能讲不清楚，如果我们有底下的因缘我一定把它讲清楚，因为事实上有一些问题，我已经在我的许多学术专业论文里头有处理到，今天晚上我不太可能把我这些相关的学术论点都提出来。我有一篇文章大概处理这个问题算是处理得稍微细致一点，是《玄学的分期问题》这一篇文章，各位如果有兴趣的话，这一篇文章我是发表在澳门大学的学报里头，如果有兴趣的话，大家可以去找澳门大学学报那篇文章，可以看到的，文章主要处理的是玄学的分期问题，第一期、第二期、第三期的分期问题。澳门大学的学报叫《南国学术》，上一次他的主编跟我主动邀稿，特别跟我约的那篇稿件，如果各位想要知道更细致更纯粹的学术论证上头的论点，也许可以参考一下那篇论文。

另外刚刚校长也特别提到的就是，引用现象学里头的几个例子，的确现象学里头这种分歧很大，或者我们举另外一个例子就在心理分析上面，从弗洛伊德到后来荣格那些，一系列的彼此的冲突也是非常大，但是他们都被归类为心理分析学派，您刚刚提的几个例子都被归类为现象学。可是我觉得这个例子可能跟嵇康与王弼之间的分歧不太一样，就是说你不只是在嵇康的集子里头找不到任何关于王弼的东西，你还找不到那个思想，今天你是找不到他的东西的。可能像刚刚校长说，您做胡塞尔的东西，但是不代表您没有去读康德没有读黑格尔，没有去读其他的人。这确实，坦白讲，如果以我对西方哲学浅薄的了解，我要读胡塞尔，如果我背后没有康德的基础我根本读不了胡塞尔，但是这个情形跟嵇康与王弼之间的关系，它的性质是不太一样的，这个问题也需要有比较细致的学术论证。

但是我可以跟各位简短报告的就是说，王弼的所有的学术论题不只是哪一个字眼没有出现在嵇康里头，王弼这个人没有出现，王弼的论述的内容没有出现，《易经》《老子》这些相关的讨论主题没有出现，而且他的所有的相关思想都没有出现，这不就很怪吗？也就是说你找不到任何痕迹，好像那一段东西对嵇康而言是不存在的，就是王弼的那一些相关的讨论在嵇康身上是不存在的。这个现象可能跟校长刚刚讲的那个状况不是那么一致。我也知道海德格尔的东西跟胡塞尔的东西是很不一样的，但它背后有一些脉络是一致的，那个相关的关于“现象”这个概念的讨论，背后的某一些思路性的东西是一致的，海德格尔的那本最有名的著作，它的里头的一些相关的讨论我们也明明白白可以看出来，那个东西是来自于胡塞尔的，特别他关于现象的一些讨论是来自于胡塞尔，那个部分大家没有人能够反对，可是我们也都知道海德格尔思想跟胡塞尔差距是很大的。

所以这个问题跟嵇康与王弼之间的关系，是不太一样的。我只是这样子做简单的说明，但是具体的论证我们真的只能够进入实际的学术论证的范围里头才能说明。今天有点像在进行博士的答辩，好，谢谢。

提问六（姜宗强）：我利用主持人的特权，向谢先生请教三个问题，你只需要回答一个，你可以选择其中的一个。第一个问题是跟你有关的，后面两个问题是我学哲学关心的问题。第一个问题是大陆学者也注意到你的研究。你将嵇康的“声无哀乐”和庄子联系在一起，你又把《乐记》中的“声、音、乐”这三个层次联系起来，这个《乐记》，你理解他是儒家的还是道家的东西，也就是说你把这些结合在一起是说音乐有助于我们理解嵇康还是别的什么原因，这是大陆学者对你提出质疑。这个您可以选择不回答也可以选择回答。另外两个就是我作为一个学哲学的人我很关心的问题，估计我们在座的同学可能也很关心，一个是形而下的问题，一个是形而上的问题。形而下的问题，我们说的“竹林七贤”，魏晋玄学这些，他们的人生态度到底是什么样子，难道说就是颓废的吗？《世说新语》里的几个故事，阮籍和阮咸喝酒，用小杯喝嫌不够，就弄个大缸喝，用大缸喝，结果一群猪来了，然后他们和猪一起喝去了，这个叫风流。这个风流在今天理解是不好的。“竹林七贤”或者魏晋玄学他们的人生态度到底是什么？这是我问的一个比较生活的问题。第二个就是比较哲学的问题，就是牟宗三先生对魏晋玄学的研究，我觉得是和汤用彤先生不同的，可以堪称另外一个范式，在牟宗三先生的研究中，我特别感兴趣的是他对哲学这方面的思考，他把知识的形态分为四个层级，第一个是常识形态；第二个是科学的抽象形态；第三个是数字的具体形态；第四个叫道心的境界形态，我最关心的是道心的境界形态，它与佛家的空不一样，与西方的形而上学也不一样，和儒家的也不一样，义理也不同。谢先生来一趟不容易，他所说的这种道心的境界形态，你能不能用比较通俗的语言给我们大家阐释一下，好，谢谢。

谢大宁：刚才的三个问题我都非常简短地回答一下。第一个问题，我很孤陋寡闻，还真不知道大陆的朋友有人在讨论这个问题，我确实写过关于这个“声无哀乐”的问题，在台湾大概跟很多人都起过学术上的辩论，跟大陆学者倒是还没有进行过学术的辩论，这个问题很专业，我这边同样的也没办法进行论证式的回答，但是我提到《乐记》，它毫无疑问的是一部儒家的思想文本。嵇康的《声无哀乐论》，他们有一个共同点，都在谈一个问题就是，“移风易俗，莫善于乐”，如何理解这个命题，这是一个中国传统的所谓的礼乐教化的一个基本命题。在我们的一个传统教化观里头很重要，儒家思想认为可以通过礼跟乐来达成这个教化的目的。那乐如何达成这个教化？《乐记》所写的思想主要是这个思想。可是《乐记》所采取的论证的方式就是说，音乐可以感动人的情丝，它可以调理调整我们的情感，但是嵇康的意思是说音乐跟情感之间并不能够构成一个直接联系的关系，它们之间的逻辑关系建立不起来，嵇康反对《乐记》这样的一个思想。

那么嵇康如果反对《乐记》的思想，你就必须回答另外一个问题，就是“移风易俗，莫善于乐”这个命题，各位注意就是嵇康是赞成这个命题，“移风易俗，莫善于乐”这一点嵇康并没有反对，他只是不认为按照《乐记》的那一种方式来移风易俗是可以做得到的，音乐要想移风易俗是要透过另外一个脉络。那我关于这方面的研究是提供嵇康怎么去论证这个命题，嵇康的《声无哀乐论》里头，他进行了很多这些相关的论证，有些论证是逻辑上有问题的，有些论证是非常精彩的。那我们怎么样去完成这个论证。我说《声无哀乐论》不是一篇很好读的文章，那我们怎么样从这个论证当中，可以把嵇康的思想勾勒出来。

因为在中国传统的音乐思想里头，嵇康是唯一一人没有任何讲儒家思想的东西，也没有办法达到这个高度说从音乐的角度再去论证一套。一方面要继承中国传统的一个命题，移风易俗莫善于乐，另一方面他又要提出一个脉络去论证它，所以这个问题是一个可以讨论的问题，我先简单回答到这里。

至于您提到的关于玄学家的这些人生态度问题，这个问题其实我可以举另外一个、也是《世说新语》的例子来给各位理解这个问题，阮籍的儿子很羡慕他老爸的生活方式，有一次他跑去找他老爸说，我像你一样好不好？我们都知道阮籍是一个放浪形骸的人，但是阮籍很清楚地告诉他儿子说，我可以你不可以。你说这个老爸实在很过分对不对？为什么你可以我不可以。可是阮籍没有解释这个原因，我替他做了一个解释，阮籍知道他采取这种方式，其实是因为阮籍个人的一个因素，他在思想上倾向于嵇康，可是他的身份和嵇康很不一样，各位都知道历史上有些记载，司马家，司马昭身边的人想要杀阮籍，但是司马昭力保阮籍，司马昭身边的人为什么要杀阮籍？就说他违反名教。可是司马昭为什么要力保阮籍？这个背后的政治因素很少有人去讨论，很少有人去理解这一件事情。司马炎要登基的时候，《劝诫表》叫阮籍来写，阮籍处理这个事情怎么处理？阮籍说叫我写是不是，我就写，提起笔来挥笔立就，笔一甩人就走。这个背后的政治意涵其实是很值得去思考的。这个要了解当时的政治背景，这个问题也不是一下子能说清楚的，但是我们要了解背后的一个在魏晋，就是魏晋交接的这一段时间当时的政治圈子里头的实况，还有就是在贵族，就是这些世家大族之间的内部斗争的状况，你才能够理解这些政治动作。

阮籍其实是用自己的放浪形骸来让自己脱离开当时的那个政治斗争的情况，但是他告诉他儿子说你不行，因为你的处境跟我的处境其实是不一样的，但是阮籍创造了这样子的一种生活的情境之后，结果在后世就变成当时的那些贵公子学习和向往的对象。然后就搞出了魏晋名士的乱七八糟的现象，就是我们今天在《世说新语》里头所看到的那些乱七八糟的现象，那是另外一个问题。这背后其实是有一些因素造成这些现象。

至于您在最后这个问题，我真不知道怎么回答您了。但是我想，其实如果从最简单的方式来说，道家思想把它放在一个脉络之上就是说，怎么去理解道家所讲的那个无，无跟空，佛家讲空，道家讲无，在一个脉络之上是可以衔接在一起的，不是说这两个概念到处都可以衔接在一起，而是只有在一个脉络里头它可以衔接在一起。谈龙树思想的人大概都会注意到佛家讲的“空”有一个意思，那个意思叫作“荡相遣执”，这个话讲得太文绉绉了，用句通俗的话来讲就是放下执着，就是放下自己的执着，布袋和尚的那个偈子“左一布袋右一布袋，放下布袋何等自在”。那个放下的那一种精神，那一种精神是跟道家的无的精神，在牟先生的理解中这两个精神是完全相契的。无的精神就是道家讲的“为而不有”“功成而不居”，我不在这个地方起任何的执着，我可以放下一切执着，然后牟先生用一个哲学名词，把它叫作一种境界形态，大概是这样，详细讲是很麻烦的一件事情，那我就先简单地说到这里，谢谢。

姜宗强：谢先生的演讲我觉得最精彩的地方在哪儿呢？就是留下了一个悬念。这很像你去看侦探电影的时候，你看了上集之后告诉你那个人不是凶手却被判定成凶手，真凶到底是谁呢？大家问的这么多了，谢先生最后还是没有解答，没有解答的原因是啥，一开始把凶手告诉你，肯定没意思了，所以他留给我们一个悬念，也是他下一次来演讲的机会。我们欢迎他下一次来讲。感谢老师同学们的参与，也感谢中和集团，尤其洪涛董事长对我们这次活动的支持。谢谢大家。

（主讲人：谢大宁）

第五讲　科学的人文起源

陈克恭：今天给大家作报告的是吴国盛教授，他是清华大学人文学院的教授，他本科是地球物理系的，专门研究空间物理学的，之后呢，他的硕士读的哲学，北京大学哲学系，之后在中国社科院师从我国著名的叶秀山教授，在那读的博士，之后又回到科学史。我们期待他带来一场科学盛宴，下面有请吴老师开讲。

吴国盛：谢谢陈书记的介绍。我今天讲座的题目是：《科学的人文起源》。汉语里面很容易把科学和技术混为一谈，总称科技。一说科技，脑子里面想的是技术，所以什么是科学呢？搞不清楚。我们脑子里只有技术，没有科学。以技代科，科技不分，这是我们的第一个误解。

第二个误解是总以一种功利的实用的眼光看待科技。比方说我们说什么是科学？科学是生产力。科学技术是第一生产力，这句口号当然很重要，也代表当年拨乱反正时期对历史的深刻的正确认识。但是这里面有混淆，究竟是技术是生产力呢，还是科学是生产力？技术当然是生产力，技术革新是今天新经济时代推动经济增长的一个主要模式。那么科学是不是生产力呢？有些科学可以转化为技术，当然它就是生产力；还有一些科学呢，暂时不能转化，将来可以转化，这是潜在的生产力；还有一类科学，它死活也转化不了生产力，那么它是不是科学，这是一个问题。所以我们说仅仅单纯地用生产力的眼光、应用的眼光看科学的话，就难免出错。这里一个重要历史原因是，科学及其技术成为人类历史的根本杠杆，成为推动历史的动力，成为代表国家实力的标准，这仅仅是19世纪以后的事情。而在19世纪以前，科学并没有扮演这个角色。19世纪以前的科学，它不是生产力，没有发挥出生产力来，它往往是精神形态的、理论形态的一种文化内容。因此如果仅仅从用的方面来考虑的话，那我们就要问一个问题，这种无用的科学早期是怎么起源的？

第三个误解，就是“科学”这个名字造成的。科学，分科即学。刚才就讲了，我们中国人分科极为严格，做得又严，做得又早，从小就分文理，到了大学更是分科，以至于弄到文不习理，理不习文，文理隔阂。我们培养出来的不是全面发展的人才，我们都是培养了一些专业的、狭隘的工作者，因此我们创新乏力，培养不出杰出的人才。“科技”这个词本来就不是中国人搞出来的，它是日本人翻译的，它是对西文 science 的翻译。明朝末年西学东传以来，中国人把这个 science 往往译成“格致”。儒家有所谓的格物致知。格物致知正心诚意修身齐家治国平天下，视为儒家八目，格致是头两目，就是通过对事物的仔细观察获得知识，这个很现实。但是，这个 science 很容易跟儒学那个格致相混淆，因此我们后来叫西学科技。那个时候我们很多理工科都叫什么格致，比方说你做地质学的，采矿学的，当年就叫风水格致；也有星象学的，天文学的，那叫天空格致，一大堆格致。后来到五四时期我们有一个新的译名，音译 science，译成赛因斯，叫赛先生。五四时期有两个先生，德先生和赛先生，其中“德先生”即 Democracy，德莫克拉西先生；“赛先生”即 Science，赛因斯先生，所以科学就译成赛因斯。五四以后，20年代以后，来自日本的词汇“科学”成为中国人民主要的一个译名，现在都习以为常了。其实呢，科学这个名字有点毛病：科学、科学，分科之学，强化了分科，忽视了科学作为整体的特点。所以我说科技有三大问题。

我们之所以有这三大问题，我想有两大原因：第一个原因就是，科学本质上不是我们中华民族土生土长的特产，它是一个舶来品，是来自西方的。那么一个来自西方的东西，我们中国人对它的认识往往保留了中华文化固有的一些视角和态度，这些态度影响了我们对科学文化的认识。我们中华文化里面，存在一个问题叫有技无科。中国古代技术很发达，但是往往就没有像我们今天所说的一套科学知识体系，有技无科。因此我们就很容易科技不分，以技代科。中国传统思想里面知识本身也没有独立的地位，知识服务于别的目的。所以我们对知识向来有一种非常深刻的实用主义、功用态度。比如大家为什么读书啊？有志青年，为振兴中华读书。志向小一点的，为光宗耀祖读书；志向再小一点的，为孝顺父母读书；志向再小一点的，为养家糊口读书。读书本身干什么呢？读书本身那不知道，你不能说我为读书而读书，这么说我们觉得挺奇怪的，你总得为了什么吧，是不是？我们说在中国文化里读书本身不是目的，目的在别的地方。这就让我们总觉得所有的知识一定要有用。自古劝学怎么劝的呢？书中自有颜如玉，书中自有黄金屋，这主要是针对男孩子的。比如说读完书可以很容易找到女朋友，读完书可以发财，读书是晋升之阶，是敲门砖，学而优则仕，读好书就能做官，为国效劳。你要说纯粹读书干什么，那我们就不知道了。在我们的文化里面，学习、知识、学术、读书，没有独立的地位。它不是一个目标，而是一个手段，一种工具，本身不是目的。因此，我们对来自西方的科学也带有一种强烈的意识，总是要有用。而用这种态度来看待科学，很容易走偏，这是一个。传统文化本身就是容易技科不分，以知识的实用为态度。

第二个原因跟中国人学习西方科学的特殊历史遭遇有关系。我们中国人为什么要学科学呢？不是因为我们喜欢它，那是因为没办法。明朝末年东西双方力量还是势均力敌的时候，传教士到中国来后，把西方科学知识带到中国，并没有引起我们中国人的特别好感。有些东西有点意思，地球仪啊，三棱镜啊，眼镜啊，望远镜这种，以前没见过，觉得是奇技淫巧，拿过来把玩一下。对于这套科学我们并没有兴趣，最后也就无疾而终。随着传教士教案不断，中央政府不胜其烦，就把他们赶走了。乾隆下令驱逐所有的传教士，跟他们说你不要再来了，我们这个中华帝国地大物博，应有尽有，什么都不缺，你不要来烦我了。连同他这个宗教、科学一块儿拒绝了。那么什么时候我们开始学科学的呢？那是在西学东渐的第二波。第二波就是从 1840 年以来这一波，就是我们现在非常熟悉的。1840 年开始的标志，西方列强用坚船利炮使我们封闭古老的帝国被迫打开大门。这一次就没办法了，打不过人家。在这样的历史条件下，中国的有识之士才感觉到要向西方学习。过去我们视他们为蛮夷之邦，现在开始向他们学习。当时洋务运动的一个口号，叫师夷长技以制夷。师就是学习，夷就是洋人，长技，悠长之技，用悠长之技反制洋人，叫师夷长技以制夷。那么夷的长技是什么？当时认为就两样东西——坚船和利炮。所以当时就派人去学，学造船、造枪、造炮，结果一帮派出去的人学了回来说，洋人之所以船坚炮利，不是因为他们工艺先进，而是他们技术背后有一个叫科学的东西。什么是科学？不外乎数学、物理、化学，所以要想造船、造枪、造炮，就必须学习数学、物理、化学。从那一刻开始，我们中国不是流传一句话吗，叫学好数理化，走遍天下都不怕。为什么？因为数理化是坚船利炮的坚强保障。你看那个时候生物学还不是生产力，所以那时候没说学好数理化生，现在当然生物学很厉害了。所以人们发现科学是什么呢，科学是导致技术先进的东西。在我们心目中，学习西方先进的科学，不过就是某种技术的保障，我们还是以技术的眼光去看待科学。所以一百多年来，中国人民对科学的态度仍然是你能不能帮我增强国防。

我们新中国的科学家，你问老百姓投票，排名第一的是钱学森。钱学森是干什么的呢？做导弹的，是我们国防的坚强力量，两弹元勋，所以钱学森是杰出的科学家。还有谁？科学家排名第二的是袁隆平。袁隆平为什么是科学家呢？做粮食的，找饭吃嘛。在我们中国人心目中什么是科学，科学要么可以保卫自己，要么可以找饭吃。所以这个与中国人学习西方科学的特殊遭遇有关系，这种遭遇使我们对科学理论的理解有系统性偏差。我们总是着眼于应用角度，着眼公益的角度来看科学。那么这种角度对不对呢，当然是有很大的历史合理性。一百年来，中国人民的主题不就是通过现代化振兴中华，救国救民吗？所以科学救国实际上是科学家很重要的一个精神动力。很多年轻人当年并不是因为热爱科学而去学习科学，而是因为科学能救国，别的救不了。比如我们著名科学家钱伟长先生，钱伟长当年考入我们清华大学中文系，在国难当头的情况下，中文不能救国，改学物理，考入英国，开始学物理，真的很典型。他并不是喜欢这门科学，也不是擅长这个，就觉得科学能够救国。中国近代科学的发展历史背后的深层文化动力是什么？它是儒家的家国心。所以我们说这个特殊的历史遭遇，再加上我们中国传统的文化，使我们一开始就把科学以这种眼光看待。

那么这样看有没有问题呢？是有问题的，因为西方的科学不是这个样子的。所以我们今天需要正本清源。为什么需要正本清源？因为现在我们民族已经进入新的历史时期，过去落后挨打的时期已经过去了。我们说过去落后挨打，毛主席使中国人民站起来了，邓小平同志使中国人民富起来了，基本解决了挨打问题、挨饿问题。今天我们要做民族伟大复兴。伟大复兴意味着什么？你要引领世界文明发展，这个时期你不能再满足于应用，满足于跟着别人走了。在这样一个时期，我们要重新思考究竟什么是科学。这就是我们今天这个问题的由来。先讲讲为什么一个人文学者出来讲科学，那是因为我自己感觉我们到了今天这个时期，需要对科学重新思考。传统的关于科学的看法只能满足那个时期的要求，在新时期已经不够用了。

那么好，有的同学就问了：老师，什么是科学啊？我们讲思考科学的问题，有一个视角问题，你从什么角度理解？如果你说科学本身是搞饭吃的，是打人的，是一种力量的象征，一种秀肌肉，那么你会觉得我们所有民族只要是吃饭的就是搞科学的，这个思考的角度是不对的。为什么呢？各个民族都要吃饭，都有自己的国防问题，怎么中国古代就没有大力发展科学？为什么我们只搞技术，没人搞科学呢？有人说科学只是一种智力水平的标志。我们认为这种看法也不正确，因为中华民族的智力水平也是不差的。我们有庞大的人口数量，有很高的智力资源，那为什么我们拿不到诺贝尔科学奖？犹太民族的智商不会比我们高那么多吧，可犹太人单位人口获诺贝尔科学奖的数目是我们的一百倍。所以这不是智力水平的问题。

思考科学需要什么样的眼光？我们说需要用人文的眼光。大家可能很奇怪，就是人文和科学不是两伙人吗？我们是搞人文的，数理化是搞科学的，以文史的眼光看数理化，这怎么可以呢？我首先要申明一下，我这里所说的“人文”不是分科意义上的文史的，而指的是一种基本的哲学眼光。为什么基本的哲学眼光叫人文的眼光？因为“人文”这件事情本来就是哲学问题。我们知道人这个物种很独特的，独特在哪里？既不在于他在动物界里面的特征，也不在于他的社会学意义上的特征，而在于他有两个基本的哲学特征。第一个特征叫作人是一种先天缺失的物种。什么叫先天缺失？我们知道生物界每个物种都有一种本能，这种本能使它有一个生态位置，使他能够延伸下去，生存下去。可是人类在生态位置上是不确定的。

这跟人类的进化有关系：人类进化有两个趋势，一个就是直立行走，动物都是趴着的，只有我们人很奇怪，都是站起来的，用后肢行走，前两肢用来分化，这是一个趋势。另一个趋势就是脑量增大。我们脑子越来越大，人类的成年人的平均脑量是1450毫升，我们的类人猿兄弟就很少了，只有三四百。但是你要知道，脑量增大和直立行走是矛盾的。为什么矛盾呢？因为人类的女性一旦直立行走，她的骨盆必然就要变窄，否则没法走路，而骨盆变窄，胎儿脑子增大，会导致不好生育。所以你看人类生育在生物物种里面是难产最多的一个，过去助产条件不好的情况，周边总是看到有些妇女难产而死。现在当然医疗技术发达了，难产就很少见了。像我们这么大的脑袋，怎么解决？生物界有一个线性关系，你脑袋越大，婴儿孕育期越长，像我们1450毫升的平均成年脑量，这个孕育期按那个线性关系算的话，应该是21个月，要怀胎21个月。可21个月的婴儿脑袋太大了，生不出来。怎么办？进化采取了一个高明的步骤，就是让我们人类整体早产。我们是10月怀胎，一朝分娩，不到21个月。那么早产人在婴儿期体现的很明显：人类的婴儿生下来什么都干不了，眼睛没长好，手也没长好，干什么都不行，而动物生下来一会儿该干吗干吗去了。人类婴儿生下来几乎不算个人，是个半成品。把婴儿扔到狼群里他可以变成狼，放到猪群里就变成了猪，放到好人堆里是好人，坏人堆里是坏人。只有人才有这种能力，你把一个猪仔放到那个狼群去，它变不了狼，一日为猪，终身为猪，没办法。只有人有这个能力，人可以是狼，是猪，是任何东西。人还有一个更绝的，人可以不是人。有人就在骂，你这个人真缺德，真不是人啊。那你骂他不是人，你必须假定这个人可以不是人吧。如果那个人不能够不是人，那你骂他不是人不就很无聊嘛。你什么时候见人骂过一头猪："你真不是一头猪"。猪就是猪，变不了别的，只有人类有这样的能力，他可以不是人。人为什么能够不是人？因为他先天决定的，人本来什么也不是。

什么也不是的人，怎么成为人呢？这就是我们讲的：“人”必定要通过一个“文”使自己变成人。文以饰人，没有文就没有人。从来没见过有没“文”的人。所以说我们人就是一个空的东西，纯粹的人就是空的东西。那个“文”在古汉语是一个动词，和绞丝旁那个“纹”字是通的。纹饰，修饰，是吧。你看原始人把自个打扮一下，脸上涂满油彩啊，身上纹东西啊，头上插几根毛啊，就把自己打扮成人一样，你不这么打扮就不算人，所以人是通过“文”来成其自身的。所以我们说人文是一个最基本的思想，这是一个理由。因为人是先天缺失，先天的无，他是后天才把他称为有的，所以老子讲有生于无，这是很有道理的。按照我们现在哲学讲，人本就是无，是空的。

当然了，还有一个特点，就是人是一种有死亡意识的动物。什么叫死亡意识？就是我们活得好好的时候就知道自己终有一死。一般动物在活的好好的时候不知道自己要死的，只有我们人类有这样的能力。这是因为人类有一种无的意识，他有对无的明确的意识。死，就是什么都没了嘛。那么对于一个有“死”的意识的人来说，他要活着，他与别的动物不一样，他不光是活着，还要加几个字，那就是“有意义”三个字。人类活着是有意义的活着，如果没有意义的活着，那就不如死了算了。所以我们说生活如此艰难，如果你不能让我们生活有意义的话，那还是死了算了呗，一开始就死了，也不要费那么大劲了。那靠什么有意义呢？“文”就提供这个意义。所以人文这个“文”非常重要。这就是用人文的眼光来看待科学的一个铺垫。

我们要一个半小时解决问题，我抓紧时间讲。首先，对科学的理解目前是有普遍的误差，所以我们需要正本清源。如何正本清源？需要采取人文眼光。为什么要采用人文的眼光，因为人文的眼光是最基本的眼光。理解所有人类文化的基本现象，科学、宗教、法律、政治、经济，这都要用人文的眼光去看。

理解科学的这个起源，也就要从人文的角度来看。也就是说为什么科学独独出现在古代西方——希腊地区，而没有出现在我们中国？这是不是因为我们中国就不需要吃饭了呢？是不是因为我们中国人的智力水平不够？当然不是。那是因为什么？我们初步的答案是我们有种不同的人文结构。中国文化与西方文化有不同的人文结构。我们要理解科学的起源，就需要考察一下中国和西方的人文结构的差异。当然我们是在讲科学，但事先讲讲中国是有好处的。因为我们本身是中国人，对中国文化比较有体会。中国文化简单说来基本上是农耕文化。农业革命发生在 12000 年以前，是人类一个普遍的革命。但是在中国这块神奇的土地上，我们的祖先发明了一整套烂熟的、排他的农耕文化。中国的文化非常强大，自古以来，重农抑商。人分四等，士、农、工、商，重农抑商是非常明显的。我们有漫长的海岸线，中国不缺海。但是我们中国没有发达的海洋文化，只有在短暂的历史时期，个别地方有一点点海洋文化。中华民族总体来说不是个海洋民族，我们对海洋缺乏基本的认知。几千年来，假如我们在过去一直就有海洋意识的话，那南海就不是问题，周边全是我们的。咱们古代，自古以来对海洋有一种发自内心的恐惧。明清两朝甚至以国家名义发布海禁政策，不许大家出海。所以我们是一个极为独特的农耕社会。农耕文化的基本标志有两点。第一个是粮食生产。当然我们中国都知道民以食为天，所以农作，农业技术十分发达。第二个就是定居生活。定居生活在中华文化的发展中深入骨髓。所以安居乐业，一听这个词就知道了。安居，定居是中华文化一个非常严格的基因。我们中国人每个人户口本都有一项叫作户籍，籍贯。你籍贯是哪里的。很多人对籍贯不清楚。中国自古有籍贯，意味着什么呢？意味着我们的祖先基本上不搬家。你看美国人一辈子平均搬 8 次家，所以美国人的户籍里面只有一条，叫作出生地，birthplace，没什么籍贯不籍贯的，籍贯没法翻译。中国人为什么有籍贯，就是因为我们祖先基本上不搬家。父母在，不远游嘛。中国人讲到处乱跑是不幸的人生，所谓背景离乡，家破人亡是也。当然，自古以来有志青年也不是不乱跑，那是少数人。少数人为什么要到北京做官啊？到那个省城做官，那是因为你学习学得好，要为皇上效劳，所以自古忠孝不能两全，那没办法。但是你退休了，还得回去，告老还乡。你要树高千丈，叶落归根。中国文化很强调故土、乡土、老家、祖籍这一套东西。这一套东西给中国文化打上了深深的烙印，这个烙印就是中国文化典型的定居文化。

定居文化说白了就是熟人文化。大家都是熟人，我们对所有的人都是当人看，只要把你当人看你就是熟人，自来熟。你看看，我们上街问路，问了一个男的，我们会主动地喊道："大哥，西北师大怎么走啊？"他也不是你哥，你叫他大哥。遇到女的，叫大姐。老年妇女，就叫大娘。这不是你娘呢，但我们就叫大娘，大姐，张口就来。为什么？因为我们中国人没有别的称呼，不像近代以来还有什么先生啊，女士啊，这样叫的没有。只要把你当人看，你就跟我亲戚一样。为什么？因为中国的整个文化构建是农耕社会，定居文化，熟人文化。所有人，哪怕商人也是熟人，一回生、二回熟嘛。如果把你彻底当商人看，那就不把你当人，那就不是人。所以我们开玩笑，中国人心目中人就分那么两三类，第一类是熟人；第二类虽然不认可，但是领导，上司，有权力的。第三类就不是人了。这是开玩笑的，不过它说明我们中国人打交道的情况，基本上是熟人关系。

熟人关系是怎么建立的？根源是血缘关系，中国人血缘秩序十分清楚，也十分复杂。现在年轻人，你们这一代慢慢好一点了，独生子女把我们很多血亲关系搞没了。传统的内外有别，长幼有序，哥哥弟弟那是不一样的，它有一些伦理学含义。中国人伦理学本来就是辈分秩序，伦者，辈分也，伦理学就是辈分造就的。所以这个秩序是通过血缘亲情的辈分关系体现出来的。哥哥弟弟是不一样的，伯伯叔叔不一样。比你爸爸大的，叫伯伯，比你爸爸小的叫叔叔。还有舅舅，还有姑父，还有表叔，就是男性家长里面一辈的，一大堆称呼。你看英文就很简单，一个词 uncle，全解决了，所以当时中国人认为英国人是蛮夷，连舅舅和姑父都分不清。其实人家也不是分不清楚，没必要分清楚。我们中国人就需要，因为这关系到人际关系怎么处理。内外有别嘛，男方女方，父系和母系要分清楚。长幼有序，你要说 uncle 不知道是姑父还是舅舅，你说 brother 也不知道是哥哥还是弟弟。洋人里边如果一家人孩子比较多，他互相都叫名字。在我们中国可不能这么干，你喊你哥哥的名字，那我们说你太没家教了，对不对？我们这个哥哥弟弟之间是有伦理关系，兄长要有兄长的样子，弟弟要有弟弟的样子，它是有关系的，是一种文化。所以我们其实是基于血缘关系的血缘文化。血缘文化的要点是什么？是亲情。亲情的要点是什么？是亲子之爱，是亲生父母对亲生子女的爱。这种爱是儒家的逻辑起点，这个爱主要称之为仁爱。所以什么叫人呢？在中国文化里，如果用儒家的话来说，就是仁者，人也。你是个人吗，那你就要有情有义有爱，这就是人。无情无义无爱是禽兽。所以在中国文化里面禽兽是人的反义词。我们骂人，就说你是个禽兽，是个畜生。为什么叫畜生呢，因为无情无义无爱啊。当然后来发现其实禽兽也是不错的，乌鸦反哺啊，羊羔跪乳啊，虎毒不食子啊，所以后来再骂人不是人，就说禽兽不如。意思还是那个意思，仁者人也。

所以中国文化特别强调情爱，当然这个情爱可不是男女之间的情爱。男女之间的情爱在中国文化里面地位不高，也不是什么正儿八经的事。一般我们讲夫妻之爱，通常转化为亲情之爱，因为那个基于荷尔蒙和性别差别带来的爱，它是短暂的，不能持久。到时候靠什么维系呢？所以我们祖先早就意识到靠这个靠不住，还得靠亲情来。亲情之爱不是排他的。孟子有一句名言嘛：老吾老以及人之老，幼吾幼以及人之幼。什么意思？就是那种对亲生子女和父母的爱是可以扩展和传递的。我孝顺自己父母，我喜欢自己的孩子，当然也会爱护天下的孩子。不过你注意，这一个爱，它不是平等的，是有差别的。中国文化强调要不偏不倚，既不过分，也不能不足。这个提法有问题，既然爱有差别，那么你怎么样恰如其分地传递你的爱就成了一个严肃的文化价值。比方说你对我那么尊敬，你不应该这么尊敬，在我们的关系谱系里面，我跟你关系应该是一般的关系，你过分地对我尊敬，我会认为你对我有所图谋，我会不高兴。或者我们本来很亲，但是你对我不够亲密，我也会不高兴。你喊一个比你爸爸大的人为叔叔，你看他高兴不高兴？你喊一个比你爸爸小的人叫伯父，他也不高兴，这就是说要不偏不倚。这种差别之爱是传统中国人一生的主要问题。所以谁是我们的敌人，谁是我们的朋友，毛主席说这是革命的首要问题。这不仅仅是革命的首要问题，还是每一个中国人的首要问题。如果你亲疏不分，不知好歹，那你不能成为一个很好的人，因此我们的中国文化做人很难，难在哪里？就在这个不偏不倚。这个恰如其分是一个很大的问题。

那么怎么使你成为一个真正有爱心，同时又具有差别之爱的一个人呢？那就要习礼仪。这是礼貌的礼，礼节的礼，彬彬有礼的礼。我们中国文化强调，通过儒家教化，把你教化成一个仁爱的人，所以说儒家的人文结构就是一个仁—礼结构，通过习礼成人。所以我们古代讲克己复礼为仁，不习礼何以为人，都是这一套思想。我们看到一个典型特点，中国文化基本上是处理人际关系，而处理的方式主要参考你的亲疏远近。因此，在中国文化里，人天生不是平等的，现实中你不可能爱别的孩子胜过自己的孩子，你也不应该去孝顺别人的父母而胜过自己的父母，这都是有问题的。你自己的父母你不孝顺，你整天孝顺另外一个老人，那当然会让人怀疑你是不是偷人家老婆，为了人家的房子。你不爱自己的孩子，爱另外一个孩子，让人怀疑那才是你的亲生孩子。中国人讲的，人一开始是空的无的，半成品还没有成为人的状态。但是你要真的做到这一点，那是很不容易的。一定要习礼，所以礼仪文化构成了中国文化的一个主流。无论是读四书五经，还是学习琴棋书画，都是礼。哪怕你是做手工艺的，手工艺人也发生了一个升华，一个礼仪的升华。这是中国文化基本特点。

我们讲这个的目的是衬托另外一种文化类型，这就是西方文化。西方文化一般是两希文化——希腊、希伯来。希腊文化就是所谓科学文化，科学理性的一个源泉。希伯来就是基督教文明，它提供的是宗教信仰。那今天呢，我们主要讲科学，宗教就不讲了。但是无论是希腊还是希伯来，他们在早期的文化结构方面很类似。他们是一个很注重迁徙、不注重安居的文化。为什么？因为他们的早期文明形态不是一个纯粹的、排他的农耕社会，它是混杂的。你看希腊地区鼓励经济，没有什么粮食，他们的主要作物是橄榄和葡萄。所以它主要是葡萄酒，橄榄油不错，但是粮食需要跟别人交换。而恰好爱琴海地区又适合航海，它是一个航海文明。他们祖先来自北方游牧民族，所以游牧文化，航海文化，商贸文化和农耕文化混在一起，而农耕是小农。希伯来人属于犹太人。以色列人自古以来迁徙成为常态，自由地奔走成为常态。因此我们说它不会流行定居文化，相反，它是一个迁徙文化。

迁徙文化还有一个特点，他老碰到生人，所以它是生人文化。生人文化把什么看得很重？任何一帮人待在一起就需要这样一个社会秩序，这种社会秩序进而成为文化秩序，道德秩序，法律秩序。它根本上是一个社会秩序。这个社会秩序是怎么建立的？在我们中国是靠血缘，把所有人的关系血缘化。皇帝大臣的关系，比照父子关系处理，行政长官和群众的关系也比照父子关系处理。这就是父父子子，君君臣臣的道理。我们知道行政长官爱民如子，称老百姓为子民，称自己叫父母官。中国文化是空的，所以上下级关系按父子关系处理，师徒关系也按父子关系处理，一日为师终生为父嘛。中国的师徒关系不是一般的关系，不是在西方那种，比方说毕业了跟我没关系了，那不是。我们中国是终身制，一旦结为师徒，那可就像跟结为父子一样的，师父对你永远有责任，你对这个师父永远有义务。你有任何问题师父要关心你。是不是没钱吃饭了，是不是找不到女朋友啊，是不是找不到工作呀，是不是不能发表文章啊，是不是评奖评不上啊，都要关心。按道理是你自己关心的。所以这是儒家文化，很强大。这是我们中国人处理社会关系的一般方式。所以社会关系在中国人眼里，就是社会经济关系。我们讲填表的时候，社会关系一栏，“社会关系”这四个字很奥妙，主要是你的亲戚，你最亲近的亲戚写上。中国人的社会关系除了亲戚没别人，要不就是真正的血缘关系，要不就是准血缘亲戚，都是亲戚。

但是西方社会是生人社会，总是碰到生人，他靠这个亲戚不够用。怎么办呢？生人社会发展到最后是什么类型？我们一起来看看，它称之为契约文明。什么叫契约呢？我们定个规则，在一起生活。我们来自五湖四海，大家不认识，怎么办呢？定个约。所以契约社会跟我们血缘社会是很不一样的。契约社会要求每个人能定约，也有能力守约。它要求成年人。小孩子没有责任定约，也没有责任守约，她没能力。你说你儿子欠我 5 万块钱，他还打借条呢，那我们就很不屑地说，我儿子才两岁，怎么可能借你 5 万块钱呢？即使他写了借条也没用，两岁小孩子不具有签约能力。那什么人具有签约能力呢？你要知道我们以前，旧社会的时候，把妇女不当人看，认为妇女都不算人，她没有签约能力。我经常看以前的老电影，比如说邮递员说签挂号信了，摇铃，某某家出来拿什么东西。只见一个抱着孩子的妇女说，“我们家没人。”“那你不是人?”“我签字不算，我没有章子。”在中国文化里，这一点比较落后。西方人一开始，他的文化就建立一整套契约关系，这个契约文化深入到骨髓，成为它的文化本能，所以定约守约是西方文化的一个根本特征。你看西方人讲的那个圣经，叫什么？叫旧约，新约，这是上帝与人之间定的约，这个约一旦达成就完了。所以同样看你是不是人，就看你有没有能力定约，有没有能力守约。

什么样的人能定约和守约呢？他必须是一个独立自主的个体。这样一个个体，才能称之为人。所以西方人把人定义为什么？定义为一个自由者。你只有是自由人，才有能力定约守约。所以你看西方人的理想里面自由二字有多重要，西方的思想家也好，艺术家，哲学家，一说起自由就两眼发光。“生命诚可贵，爱情价更高，若为自由故，两者皆可抛。”咱们中国人背这个诗不理解。生命诚可贵，爱情价更高，这个可以，我们说为了情感放弃生命，那是很高尚的。到了第三句就很奇怪了，若为自由故，二者皆可抛。不理解，自由是什么玩意？为了自由，生命不要了，爱情也不要了吗？不懂，因为在我们的文化里面没有这个东西，也没有这个词。这个词也是日本人翻译过来的，翻译西文freedom，liberty。为什么中国没有呢？因为我们没有独立个体，也就是没有自己。中国人谈自己怎么谈？我们是通过社会关系来谈自己。你是谁啊？我是我父母的子女，是我子女的父母，是我老师的学生，是我学生的老师，是我上司的下属，是我下属的上司，是我同学的同学，是我同事的同事。我是什么？我什么也不是，是一个函数关系。你要问我是谁？那就要看你想要问的角色。有的人问你是谁？我爸是李刚。说得通啊，掷地有声，冠冕堂皇。我们没有单独的自我。我是谁呀，其实和梦一样，我这个身份认同，它是变化的。西方人一开始就认为，每一个人是一个个体，有权确立自己，这样契约才能搞成。在我们中国文化就不一样，中国文化不是从个体开始的，我们从群体开始。我们的家族啊，家庭啊，国家呀，家国情怀，讲究集体，我们讲大河有水小河满，大河无水小河干，这是集体，这和我们文化有关系。我们写自己的时候也是这样子的，中华人民共和国甘肃省兰州市，安宁区，几排几号，然后写到自己。那洋人倒过来写，首先把自己名字写上去，然后倒过来写几排几号等等。这种思维方式很明显。他们是个体，我们是集体；他们由小到大，我们从大到小。这就意味着自由成为西方文化的核心。

我们讲整个西方文化历史有两类文明，第一类是希腊的自由文明，第二类是基督教和希伯来人的宗教文明。我们不熟悉的是希腊人的自由文明。对科学起源这个问题来讲，希腊的自由文明是非常重要的。什么是希腊的自由文明？简单来说，希腊人说自由就是获得知识。你有了知识就有自由，你没有知识就不自由。苏格拉底的名言是：犯错误的本质是由于无知造成的，作恶、犯错都是因为无知造成的。任何有知识的人不可能犯错，也不可能作恶。本质上说知识是导致我们有无道德的一个根本标准，用他的话说，无知就是缺德。这一点我们当然不承认了。现在我们都认为有没有知识是一回事，有没有德行是另外一回事。但是希腊人很有意思，他坚持地认为一个人失德，之所以犯错误，一定是无知造成的。用他的眼光看，你一旦获得了知识，当然就获得了自由。黑格尔说，自由是对必然的认识，就是表达这个意思。他是一个典型的“希腊人”。自由是对必然的认识，所以获得一门知识就获得自由，这个思想是我们中国人非常难理解的。第二点很重要，光说第一句我们不懂，加上第二句我们就懂了。改造世界我们就自由了。我们凌驾于世界之上，我们能改造世界，自然就获得了自由。这是希腊人的认识，希腊人认为你能认识到你就自由了。我们古代有一个说法，叫朝闻道，夕死可矣。你的道行很高，那你的人生就很高了。希腊人需要一种文化形态的实现。我们刚才讲儒家是用礼仪来实现人的这个目标，通过礼仪来成人。

那么希腊人通过什么来获得自由呢？这就是我们今天的主题：科学。科学在希腊人的认知里，是实现自由人性的一种文化手段。通过学习科学，让你领悟到自由的境界，领悟到什么是真正的人。所以科学开始就不是工具，不是某种应用性的知识，而是一种特殊的人文。

当然这里面需要做一个深化。希腊的科学不是我们想的科学。希腊的科学有两个基本的作用，一个是高标特立的强调：科学必须是无用的。这一点在我们中国人看来是非常匪夷所思的，知识没用我们学它干什么？希腊人说知识必须是无用的。为什么呢？因为只有无用的知识，才是以自身为目的而存在的。任何有用的东西都是为了别的东西而存在的，对不对。你学别的知识为了有用，当然你的这个目标是为了做那个事情，而不是为了学本身嘛。只有这个是自由的，无用的知识才是为了自身的目的而存在。所以亚里士多德强调知识自古以来分为三大类。他在《形而上学》开篇卷讲，第一类知识称为经验知识，叫作知其然不知其所以然。第二类知识叫做理论知识，就是知其然也知其所以然。按照我们中国人看来，够了，知识不就是这两类吗？一类经验知识，一类理论知识。知识从经验中来，到理论中去，然后又回到经验来指导我们生活。但是亚里士多德说这两类知识还不是真正的科学，因为它不纯粹。纯粹的知识必须是为自身的目的存在的。那么什么叫为自身的目的而存在呢？什么都不为，就为自己。就像我们问一个孩子，你为什么要读书呢？我什么都不为，我就喜欢读书。在我们中国人看来，你这个孩子有毛病，是书呆子，但是希腊人认为这是最高的境界，因为这种读书是为了读书本身。

希腊人有一个故事。有几个孩子跟欧几里德——《几何原本》的作者，学几何。一个孩子就问，老师我们学的东西究竟有什么用呢？很常见的问题嘛。没有想到欧几里德勃然大怒说，你骂谁呢？我怎么可能教你们有用的知识？我告诉你，我只给你们教无用的知识。他认为无用的知识才是高贵的、自由的、纯粹的。那么有用的知识呢？那只能是农民做的事情，混口饭吃，都是德行不高的表现。只有那些纯粹的知识本身才是高级知识。所以希腊人高高地强调知识必须是无用的知识。有用的知识当然也算知识，属于低级阶段。希腊不是把知识分为三大类吗？一等知识，就是纯粹的知识，叫思辨知识，又叫理论知识，theoretical science，理论科学，它是最高级的，包括哲学，数学，物理学。哲学，物理学，这些是最高级的，为什么呢？它没有用，什么用都没有。第二类知识，差一点，有用，政治学、经济学、伦理学，处理人际关系的是第二等。第三等呢，更差了，制作的知识。像什么艺术，画画的，雕刻家，像什么医生啊，建筑师啊，做诗的，这都是差的。所以他分的很清，根据有用没用来的。这是强调希腊的科学是无用的。

那无用的东西怎么搞？所以希腊人提供一个极为独特的科学类型，今天称之为演绎科学。什么叫演绎科学呢？就是自己推出自己，它是推理的，论证的，它是一种内在性的科学。这种科学斩断了跟经验的联系，它要建构一种自我展开的，自己说明自己的一种体系。抓住自我，自己，内在，本真，这都是讲的一种特殊的科学类型。你看希腊的数学，它不计算，全都是证明。它强调纯粹的知识必须是能够自己推出来的，不能依赖经验，依赖经验是靠不住的。所以希腊人很确信知识的确定性，知识的永恒不变，真理的永恒不变。真理概念也是希腊人提出来的，我们中国文化没有真理概念。现在看真理两个字实际上是从佛教过来的，“真谛”。中国文化自身没有明确的概念，真真假假并不是很严格的。中国文化强调流变，一切都在流变之中。所以真的可以变成假的，假的可以变成真的。真假是一个相对的概念。希腊人一开始就强调真理是绝对的。绝对的真假构成了希腊科学追求的一个目标。真的就是真的，假的就是假的，他们就强调存在的就是存在，不存在的就不存在，是就是是，不是就是不是，这种讲法很坚硬。黑格尔高度评价它，说从它开始西方才开始有哲学。从这里开始，才有真理的追求，才有理性。

那么我们再问，什么是理性？理性的基本特点就是自我二字，自我展开，自我演绎。因为只有自我演绎，才是所谓的自由的科学。那么自由的科学怎么搞？你不能从经验开始，因为经验不可靠。比如我们说外面的天气怎么样？说外面晴空万里，我怎么一看外面下雨了，不对吧。那么外面正在下雨呢？再一看，没有雨了。不行，怎么办呢？希腊人说你得从绝对真理出发才能推出东西。那什么是绝对真理？“废话”才是绝对真理。外面天气怎么样？外面要么下雨，要么不下雨。希腊人说这个最好，从这里开始。不要笑，整个欧式几何基本上都是这么干的。它定义公理、公设，照我们看来全都是废话。它的定义：点就是没有大小的东西；线是没有粗细的东西；面是没有厚薄的东西。跟没说一样。公理：等量加等量等于等量。这不是废话吗？这还用说吗？这是公理。公设里面也是这样的：两点之间一条线，两条线要么相交，要么不相交，都是废话。但是整个几何学全部建立在这样一个貌似是废话的基础上。

希腊人是从貌似废话出发，推出很多东西来。几何学可不都是废话。刚开始貌似废话，推着推着，问题就出来了呀。一个面上可以做一个三角形，任何三角形内角都等于 180°。一个直角三角形，它的直角边平方和等于斜边的平方和。你看，这里已经不是废话了。这些东西是怎么来的？竟然不是通过经验来的，而是先验地导出来的，所以希腊人的知识我们叫先验知识，开辟了一个所谓的先验的知识类型。这个类型为了什么呢？说白了，它为了自己的确立。事物有一个自己，这个自己是通过道理来确定的，因为道理也是自己的道理，所以学习自己的道理就是确认世界逻辑。这个世界的逻辑很坚硬。为什么？因为它不求人。我们知道你求人，你就有点软弱了，你不求人，当然你就很硬了。怎么能不求人呢？理性就是不求人，理性只求助自己。所以理性为自己开辟道路，理性设计自己的原则，这就是整个西方哲学的基本思路。在康德那儿就叫物自体，讲自己是自己。这是希腊以来的自由精神始终成为哲学发展的一个坚强支柱。

我们讲希腊科学有两大特点：第一，无用；第二，内在。刚才讲的比较抽象，我们讲细一点。希腊人一般来讲分成两大类别，年轻人 20 岁以前要学数学，20 岁以后学哲学。数学加哲学是希腊的两大主要的科学门类。数学也好，哲学也好，都是符合我说的两个原则。没用，你学了哲学肯定是没有用的。我们经常说哲学是无用而自由的灵魂嘛，哲学是培养这个东西的。一个大学必须有好多的系，把他送到这个大学里面，培养自由的灵魂。数学就不一样了，所以我们今天哲学不讲了，改讲数学。希腊人怎么搞数学呢？首先数学这个词翻译就有问题。希腊人讲 mathematics，它讲的不是算数的东西。mathematics 在希腊文里面的意思是说能学能教的东西，是这么一个意思。因为希腊人对学习一向有个疑惑，他说你学这个东西，你对这个东西是懂还是不懂呢？如果你懂了，你就不用学了；如果你不懂的话，你怎么学会呢。你要么就懂，不用学了，要么就不懂，根本学不会。所以柏拉图后来说这个问题问得好。我们一切学习只能学那些我们本来就懂的。懂了为什么还要学呢？因为这个东西我们本来是懂的，后来给忘了，所以学习就是回忆。柏拉图提出了一个著名的学习即回忆的理论。这个理论今天看起来很荒谬的，好像我们生下来什么就懂，后来长着长着就忘了，后来再重新学。他不是这个意思，不是经验心理学的意思。是什么意思呢？他是说一个真正属于人类的知识，必定已经被人类先天地具有，如果你不具有这种先天的能力的话，你什么也学不会。你看怎么不去教动物学数学？它肯定是不会的。为什么教人？因为人本来就会。柏拉图不是专门做了一个实验吗，一个农民小孩什么都没学过，他不懂。你问他问题，不懂，但是他有“一”的概念。任何人有一个自我意识点，就有“一”的概念。任何人都知道 2 > 1。那就好办了。所以他认为每个人都有先天的理性，只要你能把它唤醒。你看，近代以来的启蒙运动，不就是唤醒你的理性吗？因为我们的理性在沉睡。什么叫启蒙？启蒙就是学会运用理性，谁的理性？自己的理性。为什么是自己的？因为本来就有，所以数学的意思是能学能教的东西。如果正确地翻译过来，就是能学的东西。

希腊人认为哪些能学呢？四大学科：算术、几何、音乐、天文。所以数学并不是数数的，只有算术那部分跟数字有关系，几何、天文不是数数的，音乐也跟数没关系。所以希腊数学是四大学科，这四大学科里面可以充分反映希腊人数学这门科学的特点。算术，我们中国人的传统理念，我们中国人的数学全是应用题，解决具体问题，什么挖土方啊，分肉啊，都是这些事。希腊的算术不搞计算的，希腊的“计算”用另外一个词，这个词正确的翻译应为“数理学”。而真正的搞算术的用另外一个词，叫“逻辑思维”。逻辑那个词根，它表示算术。那么算术是干什么的呢？它全是研究数字之间的道理，它的关系。毕达哥拉斯通过研究数学的算式，他就发现事物的纯粹关系其实都可以分解成数字之间的关系。那很显然，我们讲 1∶2 = 2∶4，神奇吧。2 和 4 的关系，其实和 1 跟 2 的关系是一样的。你会发现这个 4 居然可以分解成 2 × 2，这不是很神奇吗？希腊人整天就做这个事，要么就分解成素因数。所以希腊人对数字分类，第一类就是奇数偶数。我们讲奇数偶数，就是从希腊引进来的。我们中国人不讲奇数偶数，我们叫单数双数。我们中国人讲究好事成双嘛，单数不喜欢，喜欢双数。希腊人相反，希腊人认为奇数是最奇妙的，偶数是不奇怪的，跟我们正好相反。除了奇偶之外，还有很多数，现在都不用了。希腊人的三角数，像6。1，2，3，6，这个6就是一个三角数。10也是三角数，1，2，3，4这个三角数。还有正方数，你看4就是正方数，7又是一个正方数。按照数与几何的形状关联在一起。他还发现有个数，自己的数因子加起来等于自己，这叫完全数。比如6 =1 +2 +3，1，2，3正好是6的数因子，1 ×2 ×3 =6，完全数。还有的数呢，我的数因子加起来等于你，你的数因子加起来等于我，咱们俩很亲近，所以我们叫亲和数。他们就研究这些玩意，研究了好多。毕达哥拉斯认为万物皆数，所以研究数就是研究世界的道理。

但是，不幸的是后面出现了一个事，就是$\sqrt{2}$的发现。等腰直角三角形，那个腰是1的话，斜边就是$\sqrt{2}$，希腊人称为毕达哥拉斯定理。结果有一次，毕达格拉斯派有一个成员就发现，这个$\sqrt{2}$，也就是这个斜边死活也不能写成两个数的比例。按照希腊人的想法，所有的数都可以分解成为数的比例，结果$\sqrt{2}$不能，他就把这个发现告诉了他的同伴。那一次，他们正好在海边游玩，在座的人都觉得不可能，你知道他们说什么？我们的祖师爷说了，万物皆数，那一个等腰直角三角形的斜边也应该是一个数，结果发现$\sqrt{2}$不能写成两个数的比例，在场的人悲痛欲绝啊，没有办法。没办法怎么办？只好把他扔到海里去了，所以$\sqrt{2}$的发现者被他的同伴扔到海里去了。一个$\sqrt{2}$的发现用一条人命作代价。我们中国人就觉得很奇怪，那个$\sqrt{2}$不是一个数就算了呗，那只能说明我们中国文化对此不在乎，相反，希腊人对此非常在乎。这就说明在文化导向里面，有些很重要的东西对另外的文化就不是很重要。$\sqrt{2}$是不是一个数，对我们来说不是很重要，对希腊人来讲很重要。同学们想一想，什么很重要，以至于把这个消息告诉你后，你恨不得把他扔到海里去呢？过去我也问过同学们，我觉得有件事情是差不多的。比方说，有人突然告诉你说，我告诉你一个消息，经我仔细的研究，发现你爸爸不是你亲爸。我估计你恨不得把他扔到海里去，那是因为我们中国人血缘要求是很严格的。如果你突然间发现你这几十年来相依为命，至亲至爱的父母竟然不是你的亲生父母，那你的生活就完了，是不是？同样的，如果$\sqrt{2}$不是一个数，那世界的秩序就完了，也是这个道理。

$\sqrt{2}$的危机导致了数学的第一次危机，所以希腊人搞几何学，几何学成为希腊人数学一个重要的门类。到了柏拉图时代，几何学基本上就代表了数学，所以柏拉图在学校的门口挂了一个牌子，叫作不懂几何学者不得入内。可想而知几何学代表了数学，成为当时数学的一个主要学科。过去我们说，柏拉图这个标语，这个牌子主要指的是几何学是一个先修课程。我们大学的先修课程，不学好几何学下面学不下去了，这当然也有道理。但是我觉得主要不是这个原因，而是说这个标语显示出一个关于人性的基本认同。一个文明人，或者一个自由人，一个正经的人，一个真正的人，他首先必须学几何学。为什么要学几何学？因为几何学作为数学的主打学科，它代表的是人性塑造的入门阶段。我们说不习礼不足以为人，相当于说不读“四书”“五经”的人不得入内，道理是一样的。你连这个都没有读，你就不是一个正经的人，不是一个中国文化认可的标准的人。同样的道理，几何学在希腊扮演的角色，相当于是一门哲学课程，是一门政治课。用我们过去毛主席的话来说，你不学几何学，就不能成为一个高尚的人，一个纯粹的人，一个脱离低级趣味的人。几何学是一个使你成为真正自由人的界标。为什么呢？因为几何学揭示了事物内在的秩序。通过学习内在的秩序让你领受什么叫真正独立的人格，什么叫自由的品质，什么叫自由的灵魂，什么叫由着自己。由着自己是什么意思呢？它是说你有一个独立的“自己”。几何学告诉你，在这个整个推演当中，有一个坚定不移的逻辑，那个逻辑始终在起作用。所以通过几何学学习，一方面了解世界的逻辑是不因为人的意志为转移的，它是有内在的客观规律，同时你又知道人之所以屹立世上是因为人有一个自身，这个自身教育我们所有的价值、所有的意义，所以学会几何是这么一个目的。

你看西方世界里，几何学一脉相承，成为西方文化的一个支柱。现代印刷术发明之后，有两本书是一再重印，版本众多。排列印刷量前两名是哪两本书呢？你们可以想到，第一名是《圣经》。《圣经》是人手一本，反复地印。第二名是《几何原本》，在西方世界差不多也是小孩人手一本。它是教科书，但是更重要的，它是代表西方的一种象征。爱因斯坦曾经说过，现代科学无非两大来源，第一个来源是以欧几里德《几何原本》为代表的希腊文明的科学，演绎精神；第二个来源是中世纪掀起的实验精神。加演绎实验才是近代科学的原本精神。但是从它的更早的起源开始，希腊可以说是整个现代科学的真正起源，追溯起来应该追塑到希腊人的认同。希腊对自由的那种作为人类的基本目标，是使得希腊科学如此出现的根本原因。

几何学最早流入中国是明朝末年，当时的徐光启深刻认识到西方文化与我们中国文化的重要区别就在于《几何原本》，所以徐光启找来利玛窦，一个传教士，把它翻译出来。几何这两个字就是徐光启的定义。当时利玛窦忙于传教没时间，他就说几何太难了，你们学一半就够了，所以他们俩合作的译文只有一半。当时西方人就认为中华民族总有一天人人都要学几何学，可是这个预言当时没有实现。二百年以后，到 20 世纪中叶的时候我们才把它完整地翻译出来。到了民国时期，国家立法要求所有学生都要学数学，到了初中叫平面几何。平面几何就是欧式几何。很多人不知道学几何干嘛，因为他既不丈量亩方，又不分配人口，光是证明，证明完了就完了，所以我们学几何很奇怪。当然你们的老师肯定会苦口婆心地告诉你们，学几何好啊，可以养成严密的思维习惯，可以帮助你获得认真做事的习惯。他其实没有意识到几何学的学习从根本上讲，是向希腊文明致敬的表现，就是我们认同了西方科学的世界观，认同了西方的科学方法论。

我们说《几何原本》代表了最早期的样板，它提示了希腊科学的真谛。什么真谛？就是内在的、推演的、证明的、逻辑的、理性的、求真的这一套词。当然一开始没有用，它也没有救国，我们知道希腊很快就灭国了。开始被亚历山大大帝灭了，后面又被罗马灭了，一千多年前成为东罗马帝国，后来是拜占庭帝国属地，再后来又被土耳其灭了，一直到19世纪才争取自由独立。所以科学没有帮助希腊成为世界强国，但是它却成了现代文明的支柱。我们要搞清楚，真正使得希腊屹立世界之林的是一种特有的精神，这种精神就是自由精神。

我们知道希腊科学，数学除了算术几何，还有音乐、天文。过去音乐和天文也是数学。音乐怎么是数学呢？古典的音乐是讲和声的，不同的音高之间怎么配起来，用和声。我们中国音乐没有和声这一说，希腊人很早就用了。所谓的和声，就是应用算术。它是不同的比例，1∶2造就八度音，2∶3造成几度音，3∶4造成几度音，所以音乐算是一种应用算术。

天文学是一个非常明显的展示中西文化差异的。我们中国人有天文学，很发达，希腊人也有天文学，也很发达。有什么不同呢？我们知道中国的天文学的根源是所谓的天人思想，中国人讲天、地、人三才贯通，三才合一。所以天人合一思想就使得中国人很注重天空，用天来指导人间的事情，特别是皇帝喜欢这个，因为皇帝是天子，作为天子你当然要理解天上的事。怎么了解呢？要通过了解天上的一举一动来指导你，天上的一举一动被称为天文，文者纹路也。天文等同于天象，各种恒星、行星构成的天象起警示作用。中国的天文学第一个是一种星象博物学，天空博物学，中国人把天象每一个变化都记下来。记下来干吗呢？进行破解，看这个星象对应的是好事还是坏事，所以我们称它为星象解码学。你夜观天象，发现火星正在通过狮子座。火星通过狮子座意味着什么，他有一套说法，比如说很好，那我马上报告给皇上，祝贺。如果不好，完了，这是警告。这叫星象解码。解码干吗呢？要指导皇帝的政治活动。我们中国人认为天上的变化本身是有含义的。今天认为有些灾害是天灾，叫自然灾害，比如地震，我们拿它没办法，地震是典型的自然灾害。但是中国古代认为地震不是自然灾害。中国古代没有自然这个概念，自然界是为人类社会服务的，中国文化里面天地人是通的，因此地震这样的地面灾害，它意味着皇帝德行有亏，上天提出严重警告，所以皇帝很害怕。自古以来中国的统治者都很害怕天灾，喜欢隐瞒天灾，他隐瞒倒不是说他不愿意救灾，而是因为天灾就意味着他的统治的合法性受到了挑战。你老是地震，老是洪灾，旱灾，这就说明皇帝有问题，该换人了。那皇帝当然很害怕。所以每次出现地震啊，天上也有灾害，什么彗星啊，流星雨啊，太阳黑子爆发啊，什么日食啊，日全食最可怕，太阳都没了，皇帝很害怕。怎么办？他要举行盛大的礼仪，向天下人谢罪。他要向大家表示致歉，我这几年没有好好干，对不起大家，对不起上天对我的信任，我一定好好干，明年税收减免，宫女要放一点。皇宫宫女太多，阴阳不调，他要进行表态，老百姓敲锣打鼓，把天狗赶走了，太阳出来了，皆大欢喜。这就是中国天文学的好处。

它是一门政治占星术，服务于政治，当然也服务于老百姓的日常生活，因为我们中国人讲做事情要天时地利人和嘛，三者缺一不可。人和不用说了，要有人，地利也不用说，你在什么地方要讲风水，看那个地方好不好。那么天时怎么知道呢，就是看天嘛。可是老百姓看不懂啊，那就皇家天文学者帮你看。皇家天文学者看好了以后写一本书发到民间，那本书我们称为黄历。这本黄历官方印了很多，在街上售卖。有钱了你买一本回来，查一下，黄历上标的很多的是宜和忌的内容，比如说今天一查，吉，宜听讲座，忌，迟到早退，后一个是不好的，所以就按前一个做。中国古代的天文学不仅仅为皇家服务，是政治占星术，也是老百姓的日常伦理学。所以中国的天文学是天空博物学，是星象解码学，是政治占星术，是老百姓的日常伦理学，它不是一门科学，因为它不承认世界有一个独立于人之外的客观规律。比如日全食预测，说明天下午 3 点日全食，等到明天一看，没有。我们今天来看，算错了呗，你道歉再好好算算。可天文学家们特别高兴，马上向皇帝上表，向他表示热烈祝贺，祝贺你老人家的高尚德行感动上天。上天本来明天下午 3 点日食嘛，看你干得这么好，算了，不食了。今天我们听是笑话，当时的人真的那么想。当时不食，德感动天，过去经常发生这样的事。所以这个预测有没有用？有用，但是不能全信，不能预测也无所谓，这就是古代的科学态度。

相反你看西方希腊人，希腊人怎么搞天文学？希腊人认为天上是最难以表达的理念世界的一个样本。柏拉图认为世界真正的本质在理念世界，我们表面世界看起来乱哄哄的，那都不是真正的世界，我们这个世界只是理念世界的一个不完美的拷贝。我们的人生目标是达成理念世界，达成了理念世界你就很幸福了。怎么达成呢？当然，哲学家比较高级，那普通人怎么办，普通人也有办法，你看天就可以了。因为天上是围着我们视觉经验最完美的，地面就是乱的，天上不乱，你看天上的星体一圈转一圈，周而复始，永恒不变，所以天上的秩序稳定，是永恒的地方，所以仰望星空是普通人能做的最高贵的姿态。但是天文学的发展出现了一个问题，发现天上的星星总体很好，一圈转一圈，由东向西，太阳升起落下，一圈。可是你仔细看，太阳还有月亮，还有金星、木星、土星、火星这些，日月金木水火土，它有规律，表面看起来它每天一圈，仔细看呢，它除了每天转一圈外，它还有一个反向运动，由西往东，月亮一个月由西往东走一圈，太阳一年由西往东走一圈，其他金、木、水、火、土，或快或慢的都这么来一圈。而且不仅是逆向走的，它们由东向西走的时候，也不是匀速的。比如月亮，太阳明显是不均匀的，有时候快一点，有时候慢一点。金木水火土更不像话，有的时候往前走，有的时候往后走，逆行，这个就很麻烦了。要是我们中国人，不会觉得麻烦，上天就这样，记下来就行了。希腊人不一样，希腊人一根筋。大家还记不记得$\sqrt{2}$的事，一个$\sqrt{2}$就把一个人扔到海里去了，你看天上是乱的，那怎么行？在希腊人看来，天体嘛，应该做匀速圆周运动的，那是最完美的，这才能配得起天体的位置。你现在乱走怎么办？所以柏拉图就提出一个口号，要他的弟子们干一件事儿，叫拯救现象。什么现象？这七个星乱走的现象。这七个星作为天体，按道理应该做匀速圆周运动，现在不做，这不对，一定要让它做。怎么让它做？柏拉图的一个弟子叫希帕克斯，他是希腊天文学的始祖。他想了一个办法，说我们假定这个行星同时做好几个圆周运动，这好几个圆周运动叠加之后就看起来有问题了，你单个看就非常好，这就是拯救现象运动。这个运动就形成了科学的基本模式。

什么是科学？科学有两个条件，第一个，你要承认这个世界是完美的，是服从于完美的规律的，世界本身是不变的；第二个，你得承认这个世界表面看起来很乱。如果只有第一点，没有第二点，那你就不用搞科学了。一目了然，还搞什么科学，是吧？我们的天体看着都很好，那就不用搞了嘛。只有看起来不太好，但是我们坚信它一定是好的，才能搞科学。所以科学的起点，是从天文学开始的。从什么天文学呢？从希腊的行星天文学。什么叫行星？今天我们知道行星是相对恒星而言的，这是对的，但是你要注意，对希腊人而讲，行星的意思是 planet，它的意思是漫游者，乱走一气的东西，你乱走就不可以叫作天体。所以希腊的天文学主要是行星天文学，恒星是不变的因此不需要研究。我们看到希腊的行星天文学开辟了一个科学的基本模式，就是用匀速圆周运动的叠加模式去模拟行星表面上的不规则运动。所以什么是科学？科学就是以不变应万变，就是以规律来刻画那些不规则的事物，这就是科学。因此你要相信世界是确定的，是永恒的，是不朽的，所有的科学家都讲规律。规律是铁律，无论在哪里，无论是什么条件下他都是确定的。什么是规律？就是能够设方程。方程就是本质，本质意味着不变。所以我们说希腊的天文学充分地揭示了一个文化上的区别。中国文化做天文学本质上是做礼学。国家天文台不属于中科院管，用古代的话说，它属于谁管呢？归礼部管辖。礼部是文化部，这个国家天文台，它属于礼部管。西方的天文台，当然属于科学管。所以中国的天文学是礼学，不是科学。西方天文学是最早期的典型科学。

科学是怎么出现的？科学的出现，是基于某种特有的人文结构。中国人之所以不学数学，没毛病，自古以来的文人墨客，香客骚人，他不懂数学没毛病，懂数学也不是什么悠长之处。你看金庸的小说里面，懂数学的人不怎么学数学，也没有很高的武功是基于数学之上的。相反，你会琴棋书画，反而可以成为绝世高手。原因是什么？原因不是我们这个民族脑子笨，也不是我们不喜欢做数学，中国人做数学做起来一点都不差，是由于我们文化本身不要求。过去冯友兰说的很好，说中国古代没有科学，不是我们无能，是因为我们的文化不需要它。农耕社会主要处理的东西，数学是不管用的。因此我们中国的人文里面没有世界观的位置，没有科学的位置。你看民国十五年，刚刚西学东渐过来的时候，很多的国学大师数学不行。我随便举个例子，我们清华大学的国学大师数学都不行，都不及格，考几分。国学大师季羡林啊，钱钟书啊，吴晗啊，数学都不行，但丝毫不影响他们被称为国学大师。但是你说西方的大学问家有没有数学不行的，没有。他们的数学就是他们的人文训练，从罗马时代开始，所谓的文科三艺，逻辑、文法、修辞，和我们的数学四艺，算术、几何、音乐、天文，合称自由七艺，成了西方所有儿童的发蒙学科。所有的西方人都受过这些训练。因此数学的崛起承载于他们的基础教育。他们数学学什么呢？一开始都是没有用的，它是训练一种特有的人文结构，训练特有的理想人性。在几何学的范畴之下，熏陶出来西方人本能的应约守约，因此他们的法律、法制，科学，理性都引导他们如此。我们没有这一套，不是因为中国人不想过好日子，不想吃饭，不想建立自己，都不是，原因就是我们的文化差别。时间有限，我就先讲到这里，谢谢大家。

陈克恭：想必大家都感受到了，吴老师是站在人文角度看科学，又反过来站在科学角度看人文，这样一种互换，镜像看事物，非常有趣。你们也可以换位思考以后提些问题。

提问一（张美宏）：刚才听了吴教授的报告，我深受启发，茅塞顿开。吴教授刚才说到“文”以成人，那么我的问题是，作为我们教育者的话，它的终极目标究竟是什么？我们学习的终极目标又怎么去理解？谢谢！

吴国盛：今天的教育是制度化来的。当然，人类在没有制度化教育之前，他已经在受教育了。我们知道第一教育是父母，家庭教育。教育是一开始的内容，所以问的问题是大问题。我们今天的中国正处于转型时期，第二次西学东渐并没有完成。我一开始就讲过，中华民族面临新的挑战，面临新的历史时期。在这个历史时期内，我们用一句开玩笑的话说，它是一个面临挨骂的过程。过去是挨打，解决了，挨饿，解决了，当然个别地方还有贫困问题。第三个就是挨骂的问题。什么叫挨骂的问题？挨骂就是文化认同，说你究竟是个什么文化？当然我们都知道，近代一百多年，中国文化在风雨飘摇之中，在面对亡国灭种的危险之中，实际上我们是主动地学习西方。但是我们对传统文化进行了大量的毁坏。今天中国文化已经不清楚了，我们的文化认同已经不清楚了。我们的文化 ID 究竟是什么？亨廷顿在他那个《文明的冲突》中，列出了当今世界文化有几大类型。写到中国的时候，他打了一个问号，问中国是什么文化？我们中国文化不中不西。这就麻烦了。所以现在我们中国人，经过勤奋、艰苦、聪明才智，我们成了经济巨人，世界第二大经济体。但是我们的文化出了问题，我们已经不知道自己是个什么文化归属。

刚才你讲的很好，我们的教育目标是什么？这是一个问题。我们传统教育是有目标的，传统的人文精神，大丈夫为天地立心，为生民立命，为往圣继绝学，为万世开太平，这是古代的。现在已经不一样了。现在我们为了什么？培养自由的灵魂。我们讲了半天，自由的灵魂。家庭也是这样的，以前的家长在孩子出门时是怎么叮嘱的？在家靠父母，出门靠朋友。在家要听父母的话，出门要听领导的话。听话就是一个好人嘛。现在是要求你发挥个人的主观能动性，你要成为一个独立的人，一定要去自我奋斗，要敢闯。过去孩子出门，父母舍不得，一把眼泪一把鼻涕的，现在巴不得你走远点，别回来了。“漂洋过海”过去是一个不好的词啊。漂洋过海、浪迹天涯、流离失所，这都是极惨的人生。现在能到美国去，到美国定居了，那好得很。你看到没有，这个文化差别已经很大了。中国文化的转型，在今天受到了外来的影响，所以今天我们听陈书记讲要有志于做文化沟通，非常重要，是一个时代的突出话题。我们现在是一个文化转型时代，实际上我们的文化，我们的社会已经不清楚了。我们要培养什么样的人，教育的目标是什么，现在已经不清楚了。

我们中国碰到了很多问题，比如说我们很少有全民共识。为什么缺少全民共识？表面上看是政治问题，实际上背后是文化。文化的问题不容易解决。我们遭遇了很多我们祖先不曾遭遇的问题。今天最具有威力的是现代科技，但这个现代科技是西方来的，所以人家搞，搞得很好，有毛病他自己能克服。西方人的科学、技术、宗教、哲学搞在一起，相互纠缠，相互制约。到我们这来不一样了，科技到我们这来横扫一切，你控制不了它，这就是问题。现代科技力量越来越强大，你怎么弄它，我们是没有办法的，我们的文化是很弱的。西方人一个劲的讲试管婴儿一定要慎重，转基因技术也要慎重，什么新技术都要慎重。包括好莱坞电影，你看看，好莱坞电影里面对科学家都很不客气的。好莱坞电影里面的科学家一般都是坏人，很聪明的坏人形象居多。你看我们中国的电影里，你怎么能这么说科学家，你这么说科学家，那人家电影不让你放了。不准你放，你居然污蔑科学家！我们讲了半天，中国人民学科学，那是为了救国的。那现在我们国家是挨打挨饿基本解决了，情况不一样了，就要静下心来探讨这个问题。你问的问题非常重要，但是我现在也没有标准答案。谢谢。

提问二（姜宗强）：吴老师，你好。听了你的报告，我想提一个问题，就是建立在希腊自由精神上的演绎理性和数理学的缺乏，会不会对咱们中国现在的科学发展有什么影响？如何去增强两种文明间的对话？如果要提高我们这方面的素养，包括我们自然科学家的人文精神和希腊自由精神培养，在这方面您是怎么看待的？谢谢。

吴国盛：好的，非常好的问题，非常感谢。把我本来想讲的问题又讲回来了。希腊科学是一种精神，大体说来，他们认为真正的做科学就不要想结果，根据兴趣来做，这样才能做得好。过去我们中国并不喜欢这种精神，和中国文化也不搭配，所以很常见的，国家投了钱，你得告诉他做什么，做出来没有啊。过去我们资源有限，人家拿钱出来让你做事情，你当然要先做有用的学问，无用的学问放在后边。但是我们要知道，真正伟大的学问就是无用的，而且也不是什么课题堆出来的，也不是计划出来的，不是你能够以国家名义搞出来的。你看看那些伟大科技的创始人，先不说爱因斯坦。我们国家，如果你拿了诺贝尔科学奖，你也要适当地鼓励这种自由的灵魂。什么是自由的灵魂呢？就是我什么都不为，我就是要凭我的兴趣来做事情。这一点爱因斯坦就讲得很清楚，他说真正的科学其实跟艺术是一样的，它也是自由创造的，你不能够单凭用功利的目的来催它。现在越来越多的中国的年轻一代，海归的科学家，他就非常喜欢这种说法。

所以我去年写了一本书，叫《什么是科学》，在这本书里我就写我们真正是为了兴趣，只有你这样才能够做大做好。但是我们科技政策的政策设计方面是有偏向的，倾向于应用，不重视基础，倾向于计划，不重视自由，倾向于老是盯着你，不倾向于放手。这种人文，在新的历史时期，要一些新的举措。因为只有这样，你才能真正培养一些高精尖的科学理论发明。所以我说今天弘扬希腊科学精神，倒不是说学那些具体内容，那些内容当然划入了我们精神学科里了。我们现在所有的受过良好训练的理科生都学过希腊的科学了，只不过说忘掉了希腊的精神。那种精神对西方的科学健康发展是必不可少的。最典型的是美国。我们知道美国二战之后成为世界强国，俄罗斯也是世界强国，但美国是科技强国。有一个非常重要的政策叫万尼瓦尔布什政策。那个布什，不是美国总统布什，是制定美国战后科学政策的人。他在他那本书里面就特别强调基础科学。你看美国，他在基础科学上是非常舍得投资的，动不动就什么粒子加速器啊，什么艾顿计划啊，艾滋病计划啊，航天计划啊，全部投入大把大把的钱，没有实际的用途。但是你看到没有，诺贝尔科学奖基本上一半是美国人拿走的，没有悬念。为什么？长期的基础科学投入，是不计功利的，就养着你，做呗。所以中国想要成为大国强国，早晚也要走这条路，这个是我的一个预言，但前提是观念先要改过来。过去我们资源有限，当然要讲轻重缓急，要有所为有所不为，但是现在我们资源相对充裕之后，那基础科学这一块不能少。不能少的前提就是，科学就其本来意义而来，它其实是一种自由的精神。谢谢大家。

提问三（马俊峰）：感谢吴老师的精彩报告！我的一个问题是，前面谈到了我们做科学有两种态度，第一要承认世界是美好的；第二要承认，我们看到的是不规则的，不完美的，所以我们要用好的规则研究这些不规则的。那我想请吴老师再稍微阐述一下，什么是好的，原始的或者说规则的这种东西？谢谢。

吴国盛：也是非常好的问题，很感谢各位老师。这个与希腊的柏拉图思想有点关系，要说一点哲学。比方说我们说什么是圆吧，杯子是圆的，但实际上它真的是圆的吗？显然不太圆。好，这就有问题了。第一，你怎么知道它是圆的？你说它是圆的，那显然你知道它是圆的，不知道什么是圆，你说它不够圆，也表明你知道什么是真正的圆。可是你要知道，我们现实生活中根本没有真正的圆。如果你单靠经验，那个圆是出不来的，你见过各种各样很像圆的东西，但是你叫不出来圆这个东西，对吧。你单靠经验出不来圆的。这个圆，这个纯粹的，真正的圆是什么呢？就是我们刚才说的，理念的圆。那个圆才是使这个杯子成为圆杯子的根据，这是柏拉图的哲学。推而广之也一样，我们的世界充满了各种各样的物质，杯子、桌子、房子、椅子，这些东西按照柏拉图的想法，其实都是根源于一套理念，现实的桌子都不是严格意义的桌子。为什么呢？它会变，你看原来挺好的桌子，用了多少年，坏了，不能称桌子了，不是桌子了，称为非桌子。只有那个桌子的理念，永远都叫桌子，所以我们要透过桌子这个表面来思辨这个桌子，看到本质的桌子，或者说透过现象看本质，这就是科学。

科学就是透过现象看本质，本质是不变的，确定的，永恒的，而表面现象是复杂的、多变的、多样的。科学的目标是围绕本质世界。因此，什么是理念世界呢？说白了，就是一个概念世界。你看那个物理学最后搞的都是什么？都是一些概念。我们说大千世界，丰富多样，说白了，就是一堆原子嘛。你看原子的概念多厉害，原子看不见，摸不着，但是现在我们所有人都相信我们的世界是原子构成的，对不对？没有人见过原子，科学家没有见过，也见不着。但是我们都相信，世界是由原子构成的，这个原子就是我们说的理念世界。原子是什么？我们还可以说原子是由原子核和电子构成的。原子核是什么？原子核是由质子和中子构成的。那质子和中子又是什么构成的呢？基本粒子构成的，你这么说下去，为什么老这么说呢？越往下说，越说得干净，越说的整齐，越说的简单。什么叫理念啊？越干净，越简单，那就是越真的东西。你见过吗？都没见过，但是由于它越简单，所以我们一直往下追溯。说到夸克，那简单得很。就是夸克搞了所有东西出来，所有的基本粒子搞出来了，所有的原子搞出来了，所有的分子搞出来了，所有物理知识搞出来了。什么是理念世界？说白了，简单的，美的，那就是理念世界。所以你这个问题提得非常有意思。现代科学，其实它没有离开希腊，它还是这样一套，毕达哥拉斯主义在起支配作用，尤其是物理学。你要找上帝粒子，什么叫上帝粒子？你要找引力波，什么是引力波？因为引力波也好，上帝粒子也好它就是我们所说的那个理念世界。你把它找到了，行了，诺奖归你。谢谢你的问题。

提问四：吴老师，非常感谢你。我想问一下，你在演讲中谈到了两种中西方人格类型，人文结构，作为任何一个受过教育的人，可能都会在自己身上明显感到这两种人格对人的塑造。所以就我自己而言，似乎存在这种冲突：有时候是典型的一种中国人的思维方式，有的时候是很西化的思维方式，这样就带来了一个个人认同的问题。我想问一下，中国人的这种人文思维，或者说我们东方人的这种人文思维，在将来整个世界会起到一个什么样的作用？积极的还是消极的呢？我想能不能给我们一个基本的判断？谢谢。

吴国盛： 好，非常好的问题，谢谢。刚才我们讲了，现在我们中国处在一个文化转型时期，两种人文类型之间的碰撞、交融、汇合，不同的学者眼光也不一样。当然我自己是有偏向的，不一定说是非要偏向希腊的人文。今天中午我跟陈书记也讨论了，今天的世界有几个问题不能回避，最大的一个不能回避的就是现代的科学技术。现代的科学技术对我们来讲是一个现实的存在，也就是说是我们自己造成的，不是别人。现在谁都不会说自己的手机是别人的手机，这是我的手机，我一刻也不能停，我手机丢了，就跟人的魂丢了一样。所以现代的科技是最坚硬的。用中国话说，是最坚硬的现实存在。它是一个你无法回避的问题。在这个现代的科技背后，就蕴含了一整套的意识形态，上层建筑这样一些价值预测。所以这个东西是没有办法回避，你也不能够回避。所以从这个角度看问题的话，中国文化与现代科技所携带的这一套东西的协调是一个问题。

当然我们还可以说，现代科技携带的还有另外一套西方的政治理念，这也是我们今天在我们社会主义新时期下研究那么长时间的原因。你看看，包括自由、平等、民主，这都是上层建筑。过去我们说不敢讲自由，现在自由是我们社会主义核心价值之一啊，但同时我们又讲到和谐，讲中国文化价值的作用，所以我认为今天每个人都可能有偏向。我自己略有偏向，就是这个现代科技。过去我们总认为科技是一个工具性的东西，好像它可以做任何事情。但是我认为不是这样的，因为所有的技术产品背后都有意识形态存在，都有价值认识。你使用一种技术就意味着你要被迫接受这一套价值认识。你使用话筒意味着你接受话筒造就的话语权的不对称。这么多人都听我讲，因为我掌握话筒。实际上为什么那位同学等着呢？因为话筒没到手。这就是话筒引出了话语权的问题。古代社会，希腊自成立以来，它是一个民主社会，民主的特点是，中心讲话的时候，周边的距离一样长，所以它体现出高度民主化的一个政治特点，它是有关系的。所以技术这个产品从来不是中性的。因此，今天既然我相信科技是没法回避的，那就意味着西方这个东西可能要占一点优势。但是我们毕竟是中国人，那你复兴什么呢？如果你复兴的结果把中国两个字搞没了，那你不叫中国文化复兴，那就没有东西了嘛，所以我认为这个东西仍然只是有偏向的差别，没有实质上的差别。每个人，成千上万的中国人都在用自己生活的实践去解决这个文化的问题。每个家长，你们将来都要做父母，你怎么教育孩子？这就跟你自己的理解有关系。每个老师你怎么教育你的学生？每个领导怎么领导你的下属？这里面都包含一些文化的意思。所以你这个问题，我仍然抱歉地说没有标准答案，需要千百万的中国人来实践。非常感谢。

提问五： 我的一个问题是：之前您在讲座中提到，人的特别之处在于追寻生命的意义，然后您讲中国人追求生命的意义方式主要在人际关系当中，而西方人追求生命意义的方式，很长时期主要在基督教的宗教信仰当中，在信仰当中寄托他们的人生意义。所以近代尼采说上帝死了，对西方人的影响很大。在现在这种情况下，西方信仰陷入了危机，而中国人的传统的伦理关系也陷入了危机，被彻底毁坏了嘛。似乎唯一大行其道的就是科学技术，科学精神。你认为科学精神能不能解决人的意义的危机呢？谢谢。

吴国盛： 谢谢，非常好。我们今天时间有限，只讲了起源部分，其实完整地讲科学的人文起源还要讲一次，叫作现代科学的人文起源。应该说现代科学不是希腊科学，现代科学特别有用。那就有一个问题，现代科学是怎么从希腊科学中诞生出来的？这里面一个关键的环节就在基督教里面。那么基督教怎么会诞生现代科学？我们以为中世纪科学与宗教是敌人，宗教整天迫害科学，这是一个错误的印象。其实科学与宗教的关系，它在不同的历史时期是不一样的。早期科学还没有出现，你迫害什么？那出来以后，轻易也不会去迫害它，所以迫害是迫害，但不是一直迫害，不是止步于迫害它。后面科学长得太大了，你也迫害不了了。今天咱们讲宗教迫害科学，只有在科学长大的过程中，慢慢的不听话了，就要迫害了。一般知道的是 17、18 世纪科学与宗教冲突的时候。但是 16、17 世纪科学起源的时候，宗教并不迫害，而且中世纪晚期，它恰恰起到了科学的春天的角色。

你刚才提到的一个问题很重要。基督教的上帝是怎么让位于今天的科学的，这里有一个关键步骤。中世纪晚期有一个文明论运动。文明论运动极为强调上帝的全能全知全善，甚至强调到了非理性的程度。这个运动实际上是一个自我拆台的运动，它让人类的信徒对上帝不能抱希望。为什么呢？因为上帝既然是如此的全能，是如此的至高无上，那么在它面前，我们人类完全是渺小的，你做什么都没有用，对不对？你一辈子积德行善，最后一定能上天堂？不一定。你觉得你是在积德行善，可上帝看来你可能是一个坏人，你不是白做了吗？你认为你是在做理性的事，可是上帝看起来你可能根本不理性。在这样一个无道理可讲的任性的上帝面前，人类就根本无望了。因此基督教晚期的文明论运动实际上就摧毁了基督教世界一个非常重要的支柱，这个上帝靠不住。所以有一个短暂的危机。所以尼采说上帝死了。其实上帝死了这件事情从中世纪晚期的文明论运动开始就已经出现了。那么文明论这个危机，就出现一个重要的思想资源，叫作人文主义运动。它的精神目标是什么呢？就是用人来取代上帝的位置。你看整个文艺复兴它讲的是人怎么怎么样，讲人的时候，基本上把讲上帝的那一套挪过来了，人多么伟大，多么高尚！莎士比亚在《哈姆雷特》讲人是多么神灵啊，多么睿智啊，他的意志是多么坚定，讲了一大堆好处，这讲的什么意思？他是希望人自己来代替上帝的位置。上帝肯定是靠不住了，当然这有一个过程，不是一步到位的。到 19 世纪，上个世纪上帝死了，人就慢慢站起来了。它怎么站起来的呢？人要通过自己的方式来创造意义。你讲得很好，过去我们的意义是靠上帝帮忙，现在我们得全靠自己了。全靠自己怎么做呢？就是你讲的那句，科学技术成了人类自我确立的意义。自我确立人性是一个非常重要的观点。所以今天科技的确有不可阻挡的趋势，就是让科技来取代上帝的角色，让科技来取代传统其他方式提供的角色。在这个时期，科技能不能提供？不能。

这一块要分两步走。第一步，科学本来就不只是一种力量，它本来就是一种世界观。科学的世界观，科学的方法论，科学的人生观早都有了。当然，我们要问一句，科学提供什么样的世界观？科学世界观其实就是黑漆漆一团的，死寂的宇宙，现代科学里其实是没有生命的，因而是没有意义的世界。你越学科学就越知道，其实宇宙本身是没有意义的。这个古代希腊就明白。古代的希腊宇宙本身就是没有意义的，因为它提供秩序，提供美，提供哲学，最终提供意义。可是现在的世界是无限的世界，它没有尽头。这应该就是近代所有狭义的人文学者反科学的一个主要原因。科学世界观是无意义的，世界是无限的，因此每个物理事件本身是另有说明的，这是一个问题。

第二个问题就是，现在的技术太强大了，科学可能在意义世界没有太大用，可是它在技术上强大。强大到什么程度呢？强大到人类控制不了的程度。现在你看核武器的出现，世界的和平靠核平衡来维系。核弹一释放，人类全完蛋。所以大家都不敢先打，但是这是大家都不敢先打，人类的和平就建立在微弱的核平衡上。人类历史上有一次差一点打核大战，只是因为苏联有一个家伙，脾气比较慢，他拯救了人类。他有一次管一个基站，雷达基站，有一次误报说美国核弹打过来了，按道理就应该反击啊，实际上后来表明是错误的预报。按道理就应该马上反击，结果他说等一等，结果等了一刻钟人类就安全了。当初如果没等，按照规矩他就应该打过去。你想如果苏联核武器真的打过去了，美国肯定也打过来了，那一来一回我们就没了。现在的人类很脆弱，技术太强大了。不要说核武器，核武器之后有更多强大的东西。我们的基因工程也是一个核武器，只不过是细胞核罢了，也是核武器。他在细胞核里重新搞，这个东西搞出来，我们的伦理就跟不上了。

这是两大问题，一个今天的科学世界观本身不提供意义，被迫从外部来提供。第二个，科学造就了技术的强大，这种强大又让我们传统的人文手足无措。所以在今天搞技术伦理是最麻烦的，没有任何传统的准则能够帮助你来解决这个问题。怎么办？现在最典型的办法就是协商。没有办法，大家一起协商吧。比方说安乐死也在搞，一个人脑子死了，呼吸还有，要不要把他搞死算了？过去死亡是自然的事情，现在麻烦了，你知道有脑死亡，有心肺死亡，几种死亡方式。现在死亡不用自然来决定了，由人来决定。就问你们家还有多少钱吧，你们家还有一万块钱，行，再活一天吧；没钱了，呼吸机一拔就死了。这事很麻烦，哪一个儿女能够说给他拔了算了，很麻烦。

所以这个问题提得非常好，今天的科技本身，不仅不能够提供传统的意义，反而比过去还麻烦，它造就了新的麻烦。这就是今天为什么我们又重新回到人文的道理。谢谢你的问题。

提问六：老师，我听你前面讲，人拥有更多的知识才拥有更多的自由，但是现在科学技术都在发展，我们在现实生活中自由仿佛扩大了，但又是被限制了。我想请你回答一下科学与自由的关系。谢谢。

吴国盛：好的。现在我们科学发达了，我们是更自由了，还是更不自由了？我们知道，我刚才讲了自由有两个形态。希腊人认为知识越多就越自由，但是基督教提供另外一种自由，叫选择自由。就是说你知道这个不好就别做，明知故犯，明知道是错的，你还去做，这也是自由的表现。因为你有这个能力，所以你就要负责任。你做了错事，就要负责，因为你有能力做这个事情，你知道这个事情不好，你还要做，当然要负责任，这就是选择自由，或者叫意志自由。那么在现代科学面前，人类是更加自由了，还是更加不自由了呢？我想第一个，他显然是更加自由了，就是说现在科学提供了人类选择的更多空间，有了更多的可能性。因为在现代科学之前，科学提供的少多了。这是一个方面，更加自由。

另外一方面，我们又发现现代科学的出现反而限制了你的选择的可能性。比方说你有飞机。我们到兰州来有很多的方式，你可以坐飞机来，也可以坐火车来，也可以坐汽车来，也可以走来。过去只能走来，过去只有牛车，驴车。我们以前有一个老先生，他是坐飞机过来的，走回去的。但是你要注意，有了更多的交通方式之后，反而使我们“走”成了不可能。因为我们坐交通工具那么容易，怎么会走呢？所以从另外一个方面讲，现代科技的舒适、便利、便捷反而使得我们选择变小了。过去我们没有手机的时代，我们的通讯是通过当面交往，所以加强了我们当面交往的频次。有了手机之后太便捷了，你不会说我有了手机以后我也不打电话，我专门去找他一趟，没人这么做的。所以我们丧失了当面交往的选择。从这个意义上讲，现代技术创造又使人有单一化的趋势。马尔库塞的书叫《单向度的人》，就是说我们的技术越发达，使得我们人成了一个表面上看更自由，反而更不自由的一个奇怪状态。因此，如果这个问题要回答，那是一个双重的回答。今天我们的老师问的都特别有水平啊。没有一个问题能够让我干脆利落地直接说中，都是非常复杂的问题，所以今天的科技所造就的人类情景也是一个非常深刻的哲学问题，它表示我们人类的存在已处在一个非常哲学化的时代，因此不得不去研究这些哲学问题，不思考这些问题的话，我们就不能真正地面对它们。谢谢你的问题。

陈克恭：好，今天的讲座就到这里。

（主讲人：吴国盛）

第六讲　形而上学的实质

朱海斌：各位领导、各位老师、各位同学，大家晚上好！由中和集团、西北师范大学马克思主义学院哲学系以及教师发展中心共同举办的《中和论道》哲学沙龙第三十三期现在开始。今晚我们非常荣幸地邀请到了清华大学的王路教授。当年我上学的时候，就读了他的一些著作，比如说《亚里士多德的逻辑学说》，还有《弗雷格研究》以及《“是”与“真”——形而上学的基石》等，这些都是你进入哲学必须要读的一些基本书目。王路教授今天要带来的是一个关于形而上学的报告。形而上学是我们所有学哲学的人必然要去面对、甚而需要花费大量心思去研讨的一个领域。关于这点，也有不同的态度。比如说，现在有很多人持一种拒斥形而上学的态度，要把它解构掉，认为它已经被埋葬在历史之中了。今天我们要做后形而上学或者一些新的实验。有些人就形而上学的某些问题进行探究，比如自由意志、同一性问题或者存在问题等，在某种意义上其实也还是在继续着形而上学的工作；还有另一拨人，他们野心更大，要重建形而上学，这种重建意味着我们在经历了对形而上学的拒斥解构之后，对形而上学开始一种重新启动，继而再放大它的生命力。但是不管是拒斥、解构还是局部地发展某些形而上学问题，乃至于重建形而上学，我们都不得不去共同面对这样一个基本问题：形而上学是什么，它的实质是什么。如果这些都不了解，我们所做的这些工作恐怕就是在自说自话而已。我对《形而上学的实质》是抱有一个很大的期待，希望能够通过王老师的这次讲座，会有一个新的认识。下面我们请王老师开讲。

王路：首先谢谢大家。为什么我要将《形而上学的实质》作为此次论道的题目呢？因为结合咱们的论道活动，还有很多同学可能对哲学比较感兴趣，想知道哲学大概是什么样。今天我就围绕哲学来讲，你可以把它理解为形而上学的实质，也可以把它理解为哲学的实质，但是我字面上谈的是形而上学。今天来了这么多同学，可能绝大部分不是学哲学的。大家能对哲学感兴趣，我想是个好事情。

我主要讲四个问题：第一个问题是有关形而上学的一些观点，这个比较简单；第二个问题是我们如何看待形而上学；第三个问题是形而上学的理论和方法，这里要花的时间可能会稍微会多一点；第四个问题是我要谈的哲学观。我刚才说了，你可以把形而上学实质理解为哲学的实质，所以实际上我在讲形而上学的时候就是在谈对哲学的看法。

下面我们先开始探讨一些有关形而上学的观点。对于形而上学的说法有许多种，我们可以给它作一个分类。第一类观点是从语言层面来考虑，比如它的使用方式。“形而上学”这个词并不是一个中文词汇，它来自于西方语言，其英文名称是 metaphysics。这个词源于古希腊语。它实际上是两个词的组合：meta - physics。大家知道古希腊有一个非常著名的哲学家叫亚里士多德，他遗留下来许多手稿。后人在编纂的时候发现他的手稿是分类的，而学科分类作为科学发展的一个基本特征，最早就是从亚里士多德这里开始的。比如说有一类著作我们后来把它称为逻辑学，而当时人们叫作工具论，觉得它提供了思想和方法；还有一类就是这个词：physics，是当时古希腊的科学，人们称之为物理学；还有我们今天知道的诗学、修辞学、动物志。所以说亚里士多德作为一个哲学家或者说思想家，在西方哲学史上的地位是十分重要的，甚而在整个西方思想史上的地位也非常重要。我个人认为他对整个西方科学的学科分类起到非常重要的作用，他是一个奠基人。如果大家今天去读柏拉图的著作，会发现柏拉图的著作里面有很多对话，但是在柏拉图的对话里包含有文学的、艺术的、政治的、哲学的，都是混杂在一起的，没有分类。但是到了亚里士多德这儿，发生了一个变化，他开始分类，学科分类因此开始了。大家知道，整个西方的发展实际上就是学科的发展，它同亚里士多德的分类有非常大的关系，如果没有这种分类，各个学科不会如此迅速地发展起来。所以亚里士多德在这方面做了很多工作，有很大的贡献。当时人们发现，除了一类手稿，别的手稿都可以进行分类，这类手稿搁哪儿也不合适，更没法命名，不知道里面的内容是什么意思，只是与物理学里的东西有些相似，但又不太一样。后来人们想了一个办法，在这类手稿前面加了前缀，就是 meta。"meta" 在希腊文是之后的意思，即在物理学之后。由于这里边有一部分内容与物理学有些相似，因此就把这类手稿起名为 metaphysics，把它放到了物理学这一卷之后，于是 metaphysics（物理学之后）这个名称就形成了。这里边至少给我们一个提示，实际上在古希腊的时候已经有物理学了。假如我们把物理学看作古希腊的科学，那么在古希腊的时候已经有一类著作是关于科学的认识，这一类工作是跟柏拉图有区别的。

第二类观点是从语言的角度来看，"形而上学" 这个词是我们翻译过来的汉语词汇。在《易经》里有 "形而上者谓之道，形而下者谓之器"。一位学者在翻译的时候就取了 "形而上" 这个词，但是从字面上看，《易经》里的 "形而上" 和物理学之后（metaphysics）存在非常重大的区别。相对于古希腊，在中国古代没有物理学这样东西，但我们愿意说我们的《易经》包罗万象，任何内容都可以在《易经》里面找到，西方的很多东西我们在《易经》里也可以找到，这是一种说法。而我认为 physics 在《易经》里是没有的，因此也不会有 metaphysics，这是第二类。

第三类观点是在我们国内哲学界，特别在马克思主义哲学界有一个普遍的说法，形而上学是与辩证法对立的概念。做马哲的人都知道形而上学是一个和辩证法对立的概念。辩证法是一个正面的东西，而形而上学是一个 negative 的概念。众所周知，马克思主义哲学一个最本质的东西就是它是辩证的，具有批判精神的，如果形而上学与辩证法是对立的，那么它就不是一个很积极的、具有革命性的概念。

刚才我们是从语词的角度看形而上学，接下来我们从学科角度来谈形而上学。自从形而上学出来以后，人们就一直将它当作传统哲学的核心，对此有很多比喻。这里我只给大家说两个。一个比喻说，西方人把哲学比作是一个皇冠，形而上学是皇冠上边的那颗钻石，大家知道，如果皇冠没有钻石就完了。还有一个比喻就是西方哲学是一棵大树，而形而上学是什么呢，是那个树干，如果没有树干，上面的枝叶也就都没有了。所以这是从学科的角度上来说明形而上学的重要性。

后来在 20 世纪，出现了分析哲学以后，有一种看法是分析哲学宣告了形而上学的终结。因此人们说，一位分析哲学家当时说了一句话“一切形而上学的命题都是没有意义的”。所以从这句话开始，到 20 世纪，形而上学被重新批判了，这是从学科的角度而言。

但是现在也有这样一种说法，分析哲学家们认为，分析哲学或者说语言哲学是当代的形而上学，这是今天一个比较普遍的看法。这个变化是很大的，为什么？这里我多说几句。很多搞科学哲学的人可能比较清楚，为什么说一切形而上学的命题都是没有意义的呢？因为说这句话的人，那个哲学家主要是以科学哲学进行界定的。逻辑实证主义认为，一切哲学命题，如果是有意义的，就能够被证明。要么能够被理论证明，比如数学、逻辑，要么能够被经验证明。而形而上学的命题这两种情况都不能证明，因此它们是没有意义的。今天人们已经把这种观点抛弃了，所以现在说分析哲学是当代的形而上学。

除了语言和学科，还有第三类观点，我们可以从西方哲学的著作来看形而上学。形而上学的代表作有很多，我只给大家列举两部：一部是亚里士多德的《形而上学》，这是非常出名的，前面我们已经说过；还有一部是康德的《纯粹理性批判》，这是一部形而上学著作，人们认为现代几乎所有的哲学问题都从康德的《纯粹理性批判》而来。那么我们可以再问一句，康德的问题从哪里来？我可以告诉大家，是从亚里士多德的《形而上学》里来的。这是一个传承。当然康德增加了很多东西。还有一类著作就是分析哲学的代表作。人们说分析哲学是当代的形而上学，那么分析哲学代表人物是谁呢，是弗雷格。弗雷格有一系列的论文，还有他的《算术基础》。还有维特根斯坦的《逻辑哲学论》、蒯因的《语词和对象》。这类著作都是分析哲学的代表作，都可以算作形而上学的代表作。

第四类，我们可以从关于形而上学的一些评价来看，大概学哲学的都知道，对形而上学有一个共同的评价就是难懂。形而上学，很多人今天都认为是难懂的，康德的《纯粹理性批判》难懂，分析哲学著作也难懂，对它们一个共同的评价就是难懂。

以上是我给的四类情况，我们首先对概念要有一个直观的认识，因为很多人大概以前只知道形而上学，但是到底关于它有什么说法，就是以上四类。下面我们来讲第二个问题，就是如何看待形而上学。关于形而上学也有不同的看法。

第一，我们可以从学科的角度来看。首先大家知道我们哲学学科今天是一级学科，这是常识。一级学科下面有八个二级学科，各个学校不一样，重点不一样，但是有八个。一般有马克思主义哲学、中国哲学等，我们简称马哲、中哲、西哲、科哲、伦理学，也就是道德哲学、逻辑学、宗教学，还有美学，一共是这八个学科。大家看里面没有形而上学，为什么？从学科的角度来看，形而上学是没有地位的。那么我们看二级学科，它有一个特点。大家发现没有，逻辑学、宗教学、美学，这些大概是比较特殊的，它们虽然属于哲学，但不带哲学两个字。大家知道今天在西方哲学系是没有美学的，美学在艺术学系，就是说艺术史有美学，它有博士学位，哲学系是没有的。在西方，宗教学是分立出去的，专门有宗教学系，也不在哲学系。逻辑学今天还在哲学系，但是由于西方逻辑的发展，现在逻辑学不仅在哲学系，在其他好几个系里面也有，比如说在计算机系、人工智能，语言学也有逻辑学，所以这几个学科应该是比较独特。那么下面我们看看其他几个学科就会发现，它们有个特点，都是在哲学前面加字的：马克思主义哲学、中国哲学，西方哲学、科学哲学。所以形而上学是没有加哲学两个字的，分析哲学这些东西都叫加字哲学。大家看看，特别是哲学系的学生，你结合你的研究成果来看，工程哲学、环境哲学、教育哲学，还有一个儿童哲学，都喜欢加字。哲学是个模子，什么都能干，只要加字就可以了。

那么这一加字的话，现在就出来一个说法，我起个名字叫“加字哲学”，就是老是加字，加字就可以了。加字哲学实际上反映了一种哲学观。看文献，就有人这么说：加字哲学是什么呢，加字就是对那个东西的哲学反思。比如说什么叫文化哲学，文化哲学就是对文化的哲学反思，什么是科技哲学，科技哲学就是对科学或者与科技相关的一些哲学反思。这个说法其实按照哲学的思考或者按照逻辑的定义来说，是有问题的，它是一个循环定义，被定义项出现在了定义项之中，或者定义项中包含了被定义项。比如我定义文化哲学，文化哲学是对文化的一种哲学反思，被定义项是文化哲学，可是你的定义项用了哲学的概念——哲学反思，等于你没有说清楚。要推断什么是哲学反思，可你还在用它定义，所以要区别定义。从这里可以看出，人们假定哲学是一个自明的东西，问题是这些不是自明的，它是一种推断。加字表示它从一般意义上来说是一种对象性的或者学派的东西，或者具有一种地域性，比如中国哲学，我觉得叫得麻烦，要是想有中国哲学的话，就会有比如沙特哲学。你不能说你允许有中国哲学，而不能允许有沙特哲学。任何一个哲学都有自己的门派，这是个比较麻烦的事情。

下面我们讨论一下加字哲学。分析哲学是在哲学前面加字，语言哲学也是在强调加字，大家或许会疑问，你不是说分析哲学、语言哲学是当代形而上学吗？因此我们可以说，分析哲学是加字哲学，中哲、马哲都是加字哲学。但是大家注意，这个加字哲学和前面的加字哲学，二者是有区别的。你能说分析哲学是对分析的哲学反思吗？它不是，分析主要是指一种哲学方式。那么语言哲学是不是对语言的哲学反思呢，因为语言具有对象的意义功能，但实际上这个说法是不对的。大家知道，语言哲学是在20世纪的时候从分析哲学发展而来，分析哲学刚开始有一个非常响亮的口号：哲学的根本任务就是对语言进行逻辑分析。这句话应该很久了，后来人们把逻辑两个字去掉，于是变成了哲学的根本任务是对语言进行分析，突出了语言两个字，把分析哲学变成了语言哲学。大家如果看我写的《走进分析哲学》（大概是1999年写的），在这本书里我已经区分了语言哲学和泛语言哲学，并不是以语言为对象的哲学就一定叫语言哲学，我在那本书里把它称为泛语言哲学。当时20世纪哲学家们之所以对语言有这样一种认识，是因为他们认为我们关于外部世界的所有知识都是通过语言来表达的，因此希望通过对我们语言的分析来达到我们关于外部世界的认识。这是上个世纪的语言哲学家或者分析学家所持的一个非常坚定的信念。在他们的著作中对此表达了相当充分的看法。我随便举个例子，这几句话都很平常，大概每本导论书里面都有。大家知道维特根斯坦是个十分出名的哲学家，他在《逻辑哲学论》里说，我对语言的界限即是我对世界的界限，逻辑充满世界，世界的界限也就是逻辑的界限，把语言和世界对应起来了。戴维森还说，我们共用一种语言，也就共有一幅关于世界的图景，语言的大致特征也就显示了实在的大致特征。所以我们对形而上学探究变成了对语言的结构分析，这是维特根斯坦说的。打个比方，一种认识论的研究在它的背后有逻辑论的研究。认识论的研究是什么呢？是能够通过一种语言的研究来回答。所有这些表达都是把语言当作一个媒介，它不是对象，是媒介。我们通过分析语言来达到关于形而上学的认识，关于认识的认识，然后是关于世界的认识。所以语言哲学表面上是有对象性意义的，可以像其它内容一样具有对象性意义，但实际上没有，它仍然是一种具有方法论意义的东西。

下面我们依然谈形而上学，不谈加字哲学，形而上学字面上没有哲学两个字。但是大家不要忘了，形而上学不是亚里士多德的原话，形而上学是亚里士多德的后人在编纂其著作的时候起的名字，那么亚里士多德称自己的研究是什么呢？他称为第一哲学。大家看，第一哲学也是加字哲学，加了什么，加了第一。注意，你能说第一哲学是对第一的哲学反思吗，不能。那么亚里士多德的第一哲学什么意思？它相当于一种加字哲学，但是第一哲学中的第一不具有对象性意义。亚里士多德是学科分类的创始人，这个第一是从学科分类的角度而言。亚里士多德说我们关于世界的认识具有不同层次，一个泥瓦匠拿着瓦刀去盖一所房子，他对这个房屋有一个认识，而这个房屋的设计师对房子也具有自己的一个认识等。房屋最后能够遮风能够避雨，你也可以生成一种学科认识。那么第一哲学是什么呢，第一哲学是在所有哲学之上，在所有认识之上还有的一种东西。所以亚里士多德的加字哲学和其他几个学科的加字哲学是不一样的。

刚才我们所说的第一哲学和分析哲学，都可以叫作加字哲学，但是这个加字哲学和其他加字哲学比如说中哲、马哲是不一样的。现在我们看看第一哲学跟分析哲学有什么共同之处。

第一，它们都是加字哲学；第二，在加字过程中，分析和第一都不是对象意义上的加字，而是一种学科性质和方法论上的加字；第三，他们有一个共同的评价，就是形而上学和分析哲学都非常难懂。还要说一点，它们还有一个共同评价，即二者都不能解决实际问题。很多人批评分析哲学，认为分析哲学把哲学搞坏了，把哲学搞成零碎的、纯符号的东西。而逻辑实证主义者批评说，亚里士多德的形而上学，一切形而上学的命题都是没有意义的，既不能用经验证明，也不能用理论证明，因此它是没有意义的，其实就是说它解决不了实际问题，这是它们的共同之处。

如果再进一步查看它们的共同之处，我们还可以发现：首先亚里士多德是形而上学的奠基人，形而上学这个概念是他提出的，但亚里士多德同时还是逻辑学的创始人。西方哲学一开始是没有逻辑学的，柏拉图的著作，柏拉图以前的著作，诸如苏格拉底等人的著作，是没有逻辑学的，到亚里士多德这里才产生了逻辑学，所以亚里士多德是逻辑学的创始人。弗雷格是分析哲学的创始人，也是现代逻辑学创始人。所以在亚里士多德和弗雷格那里，逻辑和形而上学或者逻辑和分析哲学有一种天然的、非常密切的联系。逻辑从一开始就与形而上学、分析哲学是联系在一起的。亚里士多德的逻辑是形而上学的方法，现代逻辑是分析哲学的方法，或者语言哲学的方法。为什么难懂呢，主要在于其理论和方法本身。想要读懂它的理论，还得读懂它的方法。大家可以说王老师讲课没有意思，很空洞乏味，我们听不懂。金岳霖先生曾经说过这么一句话，过去说人不懂逻辑，那是骂人的话，这是原话。我没有在金先生身边待过，这句话不是我亲耳听他说的，是从我导师那里听来的。但是大家要知道，金老写过一本书《论道》，金先生的著作在国内被很多人认为是看不懂的。但是今天我觉得金老这句话已经过时了，为什么呢，今天我们很多搞哲学的人冠冕堂皇而且堂而皇之脸不红地说我不懂逻辑。实际上，如果你不懂逻辑，它的理论和方法你不懂，那么要想弄懂形而上学，弄懂分析哲学是比较难的，因为你读不懂。所以金老说，不懂逻辑是骂人的话，是什么意思呢？我理解就是，逻辑都不懂你还搞哲学！这句话一定是对搞哲学的人说的，你不懂逻辑就搞不了哲学。但是，我学计算机、诗学、文学，不懂逻辑就很正常，懂逻辑是对学哲学的人而言的。弗雷格和罗素都是 20 世纪伟大的哲学家，罗素当时说过一句非常出名的话：逻辑是哲学的本质。这句话出自罗素的一本小册子《我们关于外间世界的知识》。今天来的人很多，好像都是非哲学专业的同学，我向你们隆重推荐这本书，你们去读这本书的英文版，罗素的英文是非常漂亮的，他是诺奖获得者。你们把这本书借来，当作英语来学习都可以。这本书第二章的标题是“逻辑是哲学的本质”（Logic is the essence of Philosophy）。《我们关于外间世界的知识》可以看上海译文出版社的那个黑皮版本，很薄的一本书，能看懂你就看，还可以学学英语，看不懂把它扔一边也没关系。为什么我引用他的这句话，其实很多人谈过类似的话，我只是引用一下。逻辑是哲学的本质。本质是什么我们可以先不管，从这里可以看出逻辑跟哲学的关系是非常密切的。这就是为什么金老说过去你不懂逻辑是骂人的话。如果做哲学研究不懂逻辑，这里边就可能会有些问题。接下来我会谈罗素说的这句话大概也是有问题的。

第三部分是今天讲的主要内容：形而上学的理论和方法。我们刚刚说亚里士多德是逻辑创始人，他的逻辑对他的形而上学有很大的作用。先给大家讲讲逻辑。在座的大部分同学都学过逻辑，传统逻辑也就是亚里士多德的逻辑。S 是 P，就是我们日常说的张三是什么这样一个句式。然后围绕这个句式加量词，所有的 S 是 P；有的 S 是 P。再加上肯定，加上否定：所有的 S 是 P；所有的 S 不是 P，这样得到四种句式。围绕这四种句式，亚里士多德开始构造他的逻辑学，他的逻辑理论就是今天所说的传统逻辑的三段论。大家看这个理论的核心句式是 S 是 P，那么这个“是”就是逻辑常项，用今天的话讲，就是核心概念，非常重要，必不可少。逻辑就是围绕它发展起来的，如果逻辑在形而上学里起到非常重要的作用，那么形而上学也应该是围绕着它展开，或者它在形而上学里面体现得非常充分。我们看一看他的形而上学是怎么说的，P 对 S 可以表达为四种谓词，即定义、固有属性、属和种差，但是，同时也表达为十种范畴，比如说实体的本质是什么，分析地点、时间、位置、状态、活动、遭受等，任何事物的偶性属不属于这样的东西，都会在这十个范畴之中，即本质、质、量、关系等。大家注意看这个范畴，范畴就是亚里士多德众多的理论当中一个非常重要的理论，而且在他的形而上学中讨论和运用得非常广。这个理论不是逻辑理论，是一个形而上学的理论。西方哲学里的范畴，比如康德思想里的范畴就是沿用了这些概念。大家读过康德的书都知道，这些都是从这四个概念来的。

大家看 S 是 P，亚里士多德说，这个 S 是我们要表达的东西，P 是对它的谓述。这样一个表达实际上我们有两个标准：第一个标准是 P 和 S 能不能换位；第二个标准是看它是否表达它是什么，或者说是不是表达它的本质。这两个标准一相加，我们就得出四种情况：第一种情况是 P 和 S 能换位，并且表达本质；第二种情况是 P 和 S 能换位，但是不表达本质；第三种情况是 P 和 S 不能换位，但是表达本质；第四种情况是它们不能换位，也不表达本质，只有这四种情况。下面给大家举个例子，什么叫作能换位，又表达本质呢，比如我们说，人是理性的动物，理性的动物是人，这两个是能换位的，而理性的动物是人的本质。再比如说，人是会变老的动物，你也可以反过来说，会变老的动物是人，但是你不能说会变老的动物是人的本质。因为人还有其他细节，人是会语法的，人还会很多东西，不仅是作为理性的动物。第三种情况是 P 和 S 不能换位，但是表达是什么，我们可以说人是动物，但是不能说动物是人，动物是人就麻烦了。第四种情况咱们不说。这是基本的这四种理论。刚才说的那四种情况就是定义、固有属性、属和种差，是我们的一种思考方式。同时这四种情况都要表达在十种范畴之中，什么意思呢，P 有时候可以表达定义，表示属或者偶性，但是在判断的时候也可以把它看作是实体，你还可以把它看作是质、量、关系、地点等。所以它是两个不同的理论。

下面我们看看系统的形而上学，刚才只给大家讲了与逻辑相关的理论方法，接下来看看这样的理论方法在形而上学上是如何体现的。我相信在座的同学不管学没学过哲学，听我讲都能够听明白。亚里士多德《形而上学》第四卷的开篇说，“有一门科学，它研究是本身，以及由于它的本性而属于它的性质。”也就是 being 本身（Sein；to eon），S 是 P 的核心，他在第二卷里说，把哲学称为关于真（true）的知识是恰当的，也就是说亚里士多德在说形而上学的时候，他考虑的是这个 being 本身。大家可能对这个 being 本身不是很清楚，没关系，我们多看一段。正如我们在前边论述谓词的各种意义时指出的，人们可以在好几种意义上说一事物是，就是 being 本身，因此在一种意义上，是表示的是一物是什么，比如说是这个实体等，而在这个立场上，它意味着一事物是什么，就是第一个范畴；在另一种意义上，它意味着质，第二种、第三种，或其他形式，注意，其他环节就省略了，比如关系、地点，我们把最主要的是什么说出来。他说由于 being，为什么这儿老说 being 呢，我把它翻译成“是”，国内好多人就把它翻译成“存在”。我认为这个理解是错的，不应该谈存在，就应该谈是，因为 being 有所有这些含义，那么显然，“是什么”是最主要的。最主要的是“是什么”，表示事物的实体，因为当我们谈一物是什么的时候，实体是最重要的。人是什么，或者实体是什么，当我说他是什么的时候，我们不说他是白的、热的，有三种长度，而说他是一个人，一个神。我们同样可以举例看出他在谈什么，这十个范畴在他的具体运用当中体现出来了，时间关系后边就不说了。

其实很多同学也可以看出，有些是实体，有的是其他的一些意思，为什么这么谈呢，它是第一实体，第一哲学，第一有很多意义。其实在各种意义上，实体都是第一性的，而无论是根据定义，根据换位、表达本质、表达实体，它都是第一性的，而且根据认识的时间，因为没有什么东西是可以与其规定性相分离，只有实体或者是什么可以做到这一点，因此实体根据定义也是定义不了的。他把这个 being 问题转换为实体的问题了，在这里突出了实体，因为它在定义域中必须包含着实体。注意这句话特别重要，他说当我们知道一事物是什么，比如人是什么，火是什么，而不仅仅知道它的质、它的量、它的地点等等的时候，我们才完全地知道它。这句话的英文是 we knowledge most fully，字面翻译就是我们最充分地认识到，意思是最完整地、最充分地认识它。注意看，亚里士多德谈的“是”不是我们关于外部世界的认识，是说我们只有知道这个事物是什么，才能够最完全地知道。我知道这人是什么，而不知道他有多高，穿什么颜色的衣服，他在哪，这些东西只是对它的一种局部认识。下边他就说了：这个早就提出、仍在提出而且总要提出的问题，这个总是充满疑惑的问题，从古到今一直在问的问题，就是 being 是什么，即实体是什么。注意看，他把 being 的问题转换成实体的问题了，因为什么是什么，第一范畴是实体，转换成了实体是什么。我们只有认识一个事物是什么，我们才能真正认识到这个事物，这是我们要探讨的问题。恰恰这个问题有人说是一，有人说是多，有人说是有限，有人说无限。因此我们必须首先专门考虑什么是是者，这种东西究竟是什么。我们只有知道一事物是什么，才能最完全地知道它。所以大家看，亚里士多德在一开始的时候是在谈我们关于外间世界的认识。

我们再往下理解，在这里哲学讨论的“是”是什么的问题，用逻辑的方法和理论也可以讨论，我们可以看到二者之间的关系。罗素所说的逻辑是哲学的本质，到弗雷格这儿，他的逻辑里面没有 being 这个东西，也没有 S 是 P 这种结构。弗雷格有句非常出名的话：真这个词为逻辑指引方向。他在 1918 年一篇论文里面谈到就像美为美学指引方向，善为伦理学指引方向一样，真个词为逻辑指引方向。那么弗雷格的逻辑是什么呢？他的逻辑主要是一种函数结构。函数结构里面有两个概念，一个叫函数，还有一个叫自变元。函数是什么，大家看，这个大写的 F（a）叫函数，这个 a 叫自变元，这是两个不同层次的含义。弗雷格当时有这么一句话，他相信用自变元和函数可以代替主词和谓词这两个概念，也就是 S 是 P 中的 S 和 P。他说这句话的时候是在 1879 年，现在已经过去一百多年了，事实证明弗雷格这句话是对的。到今天为止，在数学系、在计算机系、在人工智能方面，人们讨论问题用得最多的，迄今最好的逻辑就是这个逻辑。假如我能找到一个更好的，我们再把它取代，但到目前为止没有。

既然大家来了，我一定要让大家知道什么叫自变元，什么叫函数。咱们本科的同学知道，上中学的时候我们学过函数，把它对应过来。我首先给大家讲谓词，弗雷格的理论有一个词叫作一阶谓词演算，谓词是一个核心概念。那么谓词是什么呢？给大家一个直观概念，谓词就是句子中去掉名词剩下的东西。我想在座的每一个同学都可以知道什么叫谓词。例如亚里士多德是哲学家，这是一个句子，这个句子里面亚里士多德是名词，你把它去掉，大家看这里有一个空位之后，这个哲学家就是谓词。弗雷格用F（x）表达出来，注意这个小叉就是x，这个x代表空位。这个谓词是表述一个空位的东西。弗雷格说，真这个词为逻辑指引方向，所以我们的讨论要围绕真来考虑。“是哲学家”有真假吗，没有。有空位的时候，没有。好，大家说“亚里士多德是哲学家”这句话有没有真假？（同学：有。）为什么？把亚里士多德这个名词代入到S这个空位里去了，就变成一个句子了，所以有真假。曹雪芹是哲学家，我可以把曹雪芹变成一个名字代入这个S里面，它也变成一个句子了，大家说“曹雪芹是哲学家”是真是假？（同学：假的。）句子有真有假，而谓词本身没有真假。因为谓词在中间是不饱和的，是空位的。

这个方法非常好，好在什么地方呢，好在可以表达关系。一个逻辑如果不能表达关系，这个逻辑就太弱了。亚里士多德逻辑受到的最大批评之一就是它太弱，不能表达关系。而弗雷格的逻辑可以表达关系。我说鲁迅爱许广平，你把鲁迅去掉，爱许广平就是谓词；你把许广平去掉，鲁迅爱就是谓词。当然去掉了一个名词另外还有一个名词，比如爱许广平，里边许广平就是名词。那么你把许广平去掉，去掉以后就两个空位，一个空位X，一个空位Y，所以这个谓词带有两个空位。为了严格，可以修改一下。你可以把句子中的名词或者多次出现的名词去掉，剩下的就是谓词，简单地说，你把名词去完剩下的就是谓词。鲁迅爱也是谓词，这样就可以表达关系了，而可以表达关系就意味着逻辑能力大大拓展了。在日常语言当中，名词里边有父母、兄弟、姐妹、兄弟、亲戚、朋友、师生都是表达关系；动词的所有的及物动词都表达关系，比如我唱什么什么歌、我去拿一本什么书，都是表达关系；而介词都是表达关系的，比如在什么之上、在什么之下、在什么之左、在什么之右，都在表达关系，还有比较级，他比她高、他比她瘦，都是表达关系的。日常用语最多的就是表达关系，亚里士多德的逻辑之所以能力弱，是因为不能表达关系，而弗雷格的逻辑就可以表达关系。我们用个体位置的次数，用自变元的元数，比如它有几个个体的位置，就表示几个个体的关系，但是我们只讲两个的关系，其实通常我们会遇到很多个。大家都读过金庸，风清扬教令狐冲独孤九剑，里面就有三层关系：教，是谁教，是风清扬教；教谁啊，教令狐冲；教什么，独孤九剑。还有四元的：观音菩萨让唐僧把紧箍咒给孙悟空戴上。所以关系是非常复杂的，但是不管怎么复杂，这种逻辑都可以适用。我们以二元为例：鲁迅爱许广平，你把鲁迅和许广平代入就是真的，而把孙悟空与猪八戒带入就是假的。弗雷格的逻辑围绕着命题的真假，所以弗雷格的逻辑中谓词关系表达出来的东西跟亚里士多德就不一样。

刚才举的例子比较简单，在座的同学听懂就可以了，但是还有哲学系的同学，咱们要求高一点。下面给大家讲量词，一阶逻辑也叫量词逻辑，它最核心的东西是量词。量词是非常重要的，刚才的句子非常典型的特征就是含有名字，比如亚里士多德、鲁迅。但我们在日常的语言运用中，句子基本上是不带名字的，大家看这句话，哲学家是聪明人。你把所有这个词去掉，就说哲学家是聪明人。我问大家，“哲学家是聪明人”是真的假的？（同学：假的）再问一遍，“哲学家是聪明人”是真的假的？（同学：真的）“哲学家是聪明人”，仔细想一想，不知道真假才对。这句话是有歧义的，因为它本身的真值条件不清楚。真值条件，待会儿给大家专门讲。

那现在加上量词，“所有哲学家是聪明人”这句话是真是假？因为在你加上“所有”这个量词之后，这句话的真值条件清楚。真值条件清楚之后就可以进行判断，尽管是直观的判断，但实际上是有依托的。这个量词按照弗雷格的那种观点给出来，所有这个量词就是指任何一个东西，可以用任何一个东西代入空位表达，这个是全称量词，任何一个东西是怎样的。存在量词：比如我说有些哲学家是聪明人，这句话是真的假的？（同学：真的）肯定是真的，你一定在想某个老师他讲课有个性，讲得好听，这个是一样的。你加量词之后，存在这样一个东西，这个东西怎样怎样，它也带有一个空位。那么“所有哲学家是聪明人”这句话必须满足什么样的条件才是真的？如果说 X1 是哲学家，那么 X1 是聪明人；如果 X2 是哲学家，那么 X2 是聪明人；如此类推，X3 什么，那么 X3 是聪明人。你一定要想到 Xi 那个人是哲学家你不确定，那么这句话可能是假的。这是它的真值条件，满足这个条件它才是真的，不满足这个条件它就是假的，所以这句话有真值条件。

一阶逻辑，弗雷格的一个基本思想是什么呢，就是句子的含义是思想，句子的意谓是真值。句子是有含义的，每个句子都表达含义，它有思想；句子的意谓是真值，有两个值：一个真，一个假。一个句子的真依赖于一个专名所指称的对象和位置所指称的概念，比如刚才我说亚里士多德是哲学家，亚里士多德名字在这儿，是哲学家这个位子在这儿，这是句子，是语言层面的东西。然后看句子的真假：如果这句话是真的，那么这个名字所指称的那个对象必须处于是哲学家这个概念之下，就是谓词所意谓的概念之下，否则就是假的。刚才我说亚里士多德是哲学家，这句话为真，因为亚里士多德这个名字所指称的对象处于谓词这个概念之下，所以这句话是真的。曹雪芹是哲学家，这句话是假的。因为曹雪芹这个名字所指称的对象，不处于是哲学家这个谓词所意谓的这个概念之下，所以这句话是假的。

从 7 点半开始讲，现在 8 点半，已经一个小时了，讲了很多东西，如果你把我的每句话写下来，你会发现其实就是一个个句子串起来的。而我的每句话都是有表达的，但是听完之后，你们理解和把握的是思想。这个叫句子，是语言层面的。大家把握的是语句表达层面上的东西。弗雷格的逻辑理论在这两个层面为大家提供了认识和帮助。这是弗雷格的逻辑理论。而亚里士多德的逻辑，它的转变就是范畴。S 是 P，然后他把这个 P 转变为时间、地点、数量，二者有异曲同工之妙，但实际上比起弗雷格就差了很多。但是大家不要小瞧亚里士多德，这个思想开始是从亚里士多德那里来的。我觉的亚里士多德是一个非常了不起的人。希望在座的同学有点耐心，这是讲给哲学系同学听的，要同时兼顾到非哲学系的同学，也要照顾到哲学系的同学。哲学系的同学一定要读文本，在读文本的时候，我们可能有时候会遇到一些困难。为什么会遇到一些困难，是因为你自己背后没有那条路，你的知识结构不匹配，所以你才会有困难。如果你的知识结构能够匹配的话，你读起来就不会有问题。

刚才给大家看了一些句子、谓词、专名、概念、真值、对象，语言方面的含义意谓，这些都是弗雷格用的。注意这基本三行，看起来直观。这是语言层面，这是逻辑层面的东西。下面一段话是弗雷格的讨论，这是专门给哲学系同学讲的。有这样一句话：奥德赛在沉睡中被放到岸上。弗雷格说，这个句子显然有含义，含义很明确在第二行；这里出现的名字奥德赛在第一行；句子是否有意谓在第三。不知道是否指称有一个对象，同样也无法确定这个句子是否有一个意谓。句子是第一行，意谓是第三行，第二行是真值，句子、意指、真值。但是所有认为这个句子为真或为假的人都承认，奥德赛这个名字不仅有含义，而且有一个意谓。所有认为这个句子为真或为假的人，只要这么认为，就一定得承认奥德赛这个名字是第一行，不仅有含义（第二行），而且有意谓，就得有对象，有没有对象亦即有没有真假。大家在阅读的时候很容易把这段话忽略掉，但在这里，弗雷格将三个层面的东西都谈到了。他实际上是在用自己的一套逻辑理论和方法作背景在探讨这些东西。

我们看这样一段话：当出现一个亚里士多德这样真正的专名时，关于含义的看法自然会产生分歧。他说，当出现亚里士多德这个真正的专名的时候，这说明弗雷格知道专名和摹状词的区别。摹状词是一个很出名的理论，很多人批评弗雷格不知道区别专名和摹状词，其实弗雷格知道。但是亚里士多德这个名字，你会在含义上有不同的想法：有人可能会认为亚里士多德是《工具论》的作者；有人可能会认为亚里士多德是逻辑的创始人；也有人可能会认为亚里士多德是《诗学》的作者。想法不一样，这些是含义上的区别。但是弗雷格说，只要意谓相同，这些意见、分歧就是可以忍受的，即使在一个科学体系中也是可以避免的。后面那条我们先不管。就看这个，只要意谓相同，这些意见、分歧就是可以忍受的。注意看，意谓相同指的是什么，在第三行，也就是说只要不在真假层面上相同，对于亚里士多德，不管两个人的理解如何不同，只要不影响句子的真假，那么这种意见分歧是可以容忍的。弗雷格始终是围绕着真假考虑这些问题的。假如你没有这样的理论背景，读起来的时候可能会比较吃力。所以我们需要阅读文本，补充、丰富自己的知识结构。其实大家读的这些东西跟我讲的一样，也只是结构，同时也是知识。

弗雷格下面这句话我觉得很好玩。弗雷格说，如果一个句子的真值就是它的意谓，第三行，那么所有真句子都有相同的意谓，都为真；所有假的相同的句子都为假。由此可以看出，在句子的意谓上，所有细节都消失了。我们看一看弗雷格和亚里士多德的比较，亚里士多德探讨的是"是"本身，质量、关系，没有细节。弗雷格谈的这些真值、对象、概念、外延这些东西有细节吗？什么叫细节，我给大家举个例子，如果 x 大于 1，那么 x 的平方大于 1，这叫细节，这是一个数学问题。如果我说张三得了肺炎，那么张三会发烧，这是细节，这是一个医学问题。如果大雁往南飞，那么冬天就要来到了，这是一个常识性的问题。如果他能考上西北师范大学，那么我从楼上跳下去，这是日常的一个生活状态。所有这些细节问题，和亚里士多德一样，都不是弗雷格考虑的。弗雷格考虑的是，如果 p 那么 q，为什么叫如果 p 那么 q，因为不能说 p 是真的而 q 是假的。一个蕴含式不能前真后假。这就是弗雷格说的所有真句子都是真，所有假句子都是假，在句子意谓层面上细节都消失了。这其实是亚里士多德说的第一哲学的第一，它已经和我们具体的认识没有关系了。

从整体说，整个西方哲学史的线索，其实有一个发展变化：就是从 being 到现今 truth 的发展。亚里士多德的逻辑是这样的：S 是 P，being 一直是一个核心概念，而到了现代分析哲学这里，由于 being 不是逻辑的核心概念，因此 being 也不是哲学讨论的核心问题。而哲学讨论的核心概念是什么呢，是真这个概念。当我们有了一个认知之后，再回过头去看亚里士多德，会忽然发现亚里士多德当年在他的哲学当中，居然说出这样的话：一方面说有一门科学它研究 being 本身，研究"是"本身；另一方面他还说，把哲学称为关于真的知识是恰当的。亚里士多德是有一个洞见的，但他的讨论还都是集中在关于 being 的问题上，关于真的讨论是比较缺乏的。到了弗雷格以后，开始了大量关于真的讨论。这是 20 世纪以后的事情，从这里边我们可以看出哲学的一个比较大的变化。

哲学系的同学可能都知道，20 世纪有一个伟大的哲学家蒯因，他是一个美国人，非常出名。人们评论过，20 世纪有两本非常好的著作：一本是维特根斯坦的《逻辑哲学论》；还有一本就是蒯因书写的《语词和对象》。蒯因是个很聪明的人，他这段话属于本体论，中文翻译好像叫《论何物存在》（*On what there is*）。这段话是这篇论文开始的一段，我把它写在这里。他上来就讨论本体论的问题。本体论是形而上学最核心的问题，今天我没有讲。

“本体论问题的奇特之处就是它的简单性，我们可以用英语三个单音节词来提出这个问题，what is there。用一个问题提出本体论的问题，然后我们可以用一个词来回答这个问题，每个东西，它的英文是 everything，然后每个人都会尝试，这个回答是真的。”他说，“然而这只不过是存在……”，注意这只是翻译，我只是把原文翻译过来了。前面这段话是什么，西方本体论的问题，这么重要的问题，用英文的一问一答就把它给总结出来了。问的是 what is there，回答是 everything。everything 的回答跟 what is there 是不对称的。只不过你问：what is there，回答应该是：there is such…，但是没关系，如果我们分析，它对称的是什么？There is 什么东西，there is 实际上是一个存在量词，表示有一个东西。everything 就是任意一个东西，就是一阶逻辑所讲的那个量词。刚才给大家讲逻辑，我第一个讲了一个谓词，第二个讲了一个量词。Everything 就是指任意一个东西；there is 就是有一个东西，所以就把整个西方所有问题都归结到这两个词上来。换个角度说，蒯因出名之后做了很多哲学讨论，人们在讨论他的思想的时候也提出了许多质疑，认为他对哲学构成了很多挑战(challenge)，而蒯因的所有讨论都是基于这样一个工作。

给大家讲一个小故事，达米特在念书的时候，有一年蒯因到他那儿去讲学。那时候蒯因刚出道，从美国到牛津讲学，英国人看不起美国人，达米特周围的年轻人奔走相告，很兴奋，打算好好收拾蒯因。达米特说，自己知道他们中很多人没有读过蒯因的作品，而自己知道蒯因是怎样的。然后他说自己参加讨论时就发现那些人根本不是蒯因的对手，包括主持那场会议的的奥斯汀(当时一个很有名的哲学家)，他也只是就蒯因的某篇文章中的某个章节的某个词提出问题。所以蒯因是一个很好玩的人，哲学家们知道很多很好玩的故事。

我为什么要给大家讲这些东西？在很多讲座我讲过，有一个现象就是我们很多哲学系毕业的同学，他们不知道什么是形而上学，没有学过本体论哲学。为什么？因为进来之后，学的是中哲、马哲、科哲，每个人都是一头钻入自己的专业。不是说自己的专业不应该学，应该学，但是我觉得既然是哲学专业，就应该把哲学领域这么重要的一个东西学好，应该对它有些了解，凡是学中哲的、马哲的、他们学的是中哲、马哲，但是谈的时候他们一定谈的是哲学，他们不谈中哲，不谈马哲，他们一定说哲学怎么样。所以这个问题比较大，你不懂形而上学，却谈哲学，有人认为哲学的根本问题是人的问题，就是人学，关于人的存在，人的精神等意想不到的价值；还有人认为哲学是关于世界观、方法论的学问；也有人认为，哲学必须反映时代精神，哲学应该而且必须研究时代问题以及研究社会的重大问题、前端问题、热点问题，哲学研究必须解决这些问题，提供认识、理论和方法；还有人说，假如不是如此，那么时代要你干什么。这些都是报刊上的话，大家不要以为是我在这里说的。还有人说，假如哲学不能关注并解决现实的问题，纳税人凭什么养活你。刚才给大家讲的时候，我看到这些话，我真的很惭愧。因为我做的这个研究刚才跟大家讲到，确实跟现实没有任何关系，不可能帮助和改变现实。这是个现实问题，可是反过来讲，假如哲学没有那些东西的话，那还叫哲学吗？我觉得问题主要在于，刚才这些看法都不是从哲学里面来的，而是从加字哲学而来。我们谈中国哲学、马克思主义哲学，如果马克思主义哲学不能解决时代问题的话，那么时代要你干什么，我觉得这句话是没错的。我们知道马克思主义哲学是我们的指导思想，是写进党章，写进宪法。在党的十九大中，我们也从马克思主义一直发展到新时代中国特色社会主义，这样的思想如果不能解决现实问题的话，那就出问题了。但当你单纯谈哲学也这样，我觉得问题比较大，因为哲学里还有我刚才讲的一块。反过来讲中国哲学，大家这么说也行。因为我们知道中国哲学讲的都是身心合一、天人合一、知行合一，大概这样说也行。然而这里面的问题在于，我个人是这么理解的：所有的加字哲学都是和经验相关，比如中国哲学、马克思主义哲学、科学哲学、道德哲学，它们大概都是和马克思主义哲学相关的一种哲学讨论；而我所谈的形而上学是分析哲学，它是先验的，和经验没有关系。借助于亚里士多德的第一哲学来说，每一类科学都是关于某一类事物的认识，而哲学则是关于认识本身的认识，这大概是亚里士多德所说的第一哲学的含义。哲学是认识本身的认识，它与其他学科是不一样的，其他学科都是关于某一类事物的认识，诸如数学、物理学、化学。那么像哲学的讨论，我们应该讨论像逻辑这样的东西，带有普遍性的问题。逻辑之所以和形而上学结合的那么紧密，是因为它们有一种天然的联系，就是先验问题。作为非哲学系的学生，听一听，了解一下就可以，但是作为哲学系的同学，我真的希望在你们读哲学期间能够学一些像形而上学这样的东西，或者至少了解一下什么是形而上学，这样也无愧于说你们是哲学系毕业的。

除了学习，补充知识结构，读些文献以外，我想还需要你们考虑这几个问题。第一是考虑什么是形而上学，我觉得大部分人是需要考虑的，不要再有那种偏见，有些人认为我从小就开始考虑哲学问题，考虑我是谁，我从哪里来。因为他们大概觉得能考虑到我是谁就是哲学问题了，这个我觉得很有意思。这样的话，我们不谈哲学，只谈形而上学，我们考虑什么是形而上学。第二，我们要看哲学是不是有区别，你可以随便加字，但你加字之后，你要看看这种加过字的哲学和哲学是不是有区别，有什么样的区别，我希望每个哲学系的同学都要考虑。第三，一种没有任何形而上学的哲学会是一种什么样的哲学观，你可以考虑。假如你不考虑这些问题，那么纳税人凭什么养活你？如果这样的话，时代要你有什么用？这是个非常严肃的问题。

我们可以借哲学史来提供问题，比如说一个成功的学科它会书写它的历史，哲学都会写哲学史，我们有很多哲学史：马克思主义哲学史、中国哲学史、西方哲学史等等，那么大家想想，罗素有一本哲学史叫作《西方哲学史》，文德尔班有一本哲学史叫《哲学史教程》，没有西方两个字，而罗素的哲学史则有西方两个字。我们把西方这两个字当作是加字。那么大伙想一想，如果把罗素这本哲学史前面的西方两个字去掉，大家会有异议吗？没有。在文德尔班《哲学史教程》里加上西方两个字，《西方哲学史教程》，大家有异议吗？没有。但是《中国哲学史》不管是冯友兰还是谁写的，你把中国两个字去掉，就叫《哲学史》，谁会承认它是哲学史？假如一部哲学我从开始学的时候没有宣传，我在里面很风光，我从泰勒斯谈起，伦理学、科学哲学，什么都有，就是不谈亚里士多德《形而上学》、康德的哲学也不谈、黑格尔的哲学也不谈，那么这样的一部哲学史还叫不叫哲学史？这是第一个问题。第二，这样一种哲学史还叫不叫一个好的哲学史？我让学哲学的同学一定要去思考这些问题。那么其他不是哲学专业的同学不用考虑这个问题，你喜欢哲学，你们来听哲学课，很好，你只要来，只要关注就可以，我们哲学系的老师和同学是欢迎大家的。我最近写了本书《语言与世界》，有兴趣的同学可以借来看一看，在里边我比较系统地阐述了自己关于20世纪哲学家的一些看法，我们关于外部世界所有的认识都是通过我们的语言来表述的，因此我们有望通过我们的语言而达到关于外部世界的认识以及我们关于外部世界的认识的认识。谢谢大家。

朱海斌：非常感谢王老师带来的精彩演讲，下面我作一个简短的评议。王老师的讲座素来以清晰见长，这种清晰性既表现在逻辑层面上，也表现在语言层面上。你完全能够看到，他从第一个问题的提出到最后，思路非常清晰，内容既能够深入到问题的每一个肌理处，也能够以通俗的语言把它表述出来。刚开始在介绍王老师的时候提过，我当年在读书的时候，王老师的著作成为我们进入哲学的必读书籍，不管他写的有关亚里士多德的书，还是弗雷格的书。我们今天在给学生讲亚里士多德的时候，四谓词理论无论如何是绕不过去的。再比如弗雷格，我和很多同学曾经一起读了图根特哈特，他是德国最重要的分析哲学家，他的背后站着的就是弗雷格，他很喜欢怼人。王老师也经常喜欢怼别人，比如他写过那些论文，题目就是读不懂的亚里士多德、读不懂的胡塞尔、读不懂的海德格尔。他真的不懂吗？不是，因为他骨子里太狂了。是什么意思呢，就是说你们这些糊涂蛋，翻译的时候不清楚，不理解，所以才说读不懂。不是我真的读不懂，是你们糊涂蛋没搞清楚。对于王老师这个风格，我非常喜欢。我希望能够多怼一下，让我们这些特别是搞现象学的，搞大陆哲学的糊涂蛋能够脑子清楚一点，不要稀里糊涂地瞎糊弄，因此在风格上我是完全赞同王老师的。

当然，就他今天所讲的内容，我提一些问题吧。从大的方面来看，他是从亚里士多德到弗雷格到后来的蒯因，他论证的是从是到真，作为形而上学的理论。他的论证方式是从逻辑（形式逻辑），亚里士多德的 S 是 P 到范畴论的哲学建构，然后再到弗雷格的真的概念，含义和意谓的提出，从而把这个路径作一个解释。但是我想可能是由于时间关系，王老师没有作一个很充分的论证。比如亚里士多德的问题，我们能否把内容和方法或者说理论和方法弄混淆了，方法方面王老师讲的确实没有问题，要读懂亚里士多德，没有一套 S 是 P 的分析很难进入，但就亚里士多德形而上学的内容而言，恐怕王老师并没有把它完全展开。我们做亚里士多德，形而上学最基本的问题到底是存在论或者是论，还是关于神的学问，这是一个争论不休的问题，直到今天，我们还在试图去用各种方式去调和统一，比如区别特殊形而上学、一般形而上学等。所以我们首先需要确定到底是关于神还是存在或者其他东西，然后才可以确定它是关于 on 的问题。这个问题确认后，亚里士多德明确地说 on 有四重含义：偶性、本性、真和假、潜能和现实的存在。按照王老师的解释，关于偶性、本性能够非常好地用“是”去解释，但是潜能和现实我觉得还不是很充分，如王老师讲的，亚里士多德确实说过，我们把形而上学当作一门研究真的学问是恰当的。亚里士多德后来在《形而上学》第九卷也讲到这个问题，“是”有三种含义，亚里士多德最后把它也归结到了真，所以这个问题还没有这么简单。如果完全归于“是”的话，我觉得这四个层次没有解释通。

其次，如果形而上学仅仅关注的是语言，关注的是一个语言的逻辑结构，恐怕它没有资格被称为第一哲学。第一哲学一定是和世界相关的，必然是我们背后预设的世界，思维和语言是同步的，即便它不是同步的，语言、思维和世界一定要发生关联。如果仅仅停留在对语言的澄清上，恐怕还不能够完全解释形而上学。

与此相关的另一个问题是，十年前还是学生的时候，听王老师给我们讲语言学的转向。我今天的看法是，用这个语言学的转向去规定弗雷格以来的哲学，可能还是有点问题。可能更好的一个选择是意义问题。意义问题不仅能够解释弗雷格的问题，而且可以解释罗素的问题。维特根斯坦的逻辑空间，也是意义空间。我觉得都可以解释。而且它更大的优势在于对欧陆现象学，对胡塞尔、海德格尔也有一个更好的解释。所以我觉得当代形而上学不一定是分析哲学，不一定就是一种逻辑分析，或许它有别的一种可能性。我们今天把当代形而上学规定为分析哲学的时候，是不是对欧陆传统有一些忽略。这是我个人的一些问题。我想最主要的原因在于我们没有给予王老师充分的时间。下面我们开始进入到第三个环节：提问、讨论环节。

提问一：老师您好，我提的问题也是针对您讲的一个细节。您说亚里士多德传统逻辑的弱点在于它不能表达关系，我想请您再解释一下。因为在我们日常生活中实际上用到的还是传统逻辑，很少用到分析哲学的一些东西。

王路：首先对朱老师的问题作一个简短的回应。这不能怪我，李朝东老师让我照顾到在座的非哲学系同学，你这个问题针对的是哲学系同学，下次咱们单独讲的时候我再回答你的问题。

第一个问题，今天我在讲什么，我想讲什么，我相信大家都听明白了，当中的某些细节可能存有疑惑。刚才这个同学提了一个技术性的哲学问题。其实很简单，你说亚里士多德的逻辑基本都可以表达，先不说理论，咱们举个具体的例子：刘备是关羽的兄长，关羽是张飞的兄长，所以刘备是张飞的兄长，这个句子是对还是错？这个推理亚里士多德逻辑推理能不能处理？我再给你举个相似的例子：郭襄是黄蓉的女儿，黄蓉是黄药师的女儿，所以郭襄是黄药师的女儿。这个你说可不可以。这两个例子是一样的，它们的推理形式也是一样的，兄长、女儿都是关系命题。

提问人：这是两个不同的具体关系，它们的含义不同，属于第二个层面。

王路：关系是什么，涉及两个对象的就叫关系，比如说谁是谁的女儿，一定是有两个东西。她们具有女儿这种性质才能叫关系；谁是谁的兄长，这两个东西具有兄长的性质才能叫关系。亚里士多德的 S 是 P，只能处理性质，不能处理关系，处理不了两个在一起的对象。这两个例子形式差不多，但是显然一个有问题，一个没问题，这就牵扯到关系，亚里士多德解决不了这个问题，弗雷格就可以非常轻松地解决它。

提问二：老师您好，我想起一句歌词：言语从来没将我的情感表达千万分之一。我想咱们的语言是有局限性的，它不能够完全表达我们的思想。您刚才也讲，将 Metaphysics 翻译成形而上学还是不那么贴切，把 being 翻译成存在或者是，不同的人也有不同的理解，所以我的疑问是，语言能不能表达世界的全部？

王路：首先我不太明白你的问题。语言不能表达我们的是什么？是我们的全部思想，还是情感？我换一种方式回答你的问题。我们对于世界的所有认识都是通过语言表达的，不管有什么想法，都要通过语言来表达，这点应该是共识。用语言把想法表达出来之后，当你说它表达得不够的时候，是什么意思。一句话不行，可以两句，两句话不行，可以三句。所以我不知道你说的不够是什么意思。你说的都是副词，我讲话的时候就没有用到这些词。我不明白你的问题是什么。

提问人：我的问题就是，我说了这么多还是没有能够表达我的意思。

王路：因为你没想清楚。我给大家举一个例子，这里面其实有很多很重要的东西。你到医院去看病，看病的时候跟大夫说我肚子疼，大夫说怎么疼啊，这儿疼，那儿疼，隐隐约约的疼，你表达不清楚。大夫怎么办，实际上你每表达一句话的时候，你的句子就在表达你的想法，大夫要把你的这些话写下来了，他要会诊，下药方确诊就是根据你说的这些时疼时不疼的症状。你要相信你的语言只要说出来，你表达的内容就是客观的。这点我们明确了。你是不是想说，我们的语言有些词语是有歧义的，像双关语，言外之意。今天我给大家讲一个歧义，就是讲句子的真值条件，它的真值结构不清。比如“英雄爱骏马”这个句子，大家认为都是清楚的，但我认为它是不清楚的，因为它的真值条件不清楚。刚刚我们说鲁迅爱许广平，这句话有人一定认为是真的，可是我说艾丁格尔是个聪明人，大家都不知道真假，但我知道，他是我的一个德国朋友。但是你想一想，鲁迅爱许广平，为什么你说这句话是真的？因为你的经验告诉你这句话是真的，有的句子你为什么不知道真假，因为它超出了你的经验范围，这两句话都是从经验出发，你可以判断它，所以你认为它是真的。但是英雄爱一匹马这样一个句子，英雄没有歧义，骏马没有歧义，爱没有歧义，三个没有歧义的词表达的句子仍然有歧义。所以当你说语言表达不了，这句话是非常有问题的。我不能在表述很含糊的情况下来回答你的问题，但我想我刚才至少帮助你在一两个层面上把它回答清楚了。

提问三：我认为她要表达的意思是我们拥有两个世界，第一个是认识论层面的世界；第二个是康德所谓的那个物自体的世界。所以我估计她想要问的是，我们的语言能否完整地表达康德所说的那个自在世界。

王路：你应该是学过哲学的，你知道自在自为（an sich; für sich）这些词。关键是这样，我们坚信我们所有关于世界的认识都是通过语言来表达的，关于康德的认识也要通过语言来表达。只要你把自己关于康德的表达说出来，我们就可以通过分析你的这些表达，看出你对康德有一种什么样的认识。这个问题的实质是这样，就是说你自己能不能把康德表达清楚。你读懂康德了，就觉得很简单，这其实并不是一个很难的问题。你对康德是怎么理解的，你就怎么表达。

提问四（贾克防）：王老师您好，非常感谢您精彩而精心的讲演。首先是一个观察；然后是一个问题。您刚刚说亚里士多德一个核心的问题是"是"，无论是他的逻辑还是本体论，里面都是一个"是"的问题，实体的问题，然后到弗雷格，分析哲学这里是一个"真"的问题。我们会看到从是到真的发展。据我的观察，在康德之前，哲学家都在充分地讨论实体问题，但是到了弗雷格以后，哲学家也有一些讨论实体的问题，但是已经非常非常少了，在文献里面也是非常少的。这是不是意味着，这种观察印证了您刚才说的从是到真的变化，这是第一个。如果有这样一种从是到真的变化，那为什么我们今天讨论的弗雷格的哲学和以前讨论的亚里士多德的哲学都叫形而上学，这是第二个。似乎最本质的东西已经发生变化了，那它为什么还被称为形而上学？谢谢。

王路：谢谢贾老师，在场非哲学系的同学，你们可以看看哲学家是怎么讨论问题的。有一个前提，你们要相信哲学是一个专业，而且这个专业在西方已经是一个两千多年的专业，它不是浪得虚名的。你们一定要听一听我们怎样讨论问题。我们讨论的问题是非常专业的，这个问题其实和朱老师的问题一样。我们看亚里士多德这段话，首先注意，表达一个事物“是什么”，注意这个“是什么”在这儿是一个核心概念，“是什么”是十个范畴的第一个范畴。这十类是什么，我们给出了希腊词“ti es”，这个“ti ”是不定代词，是一个虚词，“esti”是“einai”第三人称单数，英文一般翻译为“it is”或“There is such”。由于时间关系，咱们简单地说，只有知道事物是什么，我们才最完整的知道它。是什么（ti esti），比如表达是什么东西，是白的，是热的，都用来这样表达。注意形式上它是S是P，背后的理论是逻辑，讨论的是我们的认识，或者通过关于我们认识的表达来讨论问题。所以当我们说它是“是什么”的时候，不是说它是白的，这个不是“是什么”，我们只能说是一个人，或者是神。这是“是什么”。有了这样的表达之后，他才会说，因为我们只有知道一事物是什么的时候，我们才能最完整地认识它。

那么为什么这个东西变成了实体呢？“是什么”（ti esti）这个就是实体。形而上学一开始是关于being本身的问题。他说，过去一直在问，现在要问，将来要问是什么的问题，我们转过来这样问，就是实体是什么，这个实体就是ti esti。也就是说单纯的讨论being，它可能会有问题，我们换一种方式，把它转化为ti esti的讨论，就是“是什么”的讨论，朱老师一开始提到的

“ti esti” 四种解释；第三种是关于真的解释，他不满关于第四种潜能和现实的解释。潜能比较简单，比如我说，他现在是一个青年学者，什么意思呢？He is not a philosopher，but he may be a philosopher，所以他具有那种潜能，就是他过去还不是，现在还不是，未来他可能会是。To be 有潜能和实现的意思，但仍然是 To be 的问题，都在讨论“是什么”，所以亚里士多德的第一哲学是关于认识世界本身，关于“being”问题。亚里士多德谈 being 的时候，他也说是者是就是真的，是者不是就是假的。后来到了康德之后，他们谈 being，同时是他们开始把实体当作一个主要问题。亚里士多德的这个问题就成一个核心问题了，为什么？因为从 S 是 P 出发的时候，我们可以把实体映射到 S 是 P 这个句式当中，比如我们可以谈 P 的问题，我们也可以谈 S 的问题。但是到海德格尔那里，他不满足于传统哲学中仅强调是者（Sein）而忽略是本身，他开始追问是的问题，这些都跟实体有关，都是传统哲学讨论的一个基本思路。所以你的观察是对的，但是我觉得我在讲的时候有一个延续性的问题，那就是真。

亚里士多德在讨论这个 being 的时候，being 是我们一切认识要做的事。我们在前面讨论意义的时候，当我们说一事物是什么的时候，它有很多意义。假如说这是什么，是白的，是热的。亚里士多德那个时候，在句法上讨论的多，在语义上讨论的少。现在句法和语义都发展了，因为我们有语义功能，我们可以反过来讨论语义，就凸显出了“真”这个概念。因此现在哲学家们不讨论实体，而是讨论对象、概念。20 世纪伟大的哲学家维特根斯坦说，世界是事实的总和。过去我们认为世界是事物的总和，比如我们知道世界里有杯子、电脑、桌子这样的东西。但是维特根斯坦说，世界是事实的总和，这是对世界的解释。为什么他说世界是事实的总和呢，这是因为他的思想是从弗雷格来的。什么叫事实，什么叫事物。事物是用名词表达的，比如月亮、太阳、桌子、板凳。事实是什么？比如说太阳是发光的，月亮是反光的，这是事实。因为他有了这样一套理论做基础，才提出了一种关于世界的新解释：世界是由事实组成的。蒯因有句话，即使幼儿开始表达他们对世界的认识，也是用句子来表达的。他们基于一种单词句方法（holophrastic approach）。他说，比如小孩子刚开始说话的时候他们一定会说“dog”或者“milk”，但他们实际上说的是句子，他可能表达的是“I want milk”“this is my dog”。但小孩不会说，他只会说个别单词，狗在他面前跑了很多遍以后他才会说狗这个单词。这个解释对不对我们不管，但是至少他们的这些讨论都是关于世界的解释，他们对世界提出了一个不同的解释。为什么直到今天才讨论真，是因为这部分成熟了。比如像戴维森这样的人，甚至可以利用这部分思想来解释：X 是真的，当且仅当 P。这是一个句子，我们可以问这个句子什么意思，当然要问“what does it mean”，它是什么意思。然后，你要回答“It means that”，它的意思是什么，应该这么回答。可是戴维森说，这样我们又回到原来讨论的经验的老路上去了，弗雷格的方法已经让我们走到了这里。这个句子是什么，我们应该用 X 来表达：X 是真的，当且仅当 P。把“a second means”改成“S”，后面的改成 P，把 means 这个具有经验内容的词改成：真的，当且仅当。真在这里，也就是说用这一行的认识帮助我们对另一行提出一种解释。这就是为什么真的概念在 20 世纪的时候突显出来，关于真的概念其实已经形成。

提问五（师庭雄）：王老师，向您请教一个问题。我们学哲学的人，总是对哲学等于世界观这种说法保持着一种很谨慎的态度。但就我的阅读经验而言，德国在相当长的时期内很少出现 Philosophie 这个词，更多的是世界观Weltanschauung。我们在翻译世界观这个词，就更多的用 Weltanschauung 来替代 Philosophie。这种现象您怎么看？

王路：其实我觉得如果单从字面上讲，Anschauung，关于世界的看，或者是直观，不用这个词也可以，还有另外一个词。Philosophie 这个词来源于希腊，字面意思是爱智慧：Philo - 是爱的意思，sophie 是智慧。在德文里面有一个对应的词是 Wessenshaft，你搞德语应该知道。Wessenshaft 这个词的词根是 wessen，知道，认识。所以德国人讨论的真正意义是什么，因为我不是这方面的专家，不能确定。但是从他们这些讨论里面，至少可以看出一点，他们的很多讨论是与认识相关的。Wessenshaft，还有很多东西是跟这个世界是相关的，他们谈论世界的时候可以谈 Erfarung，经验，可以谈 Anschauung，也会谈理解，Auffassung。他们谈这样一些东西，其实根上还是与我们认识相关的，而我们认识的仍然是世界。所以这个传统应该在西方一直没有变。

提问六：您说的加字哲学和形而上学，我可不可以这样理解，它是一个哲学和元哲学的关系。第二个问题，我想问的是弗雷格的 philosophical，很多人理解是 relationship，一种关系哲学，还有人认为不是，您是怎么认为的？

王路：我先回答第二个问题。我觉得主要是语义值，你要理解这一点就可以了。逻辑一般考虑两层，这一层是句法；另一层是语义值。弗雷格的洞见在于他搞出了这一层，之后才对哲学产生了意义。因为此前哲学家们不关心这一层，哲学家们关心这一层，但是没有这一层你没有办法讨论。所以过去哲学家们讨论的时候都依赖于亚里士多德的 S 是 P，那个时候自然没有什么区分，都是关于语言学家的一些东西：主谓宾、定状补、系表结构。但是这套东西出来之后，它提供的解释就不一样了，其他东西在细节上就不说了。

第一个问题你说的是加字哲学和元哲学。现在有些文献里谈元哲学，我从来不谈这个东西，我也不用这个概念，我觉得元哲学比较麻烦。我谈的是形而上学，实际上你可以把它看成哲学。

罗素说，逻辑是哲学的本质，我觉得可以倒过来说，哲学的本质是逻辑。所以我认为哲学就是形而上学，形而上学的定义是先验的东西，后来加进来的东西一定是与经验相关的。但是这句话一定是要招骂的，我们把哲学搞大一点，把所有的加字哲学都囊括进来，囊括进来大家可以考虑哲学史。考虑哲学史你会发现，哲学史的主线上一定是形而上学。哲学系的学生要学形而上学，这样你走出去之后不会吃亏。

还有一点，你刚才说的让我想到蒯因的一句话，我喜欢的哲学家也就这么几个：亚里士多德、弗雷格、戴维森、达米特、蒯因。Philosophie 是来自于希腊，一般解释为爱智慧。但是蒯因认为重点在于智慧，而不在于爱。sophie 是必要的，Philosophie 不是必要的。在我看来，加字哲学是必要的，不加字的哲学，形而上学不是必要的。亚里士多德当年说过一句话，只有解决了温饱以后，你才能开始学习形而上学。因为它是第一哲学，不会给你带来任何温饱的东西。每一类科学都是对某一种事物的认识，而形而上学它是关于认识本身的认识，不会给你带来具体的东西，这是形而上学。为什么我说哲学是形而上学？我们都认为亚里士多德是最伟大的哲学家，那我问大家，亚里士多德最伟大的著作是什么？是《诗学》吗？是《政治学》吗？是《尼各马可伦理学》吗？亚里士多德的著作很多大家都没读过。那么我反过来问，康德最伟大的著作是什么？《实践理性批判》还是《判断力批判》？我们一说康德就是头顶的星空和心中的道德律，但是没有《纯粹理性批判》，这话什么也不是。中国古典文献里像这样的话多得是，加入《纯粹理性批判》之后，这两句话才熠熠生辉。在《纯粹理性批判》的基础上去理解这两句话，它的意义就不一样了。形而上学的意义在那里。

提问七：王老师您好，我有一个比较简单直接的问题。弗雷格对语言的分析是基于这个位子和专名，刚才您讲得很清楚。但是我比较好奇，如果我们把专名换成指示代词，比如说老师刚才讲的“月亮是发光的”代换为“这个是发光的”，那么显然我们就不能对这个句子的真假作出判断。

王路：你的问题非常好。我刚才说过，在句子意谓上，所有细节都消失了，因此意谓非常重要。你说把专名月亮去掉，改成 this（这个）。没有关系，月亮是什么我也不知道，所有细节都消失了。因此，奥德赛在沉睡中被放到岸上和这个是反光的，用弗雷格的话，这个句子是有含义的，但由于无法确定这里出现的名字，因此我不知道这句话是否有意谓，它的真假也不知道。你如果认为这句话是真的或者是假的，你就承认了这个句子不仅有含义，而且还有意谓。

提问八：老师您好，我想问一下弗雷格所谈的真，它是一种知识的真还是一种真理的真，如果它作为一种真理，好像有些先验的概念，但作为一种事实的真，在弗雷格这里又体现为一种先验的思想，因为先验的不以经验判断其真假。

王路：我明白你要说什么，非常好的问题，你终于让我可以表达我想表达的思想了。她提了两个问题，一个是真，一个是真理。刚才我谈的真都在这行，你的真理不在这一行，应该在这一行。这是语言层面的东西，而这是意谓，就是弗雷格讲的真假。真理应该摆在哪儿？

提问者：我觉得是下面。

王路：你确定是这一行吗？你想放在语言层面？

提问者：对。

王路：这是今天晚上听我的课有进步，它是这一层吗？

提问者：可以是。

王路：事实咱们待会再讨论，你要说真理在这一行，那么你的真理和真就没有区别了。我告诉大家为什么这个问题非常好，在我们现有的文献当中，西方的 true 都被我们翻译成真理，我认为这是错误的，正如我们都把 being 翻译成存在一样。我认为 truth 应该翻译为真，假如没有真理这个概念，你就没有这个问题，这是第二个问题。第三个你说的是事实问题。维特根斯坦说，世界是事实的总和。世界与事实是和语言相关的东西。咱们看，这有句子、谓词、专名，这是语言，而这是语言所表达东西的层面。世界是事实的总和，这是世界，那么事实是不是应该在这儿？如果事实要在这儿，那么这个事实应该跟哪个对应？事实能和它对应吗？

提问者：不能。

王路：再问你一次，事实能和它对应吗？

提问者：我觉得可以。

王路：所以你想不清楚了，你去读读维特根斯坦。给出所有真句子，就给出了事实。不仅要给出句子，还要给出真，因此句子本身有思想的，它是思想和真值的结合，只有结合起来才相当于事实。维特根斯坦为什么说世界是事实的总和呢？这边是世界，这边是我们的语言，所以我的语言的界限就是我的世界的界限。世界是事实的总和，因为事实对应真句子，是真句子所表达的思想。给出所有的真句子就给出了世界，这样去理解维特根斯坦，你就会发现他的说法是有道理的。

提问者：维特根斯坦说，所有凡能够言说的，都能够说清楚；所有不能谈论的，就应该保持沉默。他设置了一个神秘世界。

王路：需要和大家强调的是，包括非哲学专业的同学，我们很多人都愿意从哲学的闪光点进去，我十一二岁的时候也会经常抄录这些话。但是注意不能这么学哲学，你在这儿拿一句话，在那儿拿一句话，都觉得好听，但是你不清楚它如何论证，简单地引用一句话来学习哲学以后会出大问题。哲学的每一句话都应该是有论证的，你不要仅看这一句话，还要弄清楚它在考虑什么问题，在什么情况下说出来的。只有这样，你才能获取一个正确的理解。

朱海斌：要不咱们今天就到这儿吧？

王路：今天我谈了很多东西，其实有一个本质的东西想告诉大家，对我讲的这些东西可以当真，也可以反对，但是马克思说过一句很好的话：哲学家们只是以不同方式解释世界，而问题在于改变世界。我对于马克思第二句话理解得不是很好，好多专家也只讲第二句话，但是第一句话我非常赞同。哲学家们只是以不同的方式解释世界，这里面有两层意思：一个是解释世界，还有一个就是解释世界的方式。我今天在这儿给大家展示的是一种解释世界的方式，不同的方式就会有不同的结果，我希望大家一定要相信，在解释世界的时候，多一种方式一定比少一种方式好，谢谢大家。

朱海斌：今天是我们哲学沙龙的第三十三期，王老师带来了非常好的、非常清晰也让人喜欢的一个报告。希望王老师以后能够多来兰州，多来我们西北师大，多和我们交流，让我们从王老师这里汲取更多的营养。好，最后让我们再次以热烈掌声感谢王老师。

（主讲人：王路）

后　记

《中和论道》肇始于2015年秋季，每两周一次，延续至今，四年如一日。论道的目的是通过重温经典，求真务新。我们一次次回到苏格拉底、柏拉图、亚里士多德、康德、黑格尔、马克思、胡塞尔、海德格尔等哲学家的著作，从中汲取养分，来思考当下面临的问题。

这是面向全校所有师生的活动，我们以开放的心态来组织。在这里，权威不来自身份、地位、权力、财富等因素，只来自思想的穿透力；在这里，不是一团和气，互吹互擂，而是相互诘难，砥砺前行；在这里，学生和老师一视同仁，人人都有资格发言；在这里，不仅有外国哲学的讲座，还有中国哲学、伦理学的讲座，不仅有哲学的讲座，还有文学、历史，甚至音乐的讲座；在这里，我们的心态是开放的，姿态是低微的，凡是合情合理的观点，我们都虚心接受。

期间有些难忘的时刻。中和集团洪涛董事长虽然平时很忙，但只要有空，都会参加。李朝东教授的讲座从晚上7点半持续到晚上11点。他的声音已经沙哑，身体已然疲惫，但还是抵不住大家求真的热情，不断互动，以至于教师发展中心的工作人员投来无奈的眼神。每次讲座后，我在回家的路上，经常和哲学班的余加傲同学讨论：这次讲座的结构是什么，哪些细节值得注意，这些细节还有不有完善的空间……

“中和论道”已经成为西北师大哲学学院的一个品牌。它的效应已经辐射出去。除了本专业的师生，本校其他专业、其他学校和其他行业的人们过来参加，毕业生们怀念曾经参加过的活动。看到哲学这样的“无用之学”能够在不同人群中激起共鸣，我们感到欣慰。

抱着好东西一起分享的态度，我们决定把各期精彩讲演集结出版，本辑选取了其中六期内容。感谢西北师大李朝东教授的策划和组织，没有他的精神支持，《中和论道》不会走到现在。感谢中和集团洪涛董事长的资助，没有他的物质支持，我们也不会走到现在。把录音稿整理成文字稿是相当辛苦的事情，感谢郑善敏、田昶奇、常文琦、舒庆、任少斌、王炜、柴永济、于宝山、李佳芮、尚兴红等同学的帮助。思想者永远在路上，期待《中和论道》越办越好。

胡好

2019 年 3 月 24 日 西北师范大学哲学学院